일을 수행하고
그 대의를 위해 봉헌한 왕에게
경의를 표합니다.

War
and
Peace

from Genesis to Revealation

King Jesus' Manual of Arms for the 'Armless

Vernard Eller

Copyright ⓒ 1981 by Vernard Eller

Originally published in English under the title:

War and Peace - from Genesis to Revealation by Vernard Eller

Published by Herald Press, Waterloo, Ont. N2L 6H7. CANADA .

All rights reserved.

Used and translated by the permissions of Herald Press.
Korean Edition Copyright ©2022, Daejanggan Publisher. Nonsan, South Korea

무장하지 않은 자들을 무장시키는 왕

지은이	버나드 엘러
옮긴이	황의무 배용하
초판발행	2022년 6월 23일
펴낸이	배용하
책임편집	배용하
등록	제364-2008-000013호
펴낸 곳	도서출판 대장간
	www.daejanggan.org
등록한 곳	충청남도 논산시 가야곡면 매죽헌로1176번길 8-54
편집부	전화 (041) 742-1424
영업부	전화 (041) 742-1424 · 전송 0303 0959-1424
ISBN	978-89-7071-585-3 03230
분류	기독교	전쟁	평화주의

 값 15,000원

성서에 나타난 전쟁과 평화

무장하지 않은 자들을 무장시키는 왕

예수의 평화교범

버나드 엘러

황의무 배용하 옮김

차례

옮긴이의 글

버나드 엘러를 읽게 된 것은 아나뱁티스트와 기독교 아나키즘을 다루는 짧은 글을 쓰던 2020년 즈음이었습니다. 미국 고센대학교의 존 D. 로스 교수에게 참고할 서적을 추천해달라고 부탁했고 버나드 엘러를 추천받았습니다. 엘러는 기독교 아나키스트로 분류되는 자끄 엘륄과 이반 일리치, 도로시 데이, 시몬 베유, 톨스토이, 톨킨이라는 걸출한 인사 사이에서 만난 적이 있던 낯익은 이름이었습니다. 기독교 아나키스트들의 간략한 연구와 자료를 보던 중, 버나드 엘러가 자끄 엘륄의 영향을 많이 받았으며 그가 아나뱁티스트이며 평화주의자로서 형제교회의 목사라는 것을 알게 되었습니다. 아나뱁티스트와 아나키스트를 연구하고 싶던 차에 제대로 된 책과 학자를 만난 것입니다. 버나드 엘러는 20여 권의 책을 저술하였는데 키에르케고르, 자끄 엘륄, 블룸하르트와 맥을 같이 하는 대장간의 출판 방향과도 결이 같은 학자입니다.

먼저 번역을 시작한 것은 『기독교 무지배*Christian Anarchy: Jesus' Primacy Over the Powers*』였습니다. 『기독교 무지배』는 짧은 글을 쓰면서 3개월여를 원서와 씨름하면서 가장 많이 참고를 했던 책이었습니다. 나중에 출판을 하지 않더라고 꼭 제대로 읽고 싶었던 책이었습니다. 그러던 중 대장간의 여러 책을 번역한 바 있는 황의무 목사께 공역을 부탁했습니다. 이 책은 제가 맡은 부분이 늦어지는 바람에 출판이 지체되고 있지만, 곧 출판할 수 있을 것입니다.

동시에 시작한 것이 버나드 엘러의 마지막 저술인 이 책 *War and Peace: From Genesis to Revelation* 였습니다. 이 책의 앞부분인 1~5장은 황의무가 6-8장은 배용하가 번역하였습니다. 그런 다음에 교차로 읽고 의견을 나눴습니다. 번역에 있어서 초보자인 저 때문에 공역을 하신 황의무 목사께서 애를 많이 쓰셨습니다. 또한 편집실의 윤찬란님도 원문대조하랴 교열교정하느라 고생하셨습니다. 그럼에도 원서의 뜻이 잘못 전달되는 부분이 있다면, 전적으로 최종 점검과 편집을 맡은 저의 부족함 때문입니다.

엘러는 이 땅에서도 하나님나라를 바라보아야 한다고 가르칩니다. 그에게 하나님나라와 땅은 하나입니다. 이러한 시각을 가지려면 고난받는 종의 자세가 필요합니다. 정의를 앞세워 폭력을 정당화하는 그 어떤 것도 하나님의 뜻과 다르다고 역설합니다. 엘러는 폭력은 어떤 것이건 악한 세력이라고 주장합니다. 그리고 그는 어떤 고난이라고 감수하는 종의 증언이야말고 가장 성서적인 것이라고 합니다.

모쪼록 창세기부터 요한계시록까지 성서 전반을 통과하는 전쟁과 평화에 대한 통찰과 평화주의자들의 묵상이 독자들에게 잘 전달되기를 바랍니다.

2022년 5월 역자를 대표해서 배 용 하

개정판 서문

필자는 기독교 평화 선집The Christian Peace Shelf 위원회로부터 『무장하지 않은 자들을 무장시키는 왕, 예수의 평화교범:창세기에서 요한계시록에 나타난 전쟁과 평화』*King Jesus' Manual of Arms for the Armless: War and Peace from Genesis to Revelation*에 대한 개정판을 부탁받았다. 그들은 나의 성경 연구가 여전히 유익하며, 계속해서 관심의 대상이 될 것으로 판단한 것이다. 물론, 나도 위원회의 판단에 동의하며 감사하게 생각한다. 기독교 평화 선집은 형제교회, 메노나이트 총회, 메노나이트 형제교회, 메노나이트 교회의 대표자들이 공동으로 참여하는 '메노나이트 중앙 위원회 평화 분과Mennonite Central Committee Peace Section 자문위원회'와 '헤럴드 출판사'Herald Press가 함께 하는 단체다.

나는 가장 먼저 베트남 전쟁에 관한 내용을 삭제하고, 어떤 시대나 상황에서도 똑같이 적용할 수 있는 성경적 관점에만 집중하기로 했다. 또한 나는 고등학생으로부터 성인에 이르기까지, 다양한 연령층의 독자들이 읽을 수 있도록 여러 가지 형식적인 변화를 시도했다.

새로운 내용을 위해 이 책 여기저기에 많은 문장과 문단이 추가되었지만, 단락 전체를 새로운 자료로 삽입한 곳은 두 군데다. 첫 번째 삽입 부분은 제5장으로, 역사적 나사렛나자렛 예수께서 공생애 기간 중, 이 책에서 말하는 '구약성경의 시온/고난받는 종 모델'을 의식적이면서도 의도적으로 실천하시고 성취하신 핵심적인 내용이 수록되어 있다.

두 번째 삽입 부분은 마지막 장의 일부로, 십자군 운동/십자가를 지심, 현세/종말, 지구가 평평하다고 믿는 사람/둥글다고 믿는 사람을 구분하는 내용이 담겨 있다.

초판의 전반적인 내용에 대한 비평가들과 독자들의 평가는 긍정적이다. 나는 세속적 서평 전문지인 퍼블리시스 위클리Publishers Weekly가 "수많은 기독교 독자와 함께 불가지론자와 회의론자들이 엘러의 독창적 해석에 대해 높이 평가한다"는 서평을 읽고 놀랐다. 내가 독자들에게 바라는 것은 책 자체보다 이 개정판이 보여주려는 성경의 메시지에 대해 더욱 많은 관심과 성원을 보내달라는 것이다.

서문

　예언할 당시는 물론 그 후로도 계속해서 성취되고 있는 예언이 하나 있다면, 그것은 바로 난리와 난리의 소문에 대한 예수님의 예언마가복음 13:7-8일 것이다. 이것은 특히 우리가 "난리"를 실제적인 전쟁뿐만 아니라 사람과 사람 사이에 이루어지는 모든 종류의 폭력을 포함하는 개념으로 이해한다면, 더욱 피부에 와닿는다. 또한 하나님의 형상을 가진 인간의 존엄성에 대해 신체적, 언어적, 심리적, 사회적, 경제적, 영적으로 상처를 주는 모든 행위를 이러한 폭력으로 볼 경우, 이 예언은 날마다 이루어지고 있다. 이러한 정의에 따르면, 굳이 자료를 뒤져볼 것 없이 조간신문만 읽어도 우리의 일상이 난리와 난리의 연속이라는 사실을 알 수 있다. 그러나 성경은 이에 대해 무엇이라고 말하는가? 우리가 특별히 귀를 기울여야 할 하나님의 말씀이 있는가? 이 책은 그것을 찾기 위해 노력할 것이다. 그러나 우리의 노력은 생각지도 못한 방향으로 전개되었다. 따라서 우리가 이 시점에서 말할 수 있는 것은, 이 책의 흐름을 예측할 수 없으므로 모든 내용을 완전히 파악하기 전까지는 결론을 유보해야 한다는 것이다. 우리의 연구는 처음 출발한 방향에서 180도 선회하여 전혀 다른 길을 가기도 할 것이다.

　이것은 내 잘못이 아니다. 나는 이런 식의 전개를 선택하거나 원하지 않았다. 우리는 성경이 직접 말하게 하는 결정을 내리는 순간부터, 오직 성경의 인도를 따라 성경이 가면 가고 성경이 우회하면 우리도 우회했을 뿐이다. 두 지점을 연결하는 가장 짧은 길은 직선이지만, 이런 지름길이 가장 좋은 길인 것은 아니다. 목적지를 향한 최상의 길은 직선이 아닐 수도 있다는 것이다.

성경을 해석하기 위해서는 믿음이 필요하며, 이 믿음에는 설사 목적지가 남쪽인데 성경이 북쪽을 향해 갈지라도 성경이 목적지를 분명히 알고 있다는 확신이 포함된다.

우리가 이 책에 관한 판단을 유보해야 하는 이유는 또 있다. 두 번째 이유는 첫 번째 이유와 비슷하다. 앞으로 살펴보겠지만, 하나님의 길은 사실상 우리를 평화의 길로 인도한다. 그러나 이 길의 곳곳에는 군사적 이미지와 메타포 표시로 가득하다. 내용은 평화에 관한 것이지만, 사용하는 언어는 전쟁 용어이다. 따라서 전쟁 이미지를 사용하기 꺼리는 평화주의자는 전쟁을 반대하는 성경 말씀을 활용할 수 없다. 그런 말씀은 전쟁 용어로 가득하기 때문이다.

이 책의 전개 방식은 창세기로부터 계시록까지 한걸음에 달려 나가는 것이지만, 분량이 길지 않으므로 걱정할 필요는 없다. 우리는 난리와 난리의 소문, 평화와 평화의 소문에 대해 언급한 구절을 전부 다룰 필요는 없다. 우리는 단지 전체적 흐름의 틀을 형성하는 핵심 구절과, 성경적 사상의 전환점이 되는 중요한 부분만 다룰 것이다. 우리는 성경 연구가 흔히 범하기 쉬운, 사소한 문제에 얽매여 시간을 낭비하는 어리석음에 빠지지 않을 것이다.

나는 이 책을 준비하면서 성경학자들의 저서에 관해 많은 연구를 했지만, 우리만 아는 내용으로 남겨두고 이 책에서는 다루지 않았다. 이것은 도움이 될 만한 자료가 없어서가 아니라, 난해하고 전문적인 책을 만들려는 유혹에 빠지지 않기 위해서다. 따라서 그러한 자료가 없었다면 이 책이 나올 수 없었을 만큼 매우 유익한 내용이었음에도 불구하고, 본서에는 반영하지 않았다.

이 책을 읽어나가면서 깨닫게 되겠지만, 성경 전체는 평화와 전쟁에 관한 통일성 있는 주장을 제시한다. '통일성 있는 주장'이란, 성경 어느 곳에서건 평화와 전쟁에 대해 똑같은 말을 한다는 뜻이 아니다. 그것은 사실이 아니다. 약속의 땅을 정복한 사령관, 여호수아의 가르침은 죄와 사망과 마귀를 정복하신 예수"여호수아"라는 이름과 같은 의미의 가르침과 똑같지 않다는 것이다.

그러나 사람들이 습관적으로 말하는 것처럼, 여호수아 시대와 예수 시대 사이의 어느 지점에서 성경의 관점이 바뀌었다거나 예수의 사상을 받아들이는 것은 여호수아의 사상을 버리는 것이라는 그런 의미는 아니다. 우리는 여호수아로부터 예수로 이어지는 명확하고 논리적인 사상적 연결, 한 치의 오차도 없는 일관된 발전을 발견해야 한다.

따라서 '통일성 있는 주장'이란 사상적 발전이 이루어지는 모든 단계에서, 옛것에 대해 재해석하고 재구성함으로써 새로운 입장을 정립하고, 이렇게 정립된 입장을 다음 단계의 사상적 발전이 이루어질 때까지 일관성 있게 이어간다는 뜻이다. 이러한 계속성은 우리의 연구에 실제적인 흥미와 힘을 더해줄 것이다. 그러나 이것은 우리가 예수께서 여호수아의 진정한 의미를 말씀해주실 때까지 판단을 보류해야 한다는 뜻이기도 하다.

끝으로, 우리에게 격려가 될 수도 있고 책망이 될 수도 있지만, 우리는 성경이 전쟁주의자와 평화주의자 모두에게 강력한 권면을 제시한다는 사실을 알게 될 것이다. 다시 한번 말하지만, 독자는 모든 사실이 분명해질 때까지, 아마도 이 책이 끝날 때까지, 우리를 믿고 따라와야 할 것이다.

1

전쟁의 기원

여러분은 무엇 때문에 서로 싸우고 분쟁을 일으킵니까? 여러분의 지체 안에서
갈등을 일으키는 욕정에서 나오는 것이 아닙니까? 여러분은 욕심을 내다가 얻
지 못하면 살인을 하고 남을 시기하다가 뜻을 이루지 못하면 싸우고 분쟁을 일
으킵니다. 여러분이 얻지 못하는 까닭은 하나님께 구하지 않기 때문입니다. 구
해도 얻지 못한다면 그것은 욕정을 채우려고 잘못 구하기 때문입니다.

〈야고보서 4:1-3〉

싸움과 다툼의 근원에 대해 질문한 사람은 후기 성경 저자 가운데 하나인
야고보이다. 그는 계속해서 자신의 질문에 대해 대답한다. 야고보의 대답은
사실이지만 충분한 대답이라고 할 수는 없다.

첫째로, 지체의 의미가 무엇이든 현대인은 자신의 지체 중에서 그런 "욕
정"이 있다는 사실을 인정하지 않는다. 둘째로, 야고보의 대답은 중간에 멈
추었기 때문에, 이러한 욕정이 정확히 어디로부터 오는지에 대해 충분히 말
해주지 않는다.

만일 야고보의 대답이 조금 더 이어졌다면, "어디로부터"라는 제목의 책,
즉 "기원"이라는 뜻의 "창세기"에 대해 언급했을 것이다. 창세기는 수많은
것들이 어디로부터 오는지를 보여준다. 아담과 하와의 이야기에 초점을 맞
출 때, 『창조와 타락』*Creation and Fall*이라는 본회퍼Bonhoeffer의 소책자는 많
은 도움이 된다. 자끄 엘륄Jacques Ellul의 『머리 둘 곳 없던 예수』*The Meaning of*

*the City*는 가인과 아벨에 관한 이야기로부터 시작한다.

그렇다면 인류의 영원한 적인 싸움과 분쟁은 어디로부터 오는가?

우리는 "태초에 하나님이 천지를 창조"하신 지점까지 거슬러 올라가야 한다.

"그러나 싸움과 분쟁이 태초로부터 나왔다면, 하나님이 태초에 싸움과 분쟁이 있는 하늘과 땅을 창조하셨다는 말인가?"

그렇다고 말하기는 어렵지만, 전적으로 부인할 수도 없다. 이 질문에 대답하기 위해서는 하늘과 땅, 그리고 그중에서 이루어지는 모든 삶과 역사가 하나님의 뜻에 따라 계획되고, 그가 택하신 목적을 위해 끝까지 추구될 것이라는 사실을 알아야 한다. 하나님은 피조세계에 대한 계획이 있으며, 지금도 그 계획을 시행하고 계신다는 것이다. 이것은 세상에서 일어나는 모든 일이 하나님이 의도하시고 행하시는 일이라는 의미가 아니라, 하나님의 뜻이나 행위를 무시하거나 그것과 무관하게 일어나는 일은 결코 없다는 뜻이다. 그리고 우리가 이처럼 성경의 첫 번째 책, 첫 번째 장, 첫 번째 구절부터 시작한다면, 아무도 우리가 중요한 내용을 빠트렸다고 비난하지는 못할 것이다.

> 당신의 모습대로 사람을 지어내셨다. 하나님의 모습대로 사람을 지어내시되 남자와 여자로 지어내시고 하나님께서는 그들에게 복을 내려주시며 말씀하셨다. "자식을 낳고 번성하여 온 땅에 퍼져서 땅을 정복하여라. 바다의 고기와 공중의 새와 땅 위를 돌아다니는 모든 짐승을 부려라!"〈창세기 1:27-28〉

나는 우리가 이 문제의 실체에 제대로 접근하고 있다고 믿는다. 여러분은 우리가 사람 중에서 싸움과 분쟁을 할 수 있는 존재임을 알아야 한다. 그렇다면 하나님이 우리를 전사와 용사로 창조하셨다는 말인가?

그럴 수도 있고 아닐 수도 있지만, 대체로 그렇다고 보아야 한다. 여러분은 어떻게 생각하는가? 중요한 것은 인간이 하나님의 모습대로 창조되었다는 사실이다. "모습"image이란 창조주와 피조물 사이의 일종의 유사성을 가리킨다. 그러나 저자는 어떤 유사성을 염두에 두고 있는가? 문제는 그것이다. 저자는 아무런 언급도 하지 않는다.

그러나 저자가 아무런 암시도 하지 않은 것은 아니다. 이어지는 말씀은 이러한 유사성을 확인할 수 있는 논거가 되는 구절로 볼 수 있다. 일반적으로, 저자가 뒤에 한 말은 앞서 한 말을 이해할 수 있는 최고의 단서가 된다. 이곳 본문의 경우, 이어지는 구절은 새로운 모습으로 지으심을 받은 인간에 대한 하나님의 첫 번째 명령에 해당한다. 이 명령이 의도하는 것은 '나의 모습을 지니려면, 여기에 나오는 동사들처럼 행동하라'는 것으로 보인다. 따라서 우리는 "번성하라", "땅에 퍼져라", "정복하라", "부려라"와 같은 동사들에 주목할 필요가 있다. 이러한 전투적 용어는 인간의 기원에 대해 설명해준다. 즉, 우리는 이러한 전투적 존재라는 것이다. 이것은 "하나님의 모습"을 지닌다는 것은 곧 전사가 되는 것을 의미한다는 사실을 보여준다.

그러나 이 문제는 조금 더 깊이 들여다볼 필요가 있다. 이것은 '관리하라', '지배하라', '경영하라'는 명령임이 분명하다. 이러한 용어들은 상대가 지배를 받아들이고 저항하지 않는 한 싸움이나 다툼으로 이어지지 않지만, 상대가 저항할 경우 싸움이나 다툼이 불가피하다. 사실 '상대의 저항을 제압하기 위한 노력'은 '싸움과 분쟁'이라는 용어에 대한 가장 적절한 개념적 정의가 될 수 있다.

이러한 동사들은 저항이 존재한다는, 또는 앞으로 있을 것이라는 사실을 강력히 시사하지만, 저항의 내용이나 진원지에 대해서는 어떤 언급도 제시되지 않는다. 본문에는 대적이 누구인지, 그가 어떤 방식으로 도전해 올 것인지에 대한 아무런 정보도 없다. 확실히 이 시점에서 사람과 다른 사람이 싸울 것이라는 언급은 찾아볼 수 없다. 그러나 저자가 사람이 바다에서 헤엄치는 작은 물고기나 창공을 나는 새와 싸우게 될 것이라는 의미로 말하지 않은 것은 분명하다. 사람이 누구와 싸우며, 어떻게 싸울 것인지에 대해서는 아직 제시되지 않았다.

그러나 한 가지 사실은 분명하다. 그것은 사람이 하나님의 모습대로 지으심을 받은 전사라면, 그는 하나님처럼 싸워야 한다는 것이다. 하나님이 세상을 창조하신 데에는 목적이 있다. 그는 세상을 위한 자신의 계획을 성취하신다. 하나님은 어떻게든 세상을 주관하시고 다스리신다. 상대가 저항할 경우, 싸움이 일어날 수밖에 없다.

그러나 사람이 하나님의 모습대로 싸워야 한다는 것은 우리를 이 구절에 대한 최근의 잘못된 해석의 오류에서 벗어나게 한다. 생태환경에 집착한 나머지 신학적 균형을 상실한 사람들도 있다. 그들은 땅을 정복하고 자연을 다스리라는 성경의 가르침에 대해, 땅을 오용하고 자연을 착취해도 된다는 뜻으로 받아들인다. 그러나 이 명령은 결코 그런 뜻이 아니며, 그렇게 될 수도 없다. 하나님의 통치는 그가 만드신 세상을 파괴하고 악용하는 것이 아니라, 자연을 더욱 발전시키고 풍성하게 하며 원래의 창조 목적으로 이끄시는 것이다. 따라서 하나님은 사람도 같은 목적을 위해 같은 싸움을 하라고 명령하신다.

성경은 이 목적에 부합하는 유일한 이름을 붙인다. 우리는 이 이름의 배후 사상을 창조 기사까지 거슬러 올라가며 명확하게 추적할 수 있지만, 신약성경에 와서야 정확한 이름이 공개된다. 하나님이 싸우시는 목적은 '하나님의 나라'를 세우기 위해서다. 이러한 결론은 놀랍지 않다. 신약성경에 따르면, 하나님의 나라란 '하나님의 주권적 통치'를 의미하기 때문이다. 주기도문은 이러한 개념에 대해 정확히 서술한다. "아버지의 나라가 오게 하시며"는 "[당신의 뜻이] 땅에서도 이루어지게 하소서"와 같은 의미다. 따라서 우리는 여기서 하나님이 이러한 주권적 통치를 완성하시기까지 싸우시고 지배하시며, 이러한 계획에 맞서는 어떤 대적이나 저항도 영원히 제거할 결심을 하셨다는 결론을 끌어낼 수 있다. 앞서 언급한 대로, 하나님이 지배하시려는 목적은 분명하다. 그것은 자신의 통치를 완성하시는 것이다. 그러나 이 책 전체의 핵심이 되는 가장 중요한 요소는 싸우라는 명령을 받은 자가 하나님의 모습을 지닌 자라면 그는 같은 목적을 위해, 즉 하나님의 주권적 통치의 완성을 위해 싸워야 한다는 것이다.

우리가 해야 할 일은 저항이 어디서 오며, 누가 또는 무엇이 저항의 주체이며, 그것을 어떻게 정복해야 할 것인지에 대해 찾아내는 것이다. 그러나 현재의 본문은 이러한 문제들에 대해 어떤 정보도 제공하지 않는다.

그러나 우리는 하나님의 모습대로 싸운다는 것에 대해 더욱 구체적으로 살펴볼 필요가 있다. 우리는 하나님의 모습대로 지으심을 받은 인간을 떠올릴 때, 하나님은 거대한 존재이고 그 곁에 서 있는 우리는 마치 아버지를 빼닮은 아기처럼 생김새가 비슷한 작은 버전으로 생각하기 쉽다. 그러나 이러한 유추는 큰 도움이 되지 않는다.

여기서 암시하는 모습은 발레리나가 춤을 추는 동작을 떠올리면 이해하기 쉽다. 적어도 나에게 하나님의 모습을 가진 인간의 모습은 그렇게 비친다. 나의 전문분야는 발레가 아니라 신학이다. 따라서 다음의 설명은 그런 관점에서 이해해 주기 바란다.

남녀 댄서가 서로 마주 보고 서 있다. 남자가 한쪽 팔을 들면, 여자도 마주한 팔을 든다. 남자가 다른 쪽 팔을 들면 여자도 마주한 다른 쪽 팔을 든다. 남자가 한쪽 발을 옆으로 비스듬히 옮기면, 여자도 같은 동작을 따라 한다. 남자가 다른 쪽 발을 당기면, 여자도 그렇게 한다. 두 사람은 그런 식으로 온전히 하나가 되어 춤을 춘다. 여자는 남자의 행동에서 힌트를 얻어 똑같이 반응함으로써 '그의 모습대로' 춤을 추는 것이다.

이러한 유추는 하나님과 사람의 생김새가 비슷하다거나 역할이 같다는 주장보다 훨씬 사실에 가깝다. 주도적으로 이끄는 행위와 '따라 하는 행위'는 전혀 다른 개념이다.

우리는 이 유추를 조금 더 전개해볼 수 있다. 무도회에서 우아한 자태를 뽐내며 관심의 시선을 한 몸에 받는 자는 발레리나다. 흥미로운 것은 하나님이 조용하고 드러나지 않는 발레리노의 역할을 주저하지 않으신다는 사실이다. 그렇다고 해도 발레리나는 파트너발레리노에게 전적으로 의존한다. 우리의 유추에서 볼 수 있는 것처럼, 그는 여성의 파트너이자 안무가라고 할 수 있다. 더구나 여자의 모든 현란한 동작은 남자 파트너가 도와주고 붙들어주고 선도해주기 때문에 가능하다. 이 경우, 여자는 파트너를 절대적으로 믿고 의지해야 한다는 것은 물론이다.

따라서 자신의 나라를 세우기 위해 싸우시는 하나님은 자신의 모습대로 사람을 만드시고, 그에게도 싸우라고 명령하신다. 그들은 함께 싸우며, 그들의 관계는 매우 가깝고 친밀하다. 그러나 사람이 무조건 작은 신이 되어야 하는 것은 아니다. 그는 자신의 지배를 위해서가 아니라 하나님의 통치를 시행하기 위해 싸우고 있다. 사람은 자신의 지혜와 주도권이 아니라 하나님의 명령에 순종적으로 반응해야 한다.

우리는 이 시점까지 평화에 대한 언급에 이르지 못했다. 사실 우리는 싸움과 관련된 야고보의 질문에 대한 답변을 시작하지도 못했다. 첫째로, 우리는 아직 대적이 누구인지조차 알지 못한다. 둘째로, 야고보가 말한 싸움은 하나님의 나라를 목표로 하지 않는다. 그러나 우리는 이제 성경이 말하는 '평화'와 관련하여 한 가지 중요한 사실을 진술할 수 있다.

즉, 무조건 싸움을 거부하는 것이 '평화'가 아니라는 것이다. 평화는 세상을 다스리고 정복하려는 노력을 가로막지 않는다. 그것은 사람이 하나님으로부터 받은 원래의 창조 명령과 정면으로 배치된다.

오늘날 어떤 사람들은 자연을 다스리는 자이자 자연을 위해 싸워야 하는 전사로서의 사명을 내려놓는 방식으로 '평화'를 추구하려 한다. 예를 들면, 한 세대 전 '히피족'flower children은 분노가 치밀어 오를 때를 제외하면, 꽃 자체를 평화의 상징으로 이상화했다. 즉, 전적으로 수동적이고, 어떤 지배도 하지 않고, 무조건 따르고, 무엇이든 받아들였다.

여러분이 이러한 상태를 무엇이라고 부르든 상관없다. 그러나 그것을 '평화'라는 이름으로 부르지는 말라. 우리는 정당한 과정을 통해 '평화'에 도달해야 한다. 그러나 성경이 말하는 평화는 전사이신 하나님의 모습을 벗어버리고, 소명의 현장인 자연 세계로 피신하는 수동적 행위가 아니다. 이런 점에서 사람은 결코 자연과 '혼연일체'가 될 수 없다. 앞으로 살펴보겠지만, 하나님은 평화의 사람을 원하시지만 '전투력'을 상실한 사람을 원하시지 않는다. 성경의 이상은 전혀 다르다.

그러나 우리는 이 땅에 사람들이 번성하기 전에는 야고보가 말하는 싸움과 분쟁에 이를 수 없다.

그래서 야훼 하나님께서 아담을 깊이 잠들게 하신 다음, 아담의 갈빗대를 하나 뽑고 그 자리를 살로 메우시고는 그 갈빗대로 여자를 만드신 다음, 아담에게 데려오시자 아담은 이렇게 외쳤다.

> "드디어 나타났구나!
> 내 뼈에서 나온 뼈요,
> 내 살에서 나온 살이로구나.
> 지아비에게서 나왔으니
> 지어미라고 부르리라!"

> 이리하여 남자는 어버이를 떠나 아내와 어울려 한 몸이 되게 되었다. 아담 내외는 알몸이면서도 서로 부끄러운 줄을 몰랐다.〈창세기 2:21-25〉

이것이 야고보가 말하는 싸움과 분쟁이라는 말인가? 한 사람이 더 생겼다는 사실이 싸움과 분쟁의 기원이라는 뜻인가? 두세 명이 모이면 싸움과 분쟁이 일어날 수밖에 없다는 것인가?

아니다! 본문에는 그런 암시가 전혀 나타나지 않는다. 우리는 여전히 하나님의 형상대로 지으심을 받은 사람에 대해 다루고 있지만, 전투적 용어는 모두 사라졌다. 이곳에는 다른 사람에 대한 통치나 지배가 나타나지 않는다. 대신에 "뼈에서 나온 뼈," "살에서 나온 살," "어울려," "한 몸이 되게 되었다"와 같은 사랑의 용어가 제시된다. 이러한 용어들은 모두 자신을 상대에게 아낌없이 내어준다는 개념으로, 상대에 대한 지배 개념과 반대된다. '너는 나에게 속한즉, 나도 너의 것'이라는 것이다. 하나님이 '또 한 사람'을 창조하신 것은 사람의 '대적'을 만들기 위해서가 아니다. 그는 대적이 아니라 사랑하는 연인으로 창조되었기 때문에, 인간의 전투적 본능을 적용할 대상이 결코 아니다. 싸우라는 명령은 여전히 유지되고 있지만, 그는 싸워야 할 대상이 아니라는 것이다.

결론적 구절은 앞서의 진술보다 이러한 상황을 더욱 분명하게 진술한다. 두 사람이 알몸이었다는 것은 남자와 여자가 서로에게 낯선 사람이 아니라는 것을 보여준다. 이곳에는 두려워하거나 숨기거나 싸워야 할 것이 없다. 이곳에는 서로에 대한 소속감과 넘치는 사랑만 있을 뿐이다. 또한 이곳에는 자기주장이나 소유, 착취, 지배의 대상도 없다. 그런 태도는 모두 나에게 속하지 않은 상대에게 적용되어야 한다. 이곳에서 알몸이었다는 표현은 근본적인 의미에서 서로에게 속했다는 인식과 상호성을 상징적으로 보여주기 위한 것임이 분명하다. 따라서 이 행위는 오늘날 우리가 생각하는 세속적 개념과 전혀 다른 의미가 있다. 이곳에는 다른 사람을 쾌락의 대상으로 삼거나 상대를 유혹하기 위한 수단으로서의 행위라는 암시가 나타나지 않는다.

이 구절이 이야기 전체에 스며든 방식은 저자가 단지 성적 관계 이상의 것을 염두에 두고 있음을 보여준다. 저자는 남자와 여자를 통해, 각자의 방식으로 전개되는 모든 인간관계의 모델을 보여준다. 이런 관점에서의 섹스와 알몸은 모든 단계의 인간관계를 특징짓는 가장 강력한 차원의 관계를 나타낸다.

인류의 조상이 알몸인 상태에 있었다는 것은 그들 사이에 아무것도, 한 점의 부끄러움조차 없었다는 뜻이다. 아담과 하와 사이에는 어떤 장벽, 비밀, 후회, 겉치레, 위협, 차별적 지위, 의심도 없었다. 양자의 관계는 솔직함과 정직함과 신뢰와 진실함, 그리고 '자신의 전부를 완전히 드러내는' 관계이다. 부끄러워한다는 것은 자신에게 잘못이 있음을 인정하는 행위로, 이러한 수치심 자체는 둘 사이를 가로막는 가장 큰 장벽이 될 수 있다. 그러나 이곳에서는 알몸만 있고 부끄러움은 없다. 이것은 수치심을 모르는 오늘날의 뻔뻔

함과 완전히 다른 현상이다. 부끄러워할 줄 모른다는 것은 자신의 잘못을 모른 체하려는 파렴치한 생각이다. "알몸이면서도 서로 부끄러운 줄을 몰랐다"라는 말씀은 그들에게 아무런 잘못이 없음을 보여준다.

이제 한 가지 사실은 분명해졌다. 야고보가 말한 싸움이나 다툼은 단지 다른 사람이 존재한다는 사실 자체만으로 야기될 수 없다는 것이다. 다른 사람의 존재는 싸움이나 다툼의 근원이 될 수 없다. 오히려 하나님의 형상대로 지으심을 받은 우리에게 다른 사람은 사랑과 조화의 원천이자, 가장 고상한 형태의 평화에 해당하는 '소속감'의 원천이 된다. 따라서 사람이 창조시에 부여받은 '인간의 본성'으로부터는 싸움과 분쟁이 나올 수 없다. 다른 사람 앞에서 알몸이면서도 부끄러운 줄 모르는 인간의 본성에서는 평화가 나온다. 그러나 앞으로 살펴보겠지만, 우리를 전쟁으로 이끄는 것은 비인간적 본성이다. 타인은 태생적으로나 필연적으로 대적이 될 수 없다.

> [야훼 하나님께서] 이렇게 이르셨다. "이 동산에 있는 나무 열매는 무엇이든지 마음대로 따먹어라. 그러나 선과 악을 알게 하는 나무 열매만은 따먹지 마라. 그것을 따먹는 날, 너는 반드시 죽는다." … 그러자 뱀이 여자를 꾀었다. "절대로 죽지 않는다. 그 나무 열매를 따먹기만 하면 너희의 눈이 밝아져서 하나님처럼 선과 악을 알게 될 줄을 하나님이 아시고 그렇게 말하신 것이다." 여자가 그 나무를 쳐다보니 과연 먹음직하고 보기에 탐스러울 뿐더러 사람을 영리하게 해줄 것 같아서, 그 열매를 따먹고 같이 사는 남편에게도 따주었다. 남편도 받아먹었다.〈창세기 2:16-17,3:4-6〉

성경은 우리에게 사람이 죄에 관해 둘 다 똑같이 금지된 나무의 열매를 먹었을 때, 무엇인가 매우 중요한 일이 일어났다는 사실을 알려주고 싶어 하는 것이 분명하다. 어떤 일이 일어났는지를 알면 야고보의 질문에 대답할 수 있을 것이다.

사람은 왜 하나님이 금지하신 것을 먹었는가? 그것을 먹은 사람은 무엇을 기대했는가? 뱀은 그가 원한 것이 "하나님처럼" 되는 것이라고 정확히 말한다.

그것은 전혀 새롭고 근본적이며 엄청난 일이다. 사람은 이미 하나님의 모습을 지니고 있다. 따라서 "하나님처럼" 될 수 있다는 것은 전적으로 다른 성격의 것임이 분명하다. "하나님처럼" 되는 것은 앞서 언급한 발레리나의 모델을 거부하고, 아버지와 그를 빼닮은 아들의 이미지에 가깝다.

발레리나는 춤을 추는 동안에만, 정확히 말하면 상대가 계속해서 리드하고 자신이 따라 할 때만, 파트너의 "모습"이 될 수 있다. 그러나 '아버지와 같은' 아들은 많은 공통점에도 불구하고 독립적인 존재로서 아버지를 닮았다는 것이다. 아들은 성장하며, 아버지는 죽을 수 있으며, 아들이 아버지의 자리를 차지할 수도 있다. 이 모든 과정은 '판박이' 이미지를 훼손하지 않고도 가능한 일이다. 아담과 하와가 원한 것은 정확히 이러한 새로운 관계이다. 그들은 "하나님의 모습"으로부터 벗어나 "하나님처럼" 되기를 원했던 것이다.

그러나 이 특정 나무의 열매가 어떻게 문제의 핵심이 되는가? 아담이 하나님을 의지하지 않고 하나님의 역할을 대신하기 위해서는 한 가지 필요한 것이 있는데, 그것은 '선악에 대한 지식'이다. 그는 이 지식을 소유하고 있어야 하며, 그것을 지배하고 자신의 목적을 위해 사용할 수 있어야 한다. 그는 지금까지 그런 지식이 필요 없었다. 발레리나의 유추에 따르면 사람은 연약한 존재이며, 따라서 춤동작이 이루어지는 시간을 미리 알거나 어떤 동작을 취해야 할 것인지에 대해 스스로 결정할 필요가 없었기 때문이다. 그런 것들은 발레리나가 할 일이 아니다. 그의 일은 파트너의 리드를 따라가는 것뿐이다. 다시 한번 말하지만, 발레는 나의 영역이 아니다. 그러나 발레리나가 파트너에게 무대를 떠날 것을 요구하고 파트너처럼 춤을 추고 싶다면, 지금까지와 전혀 다른 새로운 지식이 절대적으로 필요할 것이다.

따라서 선악과는 "하나님처럼" 되려는 기회를 찾고 있는 자라면 반드시 가져야 하는 열매다.

물론, 이것은 사람이 전에는 지식이 없었다거나 머리를 쓰지 않아도 된다는 의미가 아니다. 발레리나가 되기 위해서는 훌륭한 파트너가 필요하며, 사람이 하나님의 뜻을 발견하고 그 뜻을 행하기 위해서는 많은 지혜와 능력을 발휘해야 한다. 하나님은 그 방향으로 가라는 수많은 신호를 보냈으며, 그 길에는 어떤 방해도 없다. 사람은 매우 정교하고 복잡하게 설계된 회로와 상당한 능력을 갖춘 탁월한 피조물이다. 그럼에도 불구하고 그의 회로는 송신기가 아니라 수신기에 해당하며, 이러한 사실은 절대로 바뀌지 않을 것이다.

그러나 아담은 그것으로 만족할 수 없었다. 그는 선악과를 따먹고 하나님처럼 되었다. 그러나 아담은 자신이 그 열매를 자신의 것으로 소화할 수 없는 인간임하나님이 될 수 없다는 사실을 알았다. 그의 회로 시스템은 그것을 받아들일 수 있게 만들어지지 않았다. 따라서 아담은 심한 복통을 느꼈다. 사실상 댄서로서 아담은 죽었다. 그는 자신이 감당할 수 있는 발레리나의 역할을 거부했기 때문이다. 모든 사람은 아담의 속임수를 되풀이하고 싶어 하므로, 치명적인 복통은 오늘날까지 지속되고 있다.

그러나 이러한 역할 변화는 하나님의 모습대로 지으심을 받은 인간에게 부여된 싸움에 어떤 영향을 미치는가? 만일 하나님의 인도하심을 따라 추는 춤을 통한 싸움이라면, 그것은 '하나님의 나라'라는 그의 목적을 위해 그의 전략에 따라 대적과 맞서 싸우는 하나님의 싸움이다. 계속해서 살펴보겠지만, 새로운 아담은 매우 훌륭하고 탁월한 전사로 싸우신다. 그러나 선악을 알게 하는 열매를 통한 싸움은 '새로운 신, 아담의 나라'라는 자신의 목적을 위해 자신의 전략에 따라 대적과 맞서 싸우는 자신의 싸움이다. 이 싸움의 문제는 잘못된 장소에서 잘못된 대적과 잘못된 방식으로 싸우는 최악의 전쟁이라는 것이다.

> 그러자 두 사람은 눈이 밝아져 자기들이 알몸인 것을 알고 무화과나무 잎을 엮어 앞을 가렸다. 날이 저물어 선들바람이 불 때 야훼 하나님께서 동산을 거니시는 소리를 듣고 아담과 그의 아내는 야훼 하나님 눈에 뜨이지 않게 동산 나무 사이에 숨었다. 야훼 하나님께서 아담을 부르셨다. "너 어디 있느냐?" 아담이 대답하였다. "당신께서 동산을 거니시는 소리를 듣고 알몸을 드러내기가 두려워 숨었습니다." "네가 알몸이라고 누가 일러주더냐? 내가 따먹지 말라고 일러둔 나무 열매를 네가 따먹었구나!" 하나님께서 이렇게 말씀하시자 아담은 핑계를 대었다. "당신께서 저에게 짝지어 주신 여자가 그 나무에서 열매를 따주기에 먹었을 따름입니다."〈창세기 3:7-12〉

우리는 싸움과 분쟁에 대해 살펴보는 중이다. 이 싸움은 복수와 함께 온다. 뱀은 "열매를 먹으라, 그러면 너희 눈이 밝아질 것"이라고 말한다. 그것을 먹고 눈이 밝아진 아담은 무엇을 보았는가? 하나님처럼 된 그는 자신이 알몸인 것을 알았다. 그들은 허둥거리며 손과 발과 관절을 부지런히 움직여 잎을 엮어 몸을 가렸다. 그들이 그토록 당황한 것은 다른 사람의 벗은 몸 때문이 아니라, 알몸으로 서 있는 자신의 초라함을 보았기 때문일 것이다.

하나님의 모습을 지닌 인간의 몸은 그 자체로 보기에 좋았다. 그러나 하나님처럼 된 신을 위해 만든 옷, 이 새로운 황제의 의복은 속이 다 보일 만큼 투명했다. 사람은 즉시, 자신에게 이 새로운 지위에 필요한 요소가 없다는 사실을 알았다. 그에게 남은 것은 그런 사실을 가리고 숨기는 일뿐이었다. 이전에 하나님과 사람이 기뻐했던 몸, 자신을 완전히 드러내었던 솔직함과 정직, 신뢰, 진실은 모두 사라지고 부끄러움만 남았다. 수치심에 빠진 사람은 자신을 울타리로 가렸다. 우리는 이러한 수치심이야말로 야고보가 말하는 싸움과 분쟁의 근원이라는 사실을 알아야 한다. 자신의 잘못을 감추기 위해 다른 사람의 잘못을 끄집어냄으로써 관심을 돌리려는 것이다.

하나님이 오셨으며, 사람은 사라졌다. 생각해보라. 사람이 하나님을 피해 숨는다? 발레리나가 자신을 발레리나가 되게 한 그를 두려워한다? 얼마나 낯선 상황인가! 그러나 이러한 두려움 역시 싸움과 분쟁의 근원이 된다. 자신을 위협하는 그림자를 향해 맹렬한 공격을 퍼붓는 것이다. "당신께서 저에게 짝지어 주신 여자가 그 나무에서 열매를 따주기에"라는 아담의 말에 주목해 보라. 불과 열다섯 절 앞서, 여자는 "내 뼈에서 나온 뼈요, 내 살에서 나온 살"이었으며, 그와 한 몸을 이루었다. 그러나 지금 여자는 갑자기 하나님이 남자에게 떠맡긴 괘씸한 존재가 되었으며, 남자는 변명하기에 급급하다. 하나님이 여자를 창조했기 때문에 자신에게는 책임이 없다는 것이다.

우리는 아담의 모든 것이 무너져내리고 있다는 인상을 받을 수 있다. 절망적인 상태에 이른 그는 하나님을 진정시키려 했으나, 그 과정에서 아내의 분노를 불러일으켰다. 그것은 어리석은 행동이었다. 그의 행동에는 모든 싸움과 분쟁의 가장 큰 근원이 되는 요소가 나타난다. 즉, 존중하고 사랑해야 할 아내를 비난하는 말을 한 것이다.

따라서 우리는 다시 원래의 질문으로 돌아간다. 싸움과 분쟁은 사람이 창조된 사실 자체에 기원하는가? 이 질문에 대해 아니라고 대답하는 사람은 만일 사람이 계속해서 하나님의 모습 안에 머물렀다면 야고보가 말하는 온갖 싸움과 분쟁은 일어나지 않았을 것이기 때문이라고 주장한다. 그렇다고 대답하는 사람은 사람이 애초에 싸움과 분쟁을 일으킬 수밖에 없는 선택을 할 가능성을 가진 존재로 창조되었기 때문이라고 주장한다. 우리가 아는 대로, 사람이 하나님의 모습 안에 있다는 사실이 의미하는 것 가운데 하나는 사람이 선택을 통해 자발적으로 하나님의 인도하심을 따를 수 있다는 것이다. 만일 발레리나가 파트너에게 매여 있는 상태로 마네킹처럼 끌려다닌다면 좋은 춤이라고 할 수 없을 것이다. 아니, 춤의 경이로움은 전적으로 파트너의 리드를 따라 완벽한 조화를 이룬 발레리나 동작에 있다. 혹시 여러분이 하나님과 그런 춤을 추는 것이 훌륭한 예술이라고 생각하지 않는다면, 언젠가 시도해 보기를 바란다.

그러나 사람에게 춤을 출 자유가 부여된다면 그것을 거부할 자유도 있다는 것이다. 이러한 자유가 하나님에게는 위험 요소가 될 수 있지만, 하나님은 사람을 그런 존재로 만드셨다. 춤을 출 가능성이 있다면 싸움과 분쟁을 일으킬 가능성도 있다는 것이다. 하나님은 이러한 위험을 감수했으나 배신을 당하셨다. 결과는 싸움과 분쟁이지만, 이러한 결과는 하나님 탓이 아니다. 어쩔 수 없는 위험 요소지만, 하나님이 기회를 완전히 상실하신 것은 아니다. 경기는 아직 끝나지 않았다. 하나님은 여전히 무대에 계시며, 모든 것이 무위로 돌아갔다고 말하기에는 이르다.

> 야훼 하나님께서는 가죽옷을 만들어 아담과 그의 아내에게 입혀주셨다.〈창세기 3:21〉

이것은 이야기 전체에서 가장 중요한 구절이지만, 습관적으로 간과되고 있다. 신기하고 놀라운 일이 일어났다. 하나님은 자신의 모습대로 사람을 완벽하게 만드셨다. 하나님은 그에게 통치권을 부여하고 모든 필요를 제공하셨다. 하나님은 그에게 절대적 정직의 표지로서, 부끄러움이 없는 알몸의 복을 주셨다. 그러나 아담은 하나님을 실망하게 하는 반응을 보였다. 그는 혼자서 춤을 추겠다고 한 것이다. 인간의 자유를 존중하신 하나님은 자신을 필요로 하지 않는 상황을 강제로 바꾸려 하지 않고 물러나셨으며, 아담은 납작 엎드렸다. 그러나 오늘날 아담들은 그렇게 생각하지 않겠지만, 전사이신 하나님은 완전히 사라지신 것이 아니다. 하나님이 인간의 자유를 존중하신다는 것이 그들의 말을 다 들어주어야 한다는 뜻은 아니다. 하나님에게도 자유가 있다는 것이다.

그러나 이제 하나님의 속죄가 없는 인간의 알몸은 참으로 수치스럽고 견딜 수 없는 재앙이다. 사람은 하나님의 속죄를 거부했으며 지금도 거부하고 있지만, 하나님의 속죄가 없이는 치유도 없다. 사람이 할 수 있는 일은 상처를 가리고 숨기는 것밖에 없다. 그렇다면 이 세상에서 전혀 필요 없었을 옷을 사람에게 입히기 위해 무릎을 꿇을 자는 누구인가? 나는 여러분에게 그가 누구인지 말해주겠다. 그는 바로 거부당하신 하나님 자신이시다! 여러분은 그렇게 믿는가?

하지만 무엇 때문인가? 하나님 자신이 죽기를 바라면서 계속 혼자 힘으로 살아가려는 사람에게 어떤 의무가 있길래 그렇게 하시는가? 그것은 사랑의 의무 때문이다. 이 하나님은 십자가에서 "아버지, 저 사람들을 용서하여 주십시오! 그들은 자기가 하는 일을 모르고 있습니다"라고 기도하신 예수의 아버지라는 사실을 기억하라. 예수는 이러한 용서의 삶을 사셨으며, 자신의 죽음이 그 일을 위한 것임을 확신했다.

그러나 우리는 이 하나님이 자신의 나라를 세우시고 그 나라에 대한 통치를 완성하기로 작정하신 전사라는 사실도 기억해야 한다. 하나님은 사람이 자신에게 행한 일에 대한 결과를 홀로 감당하게 버려두지 않으실 것이다. 그를 제거해버리면 누가 그곳에 남아 함께 춤을 추어줄 것인가? 그렇다면 하나님은 사람이 자신에게 맞서 싸우는 동안 그들이 충격을 딛고 일어설 수 있는 축복의 방편들과 의복을 준비함으로써, 그들이 잘못을 깨닫고 다시 발레리나가 되기로 작정한다면 얼마든지 그렇게 할 수 있는 충분한 여지를 남겨놓는 방법 외에 무엇을 할 수 있겠는가? 여러분은 이것이 정상적인 전투 방식은 아니라는 사실을 인정해야 한다. 그러나 이 방식은 효과적이며, 여러분은 그것에 전부를 걸 수 있다. 여러분의 인생을 걸 만한 다른 기회는 없다.

그러나 여러분은 이 모든 것이 무엇을 의미하는지 아는가? 이것은 사람이 대적이 아니라는 사실을 보여준다. 사람은 배신할 수 있다. 다툼이 사람으로 인해 일어날 수 있다. 사람은 하나님을 대적할 수 있으며, 확실히 그렇게 하고 있다. 그러나 하나님은 사람과 싸우지 않으신다. 사람이 대적이 아니다. 하나님은 사람 안에서 그를 사랑과 인도하심에 맞서 싸우게 하는 것, 곧 하나님을 대적하는 모든 태도와 싸움과 분쟁으로 이끌어가는 그의 욕정이기적이고 자립적인 성향과 맞서 싸우신다. 그것은 분명한 사실이다. 그러나 이 모든 과정에서, 하나님은 사람과 맞서 싸우는 것이 아니라 그들을 위해 싸우신다. 하나님은 인간이 자초한 쇠사슬에서 그를 풀어주는 방식으로 그들을 다스리신다. 대적은 사람 안에 있으며, 사람은 대적이 아니다.

그러나 하나님의 싸움에서 대적이 멸망하고 하나님이 승리하실 것이라는 사실에는 일말의 의구심도 없다. 또한 이 승리는 수치심과 두려움, 그리고 존중하고 사랑해야 할 아내에 대한 비난을 없애고, 그러한 수치심과 두려움과 비난으로부터 나오는 싸움과 분쟁을 제거함으로써, 평화를 이룰 것이다. 그리고 이 평화는 '춤을 추라 발레리나여, 춤을 추라'고 노래할 것이다.

그러나 하나님의 전쟁이 완전한 승리를 쟁취할 때까지, 우리는 여전히 각자 야고보가 말하는 전쟁을 치러야 할 것이다. 이제 이러한 개인적 전쟁에 대해서 살펴보자.

> 그러나 카인은 아우 아벨을 들로 가자고 꾀어 들로 데리고 나가서 달려들어 아우 아벨을 쳐죽였다. 야훼께서 카인에게 물으셨다. "네 아우 아벨이 어디 있느냐?" 카인은 "제가 아우를 지키는 사람입니까?" 하고 잡아떼며 모른다고 대답하였다. 그러나 야훼께서는 "네가 어찌 이런 일을 저질렀느냐?" 하시면서 꾸짖으셨다. "네 아우의 피가 땅에서 나에게 울부짖고 있다. 땅이 입을 벌려 네 아우의 피를 네 손에서 받았다. 너는 저주를 받은 몸이니 이 땅에서 물러나야 한다." ··· 그러자 카인이 야훼께 하소연하였다. "벌이 너무 무거워서, 저로서는 견디지 못하겠습니다." ··· 카인은 하나님 앞에서 물러나와 에덴 동쪽 놋이라는 곳에 자리를 잡았다. 카인이 아내와 한자리에 들었더니, 아내가 임신하여 에녹을 낳았다. 카인은 제가 세운 고을을 아들의 이름을 따서 에녹이라고 불렀다.〈창세기 4:8-11,13,16-17〉

창세기는 '싸움과 분쟁이 어디서 오는지'를 보여주는 것으로 끝나지 않고, 계속해서 그것이 '어디로 가는지'에 대해 진술한다. 싸움과 분쟁이 '어디로 가는지'에 대한 창세기의 진술은 오늘날 용어로 '전쟁의 단계적 확대'escalation에 해당한다.

첫 세대에서 존중하고 사랑해야 할 아내에 대한 비난 발언과 자신을 가린 행위는 다음 세대에서 형이 동생을 죽이는 살인과 자신의 얼굴을 가리는 행위로까지 이어진다. 우리는 종종 사람들이 주거지 문제로 싸운다고 말하지만, 정착을 시작하는 단계에서는 이런 압력이 있을 수 없다.

그러나 아벨의 죽음보다 끔찍한 것은 "네 아우 아벨이 어디 있느냐"라는 질문에 대한 가인카인의 대답이다. 그는 "제가 어떻게 알겠습니까, 제가 아우를 지키는 사람입니까"라고 대답한다. 우리는 "내 뼈에서 나온 뼈요, 내 살에서 나온 살"이며 한 몸을 이룬, 하나님의 모습을 지닌 두 사람에 대해 말하고 있다. 지금, 두 사람 중 한 명은 상대에 대한 지식이나 관심을 전적으로 거부한다. '나에게 있어서 그는 존재하지 않는 사람'일 뿐이다. 이런 식의 무관심은 증오나 폭력이나 살인보다 악하다. 이런 범죄들은 적어도 인간적인 면에서 상대의 존재만큼은 인식한다.

아담은 하나님처럼 되기 위해서, 하나님의 모습대로 지으심을 받은 관계를 깨뜨렸다. 이러한 위반이 얼마나 파괴적인지는 가인이 동생의 존재를 부인하는 이곳에 잘 나타난다.

친구들이여, 자기 동생조차 부인하는 것이 전쟁이다. 가인의 전쟁이 어떤 결과를 초래했는지 살펴보라. "저주를 받은 몸이니," "쫓아내시니," "세상을 떠돌아다니는 자," "하나님 앞에서 물러나와," "놋[방황을 의미한다]이라는 곳," "에덴 동쪽[즉 고향에서 멀리 떨어진 황무지]." 이 모든 요소를 하나로 묶으면 불안이라고 할 수 있다. 이것은 우리의 현 상태를 정확히 서술한다. 아벨은 자식이 없이 죽었으므로, 우리는 모두 가인의 후손이다. 놋 땅은 드림랜드가 아니다. 우리가 사는 이 불안한 땅, 이곳이 바로 놋 땅이다. 하나님 앞에서 물러나와 세상을 떠돌아다니는 자는 우리 자신이다.

불안은 전쟁의 원인이자 열매다. 하나님의 형상 안에 머물면 안전하다. 그러나 하나님의 모습을 떠나 하나님처럼 되면, 자신의 능력에만 의존해야 한다. 이것은 안전을 잃어버림을 뜻한다. 하나님의 모습을 떠난 인간은 분열을 시작한다. 자신의 불안에 놀란 그는 안전한 상태에 있는 것으로 보이는 동생을 시기한다. 그는 동생을 제거한다. 그렇게 함으로써 그는 더욱 불안하게 된다. 죄의식과 수치심에 싸인 그는 도망치며, 그의 방향은 모든 안전에서 벗어난 동쪽이다. 이것은 가인의 후손인 우리에게 있어서 싸움과 분쟁이 어디서 나오며 어디로 가는지를 분명히 보여준다.

그러나 가인은 무엇이라도 해야 했다. 끝없이 불안한 방랑의 삶은 참기 어려웠다. 가인은 성경에 언급된 첫 번째 성을 쌓았다. 누가, 왜, 어디에 성을 쌓았는지 주목하라. 가인은 자신의 안전을 위해 놋 땅에 성을 쌓았다. 그러나 이 문장에 "창조하다"라는 단어를 사용하는 것은 잘못되었다. 이 단어에 해당하는 히브리어는 레시트reshith로, 창세기 1:1에 나오는 하나님의 행위에 사용된다. 그러나 가인이 쌓은 성고을의 이름은 에녹이다. 이것은 '시작하다'라는 뜻이 있다. 이것은 사람이 자신을 위해 스스로 무엇을 시작하기 위해 노력했음을 보여준다.

가인은 안전함을 만들고자 했다. 성경 저자는 에녹 성을 언급할 때, 무기고와 병참 기지를 갖춘 요새를 염두에 둔 것이 분명하다. 우리가 아는 대로, 전쟁은 성을 중심으로 싸운다. 여기서 말하는 '안전'의 의미는 오늘날 정부에서 사용하는 용어의 개념과 같으며, 일반적으로 "무기"를 뜻한다. 우리의 안전은 그들의 안전과 마찬가지로, 에녹에 숨어든 가인의 자멸적이고 저주받은 '안전'이다.

가인은 손에 피를 묻힌 채 "제가 아우를 지키는 사람입니까"라고 항변한다. 이 모든 과정은 앞으로 어떻게 전개될 것인가? 창세기로부터 시작되는 모든 이야기는 살인에서 살인으로 이어진다. 그리고 마침내 놋 땅에서, 가인의 후손들이 모여 또 한 명의 동생인 하나님의 아들을 살해하기에 이른다. 그러나 그의 죽음은 모든 것을 되돌릴 것이며, 다시 에덴의 서쪽으로 향하게 할 것이다. 이 부분에 대해서는 나중에 살펴볼 것이다.

라멕이 아내들에게 말하였다.

"아다야, 실라야, 내 말을 들어라.

라멕의 아내들아, 내 말에 귀를 기울여라.

나를 해치지 마라. 죽여버리리라.

젊었다고 하여 나에게 손찌검을 하지 마라. 죽여버리리라.

카인을 해친 사람이 일곱 갑절로 보복을 받는다면,

라멕을 해치는 사람은 일흔일곱 갑절로 보복을 받으리라."

〈창세기 4:23-24〉

전쟁은 더욱 확장된다. 역사의 무대에는 전보다 강력한 '무법자'가 등장한다. 이런 무법자는 우리 주변에서 끊어지지 않을 것이다. 그에게는 두 아내가 있었다. 남편을 그런 자로 만든 것은 그들일 것이다. 그들은 싸움과 분쟁의 원인이다. 그는 복수를 칠 배에서 칠십칠 배로 강화했으나, 우리에게는 그만큼 강화된 용서를 시행할 자가 절실히 필요하다.

노아는 술이 깨어 작은아들이 한 일을 알고 이렇게 말하였다.

"가나안은 저주를 받아 형제들에게 천대받는 종이 되어라."

〈창세기 9:24-25〉

전쟁은 더욱 확장된다. 노인은 추태를 보이고, 그 광경을 발견한 자에게 - 마치 그가 이 모든 사태의 주범이라도 된 것처럼- 광기를 부린다. 아버지가 자신이 범한 일로 아들을 저주하여 종이 되게 한 것이다. 이것은 '세대 차'라고 말할 수 있으며, 싸움과 분쟁을 야기하는 또 하나의 확실한 근원이 된다.

구스에게서 니므롯이 났는데 그는 세상에 처음 나타난 장사였다. 그는 야훼께서도 알아주시는 힘센 사냥꾼이었다. 그래서 '야훼께서도 알아주시는 니므롯 같은 힘센 사냥꾼'이라는 속담까지 생겼다. 그의 나라는 시날 지방인 바벨과 에렉과 아깟과 갈네에서 시작되었다. 그는 그 지방을 떠나 아시리아로 나와서 니느웨와 르호봇 성과 갈라를 세우고, 니느웨와 갈라 사이에 레센이라는 아주 큰 성을 세웠다. 〈창세기 10:8-12〉

전쟁은 더욱 확장된다. 우리는 여기서 "세상의 첫 용사장사"인 니므롯을 만난다. 자끄 엘륄에 따르면, 이곳의 히브리어는 "야훼께서도 알아주시는 힘센 사냥꾼"보다 "야훼께서 지켜보고 계신 강한 정복자"로 해석해야 한다.

이 해석은 일리가 있다. 왜냐하면, 이어지는 구절에는 니므롯이 성을 건설했다는 사냥꾼에게 어울리지 않는 활동만 나타나기 때문이다. 그들은 성을 건설한 자, 안전한 요새의 지도자를 "용사"Old Blood and Guts라고 불렀을 것이다. 그러나 우리는 하나님이 그를 주시하고 계신다는 사실을 알아야 한다. 우리는 니므롯처럼 강한 자를 보고 놀라는 동안 하나님의 존재를 잊어버릴 수 있다.

니므롯의 영토가 놋 땅에 속한다는 것은 두말할 필요도 없지만, 그의 영토는 특히 "시날"Shinar 땅으로 불린다. 시날은 '무너진 자, 흔드는 자, 분노와 부르짖음의 상징'이라는 의미가 있다. 이 영역에 해당하는 성 중의 하나는 바벨이다. 바벨에 대해서는 잠시 후에 다룰 것이다. 니므롯이 새로 정복한 영토 중에는 니느웨가 있다. 이 성은 구약에서, 잔인하고 유혈 낭자하며 약탈로 가득한 전쟁의 도시로 나타난다. "속담에 이르기를 아무는 '야훼께서도 알아주시는 니므롯 같은 힘센 사냥꾼'이로다."

전쟁은 더욱 확장된다. 아담으로부터 가인, 라멕, 노아, 니므롯에 이르기까지의 흐름은 계속되며, 각 단계를 거칠 때마다 점차 우리에게 가까워진다.

온 세상이 한 가지 말을 쓰고 있었다. 물론 낱말도 같았다. 사람들은 동쪽에서 옮아 오다가 시날 지방 한 들판에 이르러 거기 자리를 잡고는… 또 사람들은 의논하였다. "어서 도시를 세우고 그 가운데 꼭대기가 하늘에 닿게 탑을 쌓아 우리 이름을 날려 사방으로 흩어지지 않도록 하자." 야훼께서 땅에 내려오시어 사람들이 이렇게 세운 도시와 탑을 보시고 생각하셨다. "사람들이 한 종족이라 말이 같아서 안 되겠구나. 이것은 사람들이 하려는 일의 시작에 지나지 않겠지. 앞으로 하려고만 하면 못할 일이 없겠구나. 당장 땅에 내려가서 사람들이 쓰는 말을 뒤섞어놓아 서로 알아듣지 못하게 해야겠다." 야훼께서는 사람들을 거기에서 온 땅으로 흩으셨다. 그리하여 사람들은 도시를 세우던 일을 그만두었다. 야훼께서 온 세상의 말을 거기에서 뒤섞어놓아 사람들을 온 땅에 흩으셨다고 해서 그 도시의 이름을 바벨이라고 불렀다.〈창세기 11;1-2,4-9〉

니므롯의 후손은 계속해서 야훼로부터 떨어진 동쪽으로 옮기던 중 시날 평지에서 최후의 성도시을 건설하기로 작정한다. 그들은 생각했다. '이 성도시이야말로 우리를 안전하게 지켜줄 것이다. 우리는 하늘 꼭대기까지 닿을 탑을 쌓을 것이다. [그처럼 높은 탑은 쌓을 수 없다. 하나님은 그것을 보기 위해 '내려오셔야' 했다.] 우리의 이름을 떨칠 것이다.'

이것은 하나님처럼 되려는, 엄청난 규모의 대담한 시도다. 사람이 그렇게 할 수만 있었다면 안전한 요새를 지었을 것이다. 그러나 하나님이 내려오셔서 그들의 영웅적 행위를 중단시키셨다. 왜 그랬을까? 하나님은 인간이 성공해서 자신을 필요로 하지 않을 것을 두려워했을까? 나는 그렇게 생각하지 않는다. 그렇다면 그것은 불순종에 대한 징벌이었을까? 그것도 아닐 것이다. 아마도 하나님은 이렇게 생각하셨을 것이다. '사람들은 점차 기술이 발달하고 강력해져서 그들이 꿈꾸는 무모한 계획을 실행하려 할 것이다. 누군가 개입하지 않으면 그들은 어리석은 자멸을 초래할 것이다.'

하나님이 사람들의 의사소통을 불가능하게 하신 것은 그들에게 가죽옷을 지어 입히시는 행위에 해당한다. 그것은 하나님이 그들을 바로 세우시는 날이 이르기까지 자신에게서 더는 멀어지지 않게 막는 은밀한 방법이다. 하나님은 오순절에 이러한 흐름을 다시 연결하신다.

이 교훈은 오늘날 우리에게도 적용된다. 우리가 고대의 바벨탑을 높이 쌓으면 쌓을수록, 인류는 분열될 것이다. 그리고 지금, 나와 여러분의 도시 바벨에서 인류는 아무리 원해도 더 이상 형제간에 의사소통이 이루어지지 않는 상황에 이르렀다.

반면에, 동산에 좌정하신 하나님은 옷을 짓고 계신다. 니므롯의 정복과 바벨탑을 쌓는 일에 비하면 하나님의 일은 대단한 것처럼 보이지 않는다. 그러나 언젠가 그 일이 승리할 날이 올 것이다. 실로 그러할 것이다!

이상의 내용이 싸움과 분쟁이 어디서부터 와서 어디로 가는지에 대한 창세기의 진술이다. 창세기 12장에서는 하나님이 모든 것을 바로 잡으시는 이야기로 초점이 옮겨간다.

그러나 전쟁의 기원에 대한 분석은 우리에게 평화의 기원에 대한 정보도 제공하는가? 물론이다.

창세기의 진술이 사실이라면, 전쟁은 본질상 정치적 문제나 사회적 문제가 아니라 인간과 하나님의 관계를 다룬 신학적 문제에 해당한다. 또한 이것이 신학적 문제라면, 대답도 신학적인 대답이 되어야 한다. 오늘날의 싸움과 분쟁이 정치적, 사회적 문제와 관련하여 일어난다는 것은 주지의 사실이다. 또한, 우리는 이런 차원에서 전개되는 싸움이나 다툼에 대해 손 놓고 있어도 된다고 말할 사람은 아무도 없다. 우리가 니므롯의 후손이라고 해서, 모든 면에서 가장 어리석은 니므롯 사람이 될 필요는 없다. 예를 들면, 우리가 니므롯 사람들의 호전성을 조금이라도 누그러뜨리거나 호전적 목적으로 사용되는 경비를 줄일 수 있는 일이 있다면 충분히 가치 있는 행동이 될 것이다.

그러나 정치적, 사회적 접근은 결코 문제의 본질에 도달할 수 없다. 우리가 일부 호전성은 막을 수 있겠지만, 사람이 "하나님처럼" 되려는 생각을 거두고 다시 발레리나의 지위를 회복하지 않는 한, 진정한 평화는 오지 않을 것이다.

현재 우리의 초점은 성경 연구이기 때문에 이 책은 사람이 어떻게 하면 하나님과의 관계본질상 평화를 회복할 수 있을 것인가라는 차원에서 전쟁 문제에 접근할 것이다. 이러한 접근은 사회적, 정치적 프로그램과 기법을 서술하는 것보다 훨씬 근본적이고 궁극적이며, 더욱 유익한 차원에서 이루어져야 한다. 이것은 이러한 프로그램이나 기법의 정당성을 부인하는 것이 아니라, 그러한 연구들의 사실 여부는 성경에 기초한 이 책에 비추어 가려져야 하며, 그 반대가 되어서는 안 된다는 것이다. 말하자면 우리의 정치적 행위는 자신의 신학과 대립해서는 안 되며, 일치해야 한다는 것이다.

평화라는 주제에 관한 책은 신학적 접근보다 정치적, 사회적 접근이 훨씬 많다는 것은 사실이다. 이것은 변명의 여지가 없는 사실이며, 이 책도 변명하지 않을 것이다.

지금까지 우리의 연구를 통해 밝혀낸 또 하나의 중요한 함축이 있다. 창세기는 우리의 싸움과 분쟁이, 인간이 결코 스스로 해결할 수 없을 만큼 광범위하게 스며들어 고착된 "관계 단절"에 기인한다는 사실을 분명히 보여준다. 인간은 다시 돌아갈 수 없다. 그는 돌아설 지혜도 없고 의지도 없으며 방법도 없다. 모든 것은 동쪽을 향해 달린다.

그뿐만 아니라, 관계가 깨지는 모욕을 당하신 하나님이 과연 관계 회복을 원하실 것인가라는 문제도 있다. 어쨌든, 사람이 싸움과 분쟁의 문제를 해결할 수 있는 방법은 없다. 그것은 오직 하나님만이 하실 수 있다.

그러나 우리가 아무런 대안이 없이 그가 행하시기만 기다려야 하는 것은 아니다. 성경은 하나님이 행하셨으며, 지금도 행하고 계시며, 앞으로도 계속해서 행하실 것이라고 말씀한다. 이것은 정확히 하나님이 우리의 문제를 돌아보고 계심을 보여준다. 나침반의 바늘을 동산으로 돌려놓으신 하나님은 자신이 관계 회복을 원하며 그것을 위해 자신의 상처를 잊었다고 선언하신다. 또한 하나님은 사람의 모양으로 오셔서 그들을 회복시키시고 본향이 있는 서쪽으로 향하게 하신다.

이것은 사람이 싸움을 멈추고 평화를 만들어낼 수는 없지만, 이 평화를 받아들일 수는 있으며, 또한 마땅히 그렇게 해야 한다는 것을 의미한다. 즉, 그는 하나님이 역사하시게 하고, 하나님과 협력하여 일하며, 하나님의 일을 도울 수 있다. 한 마디로, 사람은 다시 발레리나의 역할을 배울 수 있다는 것이다. 하나님은 어떻게 춤을 가르치며 사람은 어떻게 춤을 배우는가? 이 주제는 이 책의 나머지 부분에서 살펴볼 것이다.

2

지옥이 거룩한 곳인가?

전쟁은 지옥이다!

윌리엄 셔만 장군General of the Armies William Sherman

나는 전쟁을 아는 소수의 생존자가 아는 만큼 전쟁을 안다.
내가 아는 한, 전쟁만큼 혐오스러운 것은 없다.

맥아더 장군General of the Armies Douglas MacArthur

야훼는 용사, 그 이름 야훼이시다. …
야훼여, 당신의 오른손이 힘차 영광스럽습니다.
야훼여, 당신의 오른손이 원수를 짓부쉈습니다.
무서운 힘으로 당신은 적수를 꺾으셨습니다.
불타는 분노로 당신은 원수를 검불처럼 살라버리셨습니다.

모세〈출애굽기 15:3,6-7〉

이 장은 전후 본문과 함께, 여호수아서와 사사기에 초점을 맞출 것이다. 앞으로 살펴보겠지만 이 장의 핵심 주제는 머리말에 잘 나타나 있다. 즉, "야훼는 용사"라는 것이다. 덧붙이자면, 야훼는 초기 히브리인이 하나님을 지칭하는 용어로 사용했으며, 영역 구약성경 곳곳에 나타나는 "주"LORD는 원래 "야훼"Yahweh로 읽었다. 앞으로는 이 이름으로 통일할 것이다.

오늘날 그리스도인의 대부분은 여호수아와 그의 무리를 무시해버릴 만큼, 여호수아의 '전사 하나님'warrior-God이 예수나 그의 사상과 매우 동떨어질 뿐만 아니라 조화를 이루지 못한다고 생각한다. 따라서 그들은 성경을 읽을 때 그 부분을 대충 읽고 건너뛰거나, 성경의 본래 메시지와 일치하지 않는 일탈에 해당한다고 설명하거나, 또는 마술사처럼 현혹하는 방식 즉, "자, 보이죠? 어 사라졌습니다"와 같은 방식으로 본문의 의미를 둘러댄다.

그러나 이와 같이 여호수아와 직면하지 못하게 하는 것은 잘못된 방식으로서, 예수와도 제대로 직면하지 못하게 한다. 그뿐만 아니라, 이것은 성경을 대하는 정직한 방법도 아니다. 따라서 우리의 선택은 '쐐기풀을 잡는' 것이다. 쐐기풀은 조심해서 신중하게 잡는 것보다 꽉 붙잡는 것이 상처를 덜 입는다는 옛말이 있다. 이곳의 상황이 바로 그런 경우다.

이것은 여호수아와 그의 무리가 모든 진리의 원천이라는 말은 아니다. 여호수아가 완전한 진리와 통찰력을 보여주었다면, 예수가 필요하지 않았을 것이다. 우리는 성경과 그것이 보여주는 역사를 해석해나가는 동안, 하나님이 우리가 앞서의 교훈에서 놓친 설명과 통찰을 마칠 수 있다는 사실을 발견할 수 있기를 기대해야 한다. 일부 요소에 대해서는 우리가 여호수아보다 명확하게 볼 수 있다는 것이 분명한 사실이다. 그러나 더욱 중요한 요소로서 전체적인 방향과 기본적 전제에 대해서는 여호수아가 정확하며, 반면에 우리는 대체로 한 발 벗어나 있다. 또한, 여호수아가 성경의 큰 틀에서 벗어나 있다는 주장은 결코 사실이 아니다. 오히려 그의 입장은 나머지 성경에 매우 중요하며 이러한 사실은 계시록 전체에서 분명히 나타난다. 그뿐만 아니라, 예수는 여호수아의 입장이 자신의 증거와 가르침의 기반을 형성한다고 생각하신다. 우리는 여호수아와 그의 활동에 주의를 기울이지 않으면 예수를 완전히 이해할 수 없다.

결론은 여호수아와 그의 무리가 전쟁과 평화에 대한 정확한 인식을 가지고 있었으나, 그것을 잘못 적용했다는 것이다. 이 문제를 바로 잡기 위해 나머지 성경과 예수가 필요한 것이다. 그러나 우리에게는 바른 인식조차 없다.

여호수아의 말은 최종적 진술이 아니다. 그의 말은 우리를 최종적 진술로 인도하는 서두에 지나지 않는다.

우리가 여호수아에게서 발견해야 하는 것은 이것이다. 즉, 우리는 사람들이 전쟁하지 못하도록 막는 것이 평화를 성취하는 길이라는 전제하에 행동하는 경향이 있다는 것이다. 여호수아는 이런 일은 일어날 수 없으며, 일어나서도 안 된다고 생각한다. 여호수아가 생각하는 방법은 그들 자신의 싸움에서 야훼께서 수행하시는 싸움으로 바꾸는 것이었다.

차이점은 우리의 전쟁은 반전 운동과 각종 '평화' 운동을 포함하여 성격상 니므롯의 전쟁과 같다는 것이다. 말하자면 우리의 전쟁은 바벨 성, 시날 땅, 니므롯의 땅에서 일어난다. 이 전쟁은 에덴에서 시작하여, 야훼 앞에서 멀리 떨어진 동쪽으로 전개된다. 이 전쟁은 자신의 안전을 위한 처소를 세우려는 인간적 노력으로 나타난다. 우리는 군국주의자와 평화주의자 모두 궁극적으로 이러한 평화의 보장을 추구한다는 사실을 알아야 한다. 그러나 어느 쪽이든, 이 전쟁은 자신의 지혜와 능력과 종교를 동원하여 "하나님처럼" 되려는 시도일 뿐이다. 물론, 오늘날 전쟁을 찬성하는 매파와 전쟁을 반대하는 비둘기파는 인간이 이처럼 평화를 보장하는 안전한 처소를 어떻게 세울 것인가에 대해 상반된 견해를 갖고 있다. 그러나 여호수아와 비교할 때, 그들은 둘 다 니므롯의 전쟁을 싸우기로 동의한 것이 확실해 보인다.

우리는 다른 곳과 마찬가지로 여기서도 다음과 같은 지적에 귀를 기울일 필요가 있다. 우리는 아래에서 전쟁을 찬성하는 전사들뿐만 아니라 전쟁을 반대하는 전사들까지 비판하는 성경적 진술을 제시할 것이다. 이러한 비판은 특히 평화주의자들에게 상처를 줄 수 있다. 아마도 그들은 이 책을 읽는 주 독자층에 해당할 것이다. 그런 점에서 안타까운 마음은 있지만, 어쩔 수 없는 일이다.

무엇보다도 나는 평화주의자들이 전쟁을 찬성하는 당국의 행위가 얼마나 악한지를 지적함으로써 자신의 행위를 정당화하는 익숙한 방식으로 이 비판을 외면하지 않기를 바란다. 그것은 비겁한 자가 하는 행동이다. 그런 행동은 에덴동산에서 아담이 하와를 비난함으로써 자신의 책임을 전가하려 했던 것이 그 시초다. 여러분은 하나님이 그런 방법을 잠시도 용납하지 않으셨다는 사실을 기억할 것이다. 자신이 대적보다 의롭다는 것만으로는 충분치 않다. 상대의 악행이 더 심각하다는 것이 변명거리가 될 수 없다는 뜻이다. 하나님의 뜻이 표준이 되어야 한다. 그러므로 여러분은 하나님의 뜻에 따라 판단해야 하며, 전쟁을 찬성하는 자들의 판단은 그들에게 맡겨야 한다.

또한, 일부 비판에 대해서는 다음과 같은 반론도 제기할 수 있을 것이다. "그러나 나는 그런 비판을 적용할 수 없는 평화주의자들을 많이 알고 있다." 맞는 말이다. 그러나 이것은 전체에 대한 책망이 아니다. 전쟁주의자에 대한 비판 역시 전체에 대한 보편적인 적용은 아니다. 그러나 비판에 해당하지 않는 사람들의 숫자를 세어 옹호하는 것은 우리가 할 일이 아니다. 우리의 본분은 성경이 어느 부분에 어느 정도의 비판이 필요한지 찾을 수 있도록 우리를 조명하게 하는 것이다.

끝으로, 전쟁 운동에 대한 비판과 더불어 평화 운동에 대한 우리의 비판은 양자 사이에 어떤 차이도 발견할 수 없다는 사실을 보여주려는 것이 아니다. 만일 오늘날 가장 두드러진 활동을 하는 두 단체만 존재하고 다른 대안이 없다면, 여기서는 비록 비판의 대상이지만 나는 단연코 평화주의자의 편에 설 것이다. 그러나 이 책의 중요한 목적은 성경이 이 두 운동과 전혀 다른 대안을 제시하고 있음을 보여주는 것이다. 따라서 우리가 여호수아와 그 외의 방식으로 나누어 살펴보는 방식은 매우 중요하다. 다른 많은 곳과 마찬가지로 여기서도 성경은 하나의 세속적 집단이 다른 집단보다 자신을 더 정당화하는 수단을 제공하지 않는다. 이것은 성경이 가진 장점이자 독특성이라고 할 수 있다. 오히려 성경은 모든 세속적 집단을 진리에 비추어, 즉 어떤 세속적 연합보다 탁월한 하나님의 진리에 따라 판단한다. 이것으로 지적은 끝난다.

여기서 말하는 인간의 전쟁, 곧 니므롯의 전쟁 반대편에는 야훼의 전쟁이 있다. 이것은 하나님이 정하신 시간과 장소에서 그가 택하신 대적에 맞서, 하나님의 목적을 위해, 하나님의 방식으로 싸우는 전쟁이다. 이 전쟁에서 인간은 니므롯이 아니라 발레리나의 역할을 하는 것이 분명하다.

여호수아와 그의 후계자들에게서 발견할 수 있는 것은 절대적으로 신실하고 양심적이며 헌신적인 태도로 야훼의 전쟁에 임하는 발레리나의 모습이다. 안타깝게도 이 사람들의 이해는 어느 면에서 부족한 점이 있었으며, 그들의 위대한 시도는 실패하고 말았다. 그러나 우리는 인간이 여호수아의 실험을 다시 한번 시도할 때까지 하나님이 목적하신 평화는 결코 실현될 수 없다는 사실을 진지하게 받아들여야 한다. 니므롯의 전쟁은 어떤 형태이든, 그것을 이룰 수 없다.

이제 성경의 진술에 귀를 기울여보자. 우리는 세 가지 -여호수아서에서 한 개, 사사기에서 두 개- 이야기를 택했다. 각각의 이야기를 요약해서 순서대로 들려줌으로써 본문에 대한 새로운 인식을 가진 후, 세 이야기를 나란히 분석할 것이다. 이 연구는 유명한 구약성경 학자인 게르하르트 폰 라드 Gerhard von Rad의 연구가 학문적 배경을 이루지만, 자료에 대한 분석은 전적으로 우리의 방식을 따랐다.

여호수아의 여리고 전쟁
애굽의 종살이에서 풀려난 이스라엘 백성은 약속의 땅으로 향했다. 그들은 40년간 광야에 갇혀 지냈으나, 마침내 북쪽을 향해 이동한 후 요단강 동편에 집결했다. 그들은 강을 건너 진격하여 가나안 본토로 들어갈 준비를 했다. 그들이 만날 첫 번째 성읍, 즉 첫 번째 전장은 여리고성이다.

모세는 죽고 그의 후계자인 여호수아가 지도자였다. 그는 두 사람의 정탐꾼을 보내었다. 성안에 몰래 잠입한 그들은 라합이라는 기생의 집에 숨어 지내며 필요한 정보를 수집했다. 여호수아는 군대를 이끌고 강을 건넜으며, 강은 그들이 건널 수 있는 상태로 바뀌었다. 이어서 여호수아의 명령에 따라 군대는 여리고로 진격했으며, 그곳에서 다음과 같은 명령을 받는다.

"너희 모든 군인들은 날마다 이 성을 한 바퀴씩 돌아라. 그렇게 엿새 동안 돌아라. 사제 일곱이 각기 숫양뿔 나팔을 들고 궤 앞에 나서라. 이렛날에는 이 성을 일곱 번 돈 다음 사제들이 나팔을 불어라. 그 숫양뿔 나팔 소리가 나면 백성은 다 같이 힘껏 고함을 질러라. 그러면 성이 무너져 내릴 것이다. 그 때 전군은 일제히 쳐들어가거라."〈여호수아 6:3-5〉

이 말씀은 실제로 성취되었다. 성은 완전히 무너져 내리고 불타버렸다.

우리는 이 이야기와 함께, 여호수아가 자신이 지휘한 일련의 사건들에 대해 회고하는 결론적 고별사에서 몇 가지 자료를 사용할 것이다.

드보라, 바락, 시스라

이 이야기는 특히 흥미롭다. 사사기 4장에는 사건이 일어나고 오랜 후에 기록된 것이 분명한 내용이 역사적 내러티브의 한 부분으로 기록되어 있다. 그러나 사사기 5장은 같은 이야기를 들려주는 시다. 학자들은 이 시의 작성이 사건이 일어난 시점에 근접하며, 성경을 구성하는 초기 자료 가운데 일부에 해당한다고 주장한다. 보통 '드보라의 노래'로 알려져 있다.

이스라엘 백성은 여호수아의 인도를 따라 그 땅에 터전을 마련하지만, 이곳의 이야기가 기록될 당시는 가나안 원주민으로 인해 힘들어하던 시기였다. 부족의 지도자 가운데 한 명인 드보라라는 여자는 이러한 위기의 시대에 주목을 받는 인물이었다. 그는 바락이라는 사람을 지도자로 세우고 이스라엘 지파에서 만 명을 뽑아 그의 휘하에 맡겼다.

그들은 기손 강물에 의해 퇴적된 평지 중앙에 유일하게 우뚝 솟은 다볼산에 모였다. 당시 이 평지는 철 병거 구백 대를 포함하여 막강한 병력을 소유한 가나안 군대가 점령하고 있었다. 이 가나안 군대의 장관은 시스라였다. 그는 산속의 은신처를 공격하지 않았다. 그는 그렇게 할 필요가 없었다. 이스라엘은 산에서 내려올 수밖에 없을 것이며, 그때 철 병거로 공격하면 승리할 수 있다고 판단했기 때문이다. 그러나 그 전에 이스라엘의 기습작전이 감행되었다. 기손강은 범람했고, 모든 평지는 축축이 젖었다. 이 틈을 타서, 이스라엘의 게릴라 부대가 덮쳤다. 가나안의 병거는 진흙탕에 빠지고 말들은 허우적거렸으며 병사들은 공포에 떨었다. 가나안의 군대 장관은 부하들을 버리고 걸어서 도망했다.

시스라는 야엘이라는 여자의 장막에 숨었다. 야엘은 그에게 마실 것을 주고 침실로 안내했다. 마실 것에는 수면제를 탔을 가능성이 있다. 시스라가 깊이 잠들자 야엘은 장막 말뚝을 그의 관자놀이에 박아 죽였다.

기드온의 미디안 전쟁

세월이 흐른 후, 등장한 대적은 미디안이며, 이스라엘의 지도자는 기드온이다. 그는 군대를 소집했는데 삼만 이천 명이 자원했다. 기드온이 싸우기 싫은 자를 돌아가게 하니 이만 이천 명이 돌아갔다. 기드온은 물을 어떻게 마시는지 보는 독특한 시험을 통해 일만 명을 삼백 명으로 줄인 후, 그들과 함께했다. 기드온은 영리한 지휘관처럼, 부하들에게 나팔과 빈 항아리와 횃불과 칼을 들게 하고, "메뚜기떼처럼 거기 평지를 덮고 있었고 낙타는 바닷가의 모래처럼 수없이 많은"사사기 7:12 적진을 향해 은밀히 다가갔다.

한밤중에 적진에 이른 그들은 신호에 따라 작전을 개시했다. "세 부대가 모두 나팔을 불며 단지를 깨고 왼손에는 횃불을 들고 오른손으로는 나팔을 불며, "야훼 만세! 기드온 만세!" 하고 외쳤다. 그러면서 적진을 둘러싼 채 서서 움직이지 않았다. 적군은 온통 갈팡질팡 아우성치며 도망치기 시작하였다. 삼백 명 군대가 나팔을 불어대고 있는 동안 야훼께서는 적으로 하여금 저희끼리 마구 칼로 찔러 죽이게 하셨다. 그리하여 스레라 쪽으로 도망치던 적군은 벳시타에 이르렀고 더러는 타빳 건너편 아벨므홀라 냇가에 이르렀다."사사기 7:20-22

기드온의 삼백 명은 도망하는 미디안 군대를 추격하여 완전히 진멸한다.

세 가지 이야기에 대해 '설명'하고 싶어 하는 사람은 많다. 그들은 다음과 같은 주장을 통해 이 이야기들에 역사적 개연성을 부여했다. ⑴ 여리고 성을 무너뜨린 것은 지진이었다. ⑵ 드보라는 비가 올 것으로 생각하여 병력을 다볼산에 잠복시켰다. ⑶ 기드온은 물을 마시는 교묘한 시험을 통해 삼백 명의 정예군을 찾아내어 고용했다. 이러한 설명은 확실히 이 이야기들의 역사적 사실성을 높이지만, 그 과정에서 본문의 의미를 왜곡하지는 않았는지 점검해볼 필요가 있다. 만일 우리가 이런 기적적 이야기를 자연적 원인과 인간의 창의력으로만 설명하려 한다면, 우리는 또 하나의 니므롯 전쟁을 하는 것이며 하나님이 자신의 방식대로 싸워 승리하신 이 전쟁 이야기들에 대해 성경이 말하고 싶어 하는 것을 막아버릴 것이다. 그러나 여러분이 성경 저자들과 함께 지진이나 폭우가 하나님의 의도적인 행위임을 볼 수 있다면, 그런 식의 설명이 가능할 것이다.

우리가 이 세 가지 이야기로부터 발견해야 할 것은, 구약성경의 거룩한 전쟁HOLY WAR[성전]에 대한 교훈을 구성하는 정교한 패턴이다. 이러한 패턴을 찾아볼 수 있는 자료는 많지만, 여기서는 세 이야기만으로도 충분하다. 학자들은 거룩한 전쟁에 대한 교훈이 언제, 어떻게 제시되었으며, 어디서 오는지에 대해 명확히 설명하지 못한다. 우리가 "여호수아"라는 이름을 자주 사용하는 것은 그가 이 사상의 창시자거나 원천이라서가 아니라, 거룩한 전쟁 개념을 대표하기 때문이다. 이 교훈은 세 이야기의 배경이 되는 시대, 즉 여호수아와 사사시대가 정점에 해당한다는 것은 분명한 사실이다. 또한 우리는 다윗 시대와 이어지는 시대에 이 교훈이 사라진 시점 및 이유에 대해서도 확실히 안다. 이 부분에 대해서는 잠시 후 상세히 다룰 것이다. 그러나 시편과 선지서 여러 곳에는 거룩한 전쟁 용어의 일부가 나타난다. 앞서 언급한 대로, 이 사상은 성경 전체, 신약성경까지 스며들어 있다.

거룩한 전쟁은 구약성경의 기본적 신앙에서 지엽적 개념이 아니라, 이 신앙의 핵심 전승 가운데 하나다. 거룩한 전쟁은 모세 언약, 야훼의 왕 되심, 절기와 같은 전승이나 의식과 나란히 하는 핵심 사상이다. 이 사상이 빠진 구약성경의 신앙은 존재하지 않는다. 이 사상은 구약성경의 어떤 사상보다 종교적이다. 거룩한 전쟁은 종교다. 히브리인에게 전쟁은 우리가 통상적으로 '예배'라고 부르는 기도, 제사, 의식, 절기와 같은 종교적 행위이다.

나는 성경에 정확히 '거룩한 전쟁'이라는 구절이 나타난다고 생각하지 않지만, 어쨌든 거룩한 전쟁은 이 교훈을 가리키는 전문 용어이다. 사실 여기서 어법은 중요하지 않다. 그러나 거룩한 전쟁이라는 용어보다는 성경 본문에 종종 등장하는 "야훼의 전쟁"이 더 낫다. 가장 흥미로운 표현은 민수기 21:14에 나타난다. 이 구절에는 오늘날 존재하지 않는 고대 문헌, "야훼의 전쟁기"에서 발췌한 인용문이 제시된다. 어쨌든, "야훼의 전쟁"이라는 제목은 이스라엘에서 모든 자료를 포괄할 수 있는 개념임이 분명하다.

"야훼의 전쟁"에 대한 언급은 단지 '하나님의 이름으로 싸우는 전쟁'에 대한 진술이 아니다. 우리는 역사에서 그런 전쟁을 수없이 보았지만, 대부분 거짓임을 알고 있다. 아니, 구약성경의 개념은 이 전쟁을 수행하시는 분이 야훼시라는 사실을 분명히 보여준다. 사람은 곁에서 지켜보기만 할 뿐이다. 아마도 이 개념이 가장 분명하게 드러난 곳은 여리고 기사에 나오는 여호수아와 관련된 작은 사건일 것이다.

> 여호수아가 여리고 지방에 가까이 이르렀을 때의 일이다. 그가 고개를 들고 보니 자기 앞에 누가 칼을 뽑아 들고 서 있는 것이었다. 여호수아는 그에게 다가가서 물었다. "너는 우리 편이냐? 우리 원수의 편이냐?" 그가 대답하였다. "아니다. 나는 야훼 군대의 총사령관으로서 이제 온 것이다." 이 대답을 듣고 여호수아는 엎드려 얼굴을 땅에 대고 절하며 물었다. "내 주여, 당신의 종에게 무슨 말씀을 하시렵니까?" 야훼 군대의 총사령관이 지시하였다. "네 발에서 신을 벗어라. 네가 서 있는 곳은 거룩한 곳이다." 여호수아는 그대로 하였다. 〈여호수아 5:13-15〉

이 군대의 대장은 여호수아가 아니며 다른 사람도 아니다. 대장은 하나님으로부터 직접 온다. 그에게 순종하는 것은 곧 하나님에게 순종하는 것이며,

거룩한 행위다.

그러나 지금까지 많은 전쟁이 하나님의 이름으로 싸웠으며, "하나님의 전쟁"이라고 주장했다. 사실, 자신의 전쟁은 하나님의 일이라고 주장하거나 하나님이 자신의 편이라고 주장하는 사람이 없었던 전쟁은 없었다고 해도 과언이 아니다. 그러나 아담의 후손이 관련된 한, 사람이 모든 결정을 내리고 지휘하면서 자신의 결정을 뒷받침하기 위해 하나님의 이름을 억지로 갖다 붙였을 것이라는 의구심을 떨칠 수 없다. 이러한 의심은 대부분 사실로 드러났다. 그렇다면 히브리인의 "야훼의 전쟁"은 어떻게 다른가?

우리가 말할 수 있는 것은 히브리인의 패턴에는 그런 일이 발생하지 않게 막아주는 붙박이 안전망이 있다는 것이다. 히브리인은 사람이 지배하는 전쟁의 위험성을 알고 있으며, 그것을 막기 위해 노력한다. 이러한 히브리인의 태도는 칭찬할만하다. 우리가 다룰 증거 자료는 그들이 자신들의 전쟁은 야훼의 전쟁이며 사람들이 꾸며낸 니므롯의 이야기가 아니라는 사실을 입증하기 위해 매우 솔직하고 주도면밀하며 신중한 노력을 했음을 보여줄 것이다. 그럼에도 불구하고, 히브리인은 결국 그들이 얻으려고 애썼던 것을 놓쳤다는 것이 우리의 최종적 판단이다.

구약성경에서 거룩한 전쟁에 대한 묘사를 보여주는 첫 번째 전형적인 요소는 군사를 선별 징집하는 방식의 징병제도Selective Service다.

여호수아와 이스라엘 자손들이 요단강을 건너 여리고로 향할 때, 사만 명의 전사가 그들 앞서 건너갔다. "무장한 그들 사만 명 정병들은 야훼 앞에 나서서 여리고 평야를 바라보며 싸우러 나갔다."여호수아 4:13

드보라 이야기는 드보라가 바락에게 지시한, "이스라엘의 하나님 야훼께서 이렇게 명령하셨소. '너는 납달리 지파와 즈불룬 지파에서 만 명을 뽑아 다볼 산으로 이끌고 가거라.'" 사사기 4:6라는 명령과 함께 시작한다. 이 명령은 이것이 야훼의 징집 명령이며, 야훼께서 시작하시고 도우시는 전쟁임을 분명히 보여준다. 당시 이스라엘은 중앙 정부가 없었다. 드보라와 바락은 아무런 직책이 없었으며, 종교적으로나 행정적으로 백성에게 명령을 내릴 권한이 없었다. 따라서 이 징집은 야훼께서 주도하신 것이다.

이 제도와 관련된 또 하나의 사례는 기드온 이야기에 나타난다. "야훼의 영이 기드온을 사로잡았다. 그러자 기드온은 뿔나팔을 불어 아비에젤 일족에게 따라 나서라고 하였다. 그는 또 전령들을 므나쎄 온 지파에 보내어 므나쎄 지파도 따라 나서라고 불러내었다. 아셀 지파와 즈불룬 지파와 납달리 지파에도 전령들을 보내니 그들도 올라와서 기드온과 합세하였다." 사사기 6:34-35 여러분은 기드온의 징집이 필요한 인원보다 백 배 이상 많은 병력이 모여들 만큼 성공적이었다는 사실을 알고 있을 것이다. 다른 곳에도 나타나지만, 야훼의 소집을 공포하는 일반적인 수단은 나팔이었다.

드보라의 노래는 야훼의 징집 명령에 대해 이스라엘 백성이 보여준 헌신적 반응을 칭송하는 내용이며, 오늘날의 징병제도와 관련된 이슈를 제기한다.

> 이스라엘의 용사들이 머리를 풀고
> 백성들은 스스로 전진하니,
> 야훼를 찬양하여라! …
> 이스라엘의 사령관들을 생각하니
> 자원해서 나선 백성을 생각하니 나의 심장이 뛰는구나.
> 너희는 야훼를 찬양하여라. …
> 그 때 **야훼의 백성은** 성문께로 내려갔다. …

그 때에 이스라엘은 성문께까지 내려갔다.

야훼의 백성은 영웅처럼 야훼를 편들어 싸우러 내려갔다. …

르우벤은 냇물가에들 모여서 끝도 없이 토론이나 벌이는구나.

어찌하여 길르앗은 요르단 건너편에 머물러 있고

단은 남의 나라 배나 타고 있는가?

아셀은 바닷가에 자리잡은 채 항구에서 편히 쉬고 있는데

〈사사기 5:2,9,11,13,15-17〉 굵은체는 저자 추가

물론 이곳의 주제는 자신의 목숨이 달린 일임에도 불구하고 야훼를 섬기려는 이스라엘 백성의 헌신적 태도다. 그들은 야훼를 절대적으로 신뢰하며, 오직 "야훼의 백성"이 되고 싶어 했다. 이것은 매우 중요한 진술이다. 이것은 우리가 지금까지 살펴본 동쪽으로의 이동이 아니라, 에덴으로 돌아가는 서쪽을 향한 이동에 해당한다. "야훼의 백성"은 아담, 가인, 니므롯 일행이 가장 꺼리는 호칭이다. 그들이 가장 원한 것은 '자기 결정적 주체'가 되는 것이다. 평화에 도달하기 위해서는 아직도 갈 길이 멀지만, 이제 큰 고비는 넘긴 것이다. 사람들은 야훼의 징집 명령을 기꺼이 받아들이고, 그의 백성이 되어 그의 방식대로 야훼의 전쟁을 싸우고 싶어 한다.

그러나 본문의 마지막 부분에는 일부 지파의 징병 거부로 볼 수 있는 장면이 제시된다. 이것은 오늘날의 유사한 현상으로 눈길을 돌리게 한다. 성경의 경우, 야훼의 징집 명령에 대한 거부는 가차 없는 징벌을 당하는 것이 물론이다. 그러나 만일 우리가 야훼의 부르심에 응하기 위해 대적의 징병을 거부한다면, 얼마든지 이해할 수 있다. 예수께서도 "두 개의 징집 명령에 응할 수 없다"라는 취지로 말씀하신 바 있다. "두 주인을 섬길 수 없나니" 그러나 단지 자신에 대한 권위를 인정하지 않기 때문에 모든 징집을 거부하는 사람의 경우는

여기에 해당하지 않는다. 그런 태도는 서쪽을 향한 우리의 새로운 행보가 아니라 동쪽을 향한 행보다.

오늘날의 징병 거부는 과연 하나님의 징집 명령에 부응하기 위한 것인가? 단지 징병이 싫어서 피하는 것은 아닌가? 이러한 징병 거부자들에게 필요한 질문은 "국가의 징병을 거부하는 것은 누구의 징병을 받아들이기 위한 것인가?"라는 것이다.

거룩한 전쟁의 패턴에 따르면, 징집 명령을 받아들였다고 해서 바로 야훼를 위해 일할 수 있는 자격을 갖추는 것은 아니다. 그가 이러한 자격을 갖추기 위해서는 "야훼의 백성"이 되어야 한다. 여호수아는 여리고 전쟁을 앞두고 백성에게 이 문제를 거론한다. "내일 아침까지 모두들 목욕재계하여라. 야훼께서 내일 아침에 너희 가운데서 놀라운 일을 하실 것이다."여호수아 3:5

"모두들 목욕재계성결하여라"는 것이 무슨 뜻인가? 이 구절이 가지는 기본적인 의미는 '야훼께서 너희에게 역사하셔서 너의 모든 삶과 존재가 야훼의 전쟁과 부합하기까지, 니므롯의 모습을 야훼 자신의 모습으로 바꾸시게 하라'는 것이다. 우리는 적어도 이러한 성결이 고대 히브리인에게 어떤 의미가 있는지 알고 있다.

우선, 그들은 복무 기간 중 여자를 가까이해서는 안 된다.사무엘상 21:5 및 사무엘하 11:11 또한 이 구약성경 백성에게 성결은 하나님께 기도와 엄숙한 서원을 하고, 제물을 바치며, 제의적으로 부정한 것을 철저히 피한다는 의미다. 물론, 오늘날 "하나님의 백성"도 그렇게 행동해야 한다고 주장하는 사람은 없다. 그러나 이 고대인들이 자신이 수용한 부르심에 부합하기 위해 엄격한 규율을 기꺼이 감내한 것은 그들이 자신의 뜻이나 자신의 전쟁을 위해서가 아니라 오직 야훼의 뜻과 그의 전쟁을 위해 얼마나 진지한 태도로 임했는지를 보여준다.

오늘날의 전사들, 특히 적어도 하나님의 전쟁을 싸우려는 열망으로 가득한 우리의 '평화' 전사들은 자신이 원한 부르심에 합당한 삶의 요소들을 얻기 위해 그들만큼 강력한 열망을 가졌는가? 한 번 대답해보라. 다른 사람의 관점을 무시하는 자기 의가 합당한가? 경솔하고 교만하며 폭력적인 언어가 합당한가? 폭력에 가까운 방해나 파괴가 합당한가? 음모와 속임수가 합당한가? 마약과 음주를 통한 현실도피가 합당한가? 비인간적 난잡한 성행위가 합당한가? 당국의 행위는 더 악하다는 변명은 하지 말라. 그것은 이미 알고 있는 사실이다. 그러나 그것은 하나님의 백성이 전사가 되기 위해 자신을 성결하게 하는 일과는 무관하다.

초기 히브리인의 행동은 대부분 야훼의 전쟁이 갖추어야 할 본래 모습과 일치하지 않는 것처럼 보이며, 나머지 성경은 그러한 불일치를 바로잡는 역할을 하는 것인지 모른다. 그러나 모든 증거는 그들이 야훼의 뜻에 따라 자신의 삶을 성결하게 하는 데 최선을 다하고 있음을 보여준다. 그들의 노력은 우리를 부끄럽게 한다.

거룩한 전쟁의 기본 원리는 정형화된 문구다. 이런 문구는 세 이야기 모두에 나타나며, 특히 기드온 이야기에서는 불과 15절 안에 다섯 차례나 등장한다. 대적이 누구냐에 따라 약간의 차이는 있지만, "야훼께서 대적을 네 손에 부치셨다"라는 형태로 제시된다.

매우 흥미로우면서도 중요한 한 가지 사실은 이 문구가 이미 이루어진 사실로 제시된다는 것이다. 더구나 이 문구가 제시되는 시점은 이야기에서 사건이 일어나기 전, 전쟁이 시작되기도 전이다. 이것은 사실상 "야훼께서 이미 이루었으니, 너는 승리한 사실을 알고 전쟁에 나가라"는 것이다. 이러한 믿음은 하나님에 대한, 그리고 그의 목적과 능력에 대한 온전한 신앙이다. 이것은 '우리는 언젠가 승리할 것'이라는 믿음을 넘어 '하나님이 이미 승리하셨다'고 확신하는 신앙이다. 이것은 성경 전체가 가르치고 요구하는 신앙이다. 이러한 신앙만이 이 땅에 진정한 평화가 임할 수 있게 한다.

이 약속이 이루어질 수 있는 것은 야훼께서 싸우시기 때문이다. 그의 약속은 군사적 노력이 성공을 거두게 하겠다는 것이 아니라, 하나님이 직접 싸우실 것이기 때문에 승리를 보장할 수 있다는 것이다.

여호수아가 백성에게 내린 명령은 다음과 같다.

> "레위인 사제들이 너희 하나님 야훼의 계약궤를 메고 나서는 것이 보이거든 너희도 각기 있던 자리를 떠나 그 궤를 따라 나서라. 그래야 너희가 일찍이 가본 적이 없는 길을 알고 찾아갈 수 있을 것이다. 그러나 이천 척가량 궤를 앞세워라. 더 가까이 가서는 안 된다."〈여호수아 3:3-4〉

언약궤계약궤는 야훼의 보좌를 나타낸다. 따라서 이 명령의 중요성은 야훼께서 직접 전쟁을 수행하시겠다는 것이다.

> 드보라가 바락에게 일렀다. "행동을 개시하시오. 이 날은 야훼께서 시스라를 그대 손에 부치시는 날이오. 정녕 야훼께서 그대 앞에 서서 전진하실 것이오." 그리하여 바락은 만 명 부대를 이끌고 다볼 산에서 쳐 내려갔다. 야훼께서 시스라가 거느린 그의 전 병거대와 군대를 바락 앞에서 혼란에 빠뜨리셨다. 그러자 시스라는 병거에서 내려 도보로 도망쳤다.〈사사기 4:14-15〉

서두르라, 그렇지 않으면 야훼께서 우리가 도착하기도 전에 전쟁을 끝내실 것이다!

그러나 이런 식의 명령 중에서 가장 놀라운 진술은 기드온 이야기에 나타난다. 여러분은 기드온이 삼만 이천 명의 군사로 시작했으나, 공격을 시작하기 전에 군사의 숫자를 삼백 명으로 줄인 사실을 기억할 것이다. 많은 해석가는 이 장면에 대해 기드온이 자신의 전략을 성공적으로 수행할 수 있는 정예군을 뽑기 위해 가라지를 제거하는 과정으로 본다. 그러나 그럴 경우 이 전쟁의 승리는 지도자로서 기드온의 영민함과 그의 능력, 그리고 그가 택한 군사의 용맹함 때문에 얻은 것이 된다. 그러나 텍스트 자체는 전적으로 다른 설명을 제시한다.

> 야훼께서 기드온에게 이르셨다. "네가 거느린 군대의 수가 너무 많다. 이대로는 내가 너희의 손에 미디안을 부치지 않겠다. 이스라엘 사람들이 나를 아는 체도 않고 제 힘으로 승전했다고 으스댈 테니 말이다. 그러니 이제 너는 지금이라도 무서워 떠는 자는 돌아가라고 이 군인들에게 일러라." 기드온이 지체 않고 그들을 떠나가게 하니 이만 이천 명이 돌아가고 만 명이 남았다. … 야훼께서 기드온에게 이르셨다. "나는 물을 핥아 먹은 삼백 명으로 너희를 구원하리라. 나 이제 미디안을 네 손에 부쳤다. 나머지 군인들은 모두 제 고장으로 돌려보내라."〈사사기 7:2-3,7〉

기드온이 가장 유능한 군대를 만든 것이 아니라, 야훼께서 이 전쟁의 승리가 자신에 의한 것임을 보여주려고 의도적으로 비효율적인 군대를 만드신 것이다.

이러한 사상이 가장 잘 나타난 곳은 여호수아의 고별사다.

"오늘까지 해온 대로 여러분의 하나님 야훼께만 충성을 바치도록 하시오. 야훼께서는 수가 많고 억센 민족들을 여러분 앞에서 몰아내 주셨소. 그리하여 여러분과 맞설 자가 오늘까지 하나도 없었던 것이오. 여러분의 하나님 야훼께서 약속대로 몸소 여러분 편이 되어 싸워주시지 않으셨다면, 어떻게 여러분 한 사람이 천 명을 쫓을 수 있었겠소? 깊이 명심하고 여러분의 하나님 야훼를 사랑하시오."〈여호수아 23:8-11〉

당시 그곳의 사람들이나 오늘날 여기에 있는 우리도 마찬가지지만 모든 문제의 핵심은 여기에 있다. 즉, 평화의 나라유일한 평화의 나라는 하나님의 나라다를 세우기 위한 싸움을 우리의 숫자, 우리의 능력, 우리의 지혜, 우리의 전략, 우리의 선한 목적, 우리의 중재 능력에 의존한다면 실패할 수밖에 없다는 것이다. 그러나 만일 하나님 자신이 싸우시고 우리는 전적으로 그의 명령에 순종한다면, 우리의 숫자나 능력은 아무런 문제가 되지 않을 것이며 이 싸움은 반드시 승리할 것이다. 문제는 우리의 능력이 아니라, 우리의 순종이다. 우리의 성공은 우리가 무엇을 할 수 있다거나 무엇을 할 것이라는 비전에 있는 것이 아니라, 이미 우리 손에 승리를 넘기신 하나님을 믿고 그가 하시는 말씀에 기꺼이 순종하는 데 있다. "깊이 명심하고 여러분의 하나님 야훼를 사랑하시오."라는 여호수아의 진술만큼 이런 사상을 잘 표현한 구절도 없을 것이다.

거룩한 전쟁의 패턴은 앞서 언급한 사상에 부합하는 몇 가지 함축적 표현을 사용한다. 야훼의 백성에 대해서는 전형적으로 "두려워하지 마라"는 구절이 사용된다.

원수를 치러 싸움터에 나갔다가 적군이 너보다 많은 말과 병거를 몰고 나타나더라도 두려워하지 마라. 너희를 이집트 땅에서 올라오게 해주신 너희 하나님 야훼께서 너희 편에 서주신다.〈신명기 20:1〉

모세가 백성들에게 소리쳤다. "두려워하지 마라. 움직이지 말고 오늘 야훼께서 너희를 어떻게 구원하시는가 보아라. 너희가 오늘 눈앞에 보는 이집트인들을 다시는 보지 않게 되리라. 야훼께서 너희를 위하여 싸워주실 터이니 모두들 진정하여라."〈출애굽기 14:13-14〉

조심스럽게 의견을 내자면, 오늘날 평화 세력은 작은 땅이라도 차지하기 위해 열정적으로 헌신하는 자들만큼 가만히 서서 야훼께서 행하시는 구원을 보기 위해 기다리지 못한다. 그들은 고대 히브리인에게서 조금이라도 배워야 할 것이다.

공포는 야훼의 백성에게 해당하지 않는다. 그것은 대적의 것이다. 라합은 정탐꾼에게 이스라엘 군사가 강을 건너기도 전에 온 여리고가 공포에 휩싸였다고 말한다.

"나는 야훼께서 이 땅을 당신들에게 주신 줄 믿습니다. 우리는 당신들 때문에 겁에 질려 있습니다. 이 땅에 사는 사람들은 모두 당신들 때문에 어쩔 줄을 모르고 있습니다. 야훼께서 홍해의 물을 말리시어 당신들을 이집트에서 나오게 하신 이야기를 우리는 들었습니다. 또 당신들이 요르단 강 건너편에 있는 두 아모리 왕 시혼과 옥을 어떻게 해치웠고 어떻게 전멸시켰는지 그 이야기도 들었습니다. 당신들 소식을 듣고 우리는 모두 넋을 잃었습니다. 당신들의 하나님 야훼야말로 위로 하늘과 아래로 땅을

내신 하나님이십니다."〈여호수아 2:9-11〉

실제로 이스라엘 군사가 이르렀을 때, 양각 나팔이 울려 퍼지는 가운데 백성이 큰소리로 외치자 성벽이 무너져 내렸다. 여호수아는 고별사에서 야훼의 말씀을 인용함으로써 이 사건에 대해 회상하며 해석한다.

> "너희가 요르단 강을 건너 여리고에 다다랐을 때 여리고 시민, 아모리 사람, 브리즈 사람, 가나안 사람, 헷 사람, 기르가스 사람, 히위 사람, 여부스 사람이 너희와 싸웠으나, 나는 그들을 너희의 손에 부쳤다. 나는 말벌을 너희 선두에 보내어 그들을 너희 앞에서 몰아내었다. 두 아모리 왕을 몰아낸 것은 너희의 칼도, 너희의 화살도 아니었다."〈여호수아 24:11-12〉

시스라와 가나안 주민의 경우도 마찬가지다. 그들은 폭우와 진흙탕, 혼란과 공포 속에서 우왕좌왕하는 가운데 닭처럼 목 베임을 당했으며, 도망치기에 급급했다. 기드온의 이야기는 이러한 혼란과 불안에 대해 가장 잘 보여준다.

> 세 부대가 모두 나팔을 불며 단지를 깨고 왼손에는 횃불을 들고 오른손으로는 나팔을 불며, "야훼 만세! 기드온 만세!" 하고 외쳤다. 그러면서 적진을 둘러싼 채 서서 움직이지 않았다. 적군은 온통 갈팡질팡 아우성치며 도망치기 시작하였다. 삼백 명 군대가 나팔을 불어대고 있는 동안 야훼께서는 적으로 하여금 저희끼리 마구 칼로 찔러 죽이게 하셨다. 그리하여 스레라 쪽으로 도망치던 적군은 벳시타에 이르렀고 더러는 타빗 건너편 아벨므홀라 냇가에 이르렀다.〈사사기 7:20-22〉

이 본문은 결론적 요약으로 우리의 도덕성에 대해 주목하게 한다. 니므롯 세계의 속성 가운데 하나는 자기 파괴적 성향이다. 그들은 야훼께서 개입하시기 전인데도 이웃끼리 공격하며 공포에 빠진다. 이 모든 공격은 바벨이라는 도시에서 일어난다는 사실을 기억하라. 니므롯 백성은 자신의 힘이 미치는 만큼만 보호할 수 있다. 그들은 선악과를 따 먹고 하나님께 순종하지 않은 것에 대한 죄의식을 가지며, 모든 의사소통 수단을 상실했다. 이런 상황에서는 아무리 막강한 군대도 하나님에 대한 작은 소문만으로 지리멸렬해진다.

거룩한 전쟁 패턴의 가장 중요한 요소는 우리가 가장 혐오스럽게 생각하는 것이기도 하다. 그것은 '금지 명령'이다. 우리는 역사적으로 이러한 일이 얼마나 자주 일어났는지, 이것을 적용할 시점이 어떻게 결정되었는지 알 수 없다. 그러나 이 명령과 관련된 가장 명확한 묘사는 여호수아의 여리고 전쟁에 잘 나타난다.

> "저 성과 **그 안에 있는 모든 것**을 야훼께 바쳐 없애버려라. 다만 창녀 라합의 목숨과 그의 집에 있는 사람만은 살려두어라. 그 여자는 우리의 사명을 띠고 갔던 사람들을 숨겨주었다. 너희는 깊이 명심하여라. 없애버리게 되어 있는 것은 무엇이든지 탐내지 마라. 없애버리게 되어 있는 것을 가지지 마라. 그랬다가는 전멸당하는 운명을 이스라엘 진영에 스스로 불러들이게 된다. 은이나 금이나 동제품이나 철제품은 모두 야훼께 드릴 거룩한 것이다. 그러니 야훼의 금고에 넣어야 한다." … 남녀노소 가리지 않고 소건 양이건 나귀건 모조리 칼로 쳐 없애버렸다. 그리고는 성에 불을 질러 그 안에 있는 것을 모조리 태워버렸다. 그러나 은과 금, 동제품과 철제품은 야훼의 금고에 넣었다.〈여호수아 6:17-19,21,24〉굵은체는 저자

추가

우리는 이런 본문을 읽을 때마다 잔인하고 피로 얼룩진 악행을 연상시키지 않을 수 없다. 우리가 그렇게 반응하는 것은 당연하다. 그러나 믿음의 선조들에 대한 선입견을 품지 않기 위해서는 그런 감정을 억누르고 이 이야기를 조심스럽게 읽어나감으로써 본문에는 우리가 생각하는 악한 동기들이 나타나지 않는다는 사실을 알아야 할 것이다. 본문에 진술된 동기는 악행과 거리가 있고 그들의 관점에서 보면 충분히 이해할 수 있으며, 따라서 귀를 기울이고 교훈을 받아야 할 내용이다.

이스라엘 백성은 거룩한 전쟁에 대한 교훈, 즉 야훼의 전쟁을 하라는 요구의 모든 과정에 담긴 위험성이 무엇인지 잘 알고 있다. 그것은 하나님의 이름을 이용하여 경건한 모습을 갖추고 이기적인 목적을 위해 싸우는 니므롯의 자기 의self righteous적 정당화다. 이 죄는 전쟁주의와 평화주의, 그리고 인간이 하는 모든 일에 스며들어 있다. 우리의 시간과 열정은 대부분 이기적인 행위를 경건하게 보이려는 노력에 사용된다는 것은 의문의 여지가 없는 사실이다. 물론 이러한 일이 거룩한 전쟁에 일어나면 모든 개념은 신성을 모독하는 사기가 된다.

이런 일은 역사적으로 성전이라고 일컫는 대부분의 전쟁에서 발견된다. 어떻게 하면 이러한 일이 발생하지 못하게 막을 수 있는가? 히브리인들은 한 가지 방법을 고안해내었다. 그것은 이 전쟁이 전적으로 야훼와 그의 목적을 위한 것이기 때문에 사람은 어떤 혜택을 주장하거나 이익을 취해서도 안 된다는 금지 명령이다. 그것은 모든 수입을 헌금함에 넣는 것이나 마찬가지다. 우리는 이것을 그렇게 해석하고 그들의 행위를 칭찬해야 한다. 금지 명령은 "야훼의 백성"이 되어 자신을 전적으로 헌신하고 발레리나로서 하나님의 형상을 회복하겠다는 히브리인의 간절하고 신실한 열망을 보여주는 증거다. 우리는 그들의 열정과 헌신을 반이라도 따라가고 있다는 어떤 증거를 제시할 수 있는가?

거룩한 전쟁의 패턴이라고 확실하게 말하기는 어렵지만, 한 가지 요소가 더 있다. 그것은 "장막으로 돌아가라"는 구절이다. 이 구절은 전쟁이 승리로 끝났으며, 거룩한 전쟁의 원리가 더 이상 시행되지 않으므로 집으로 가도 좋다는 의미다.

이러한 거룩한 전쟁에 대한 고찰이 우리에게 보여주는 것은 무엇인가? 우리는 앞서 이 교훈 전체 및 각 요소에는 매우 정당하고 귀담아들어야 할 내용이 있음을 확인했다. 그것은 우리에게 확실히 도움이 되는 말씀이었다. 그러나… 여기에는 무엇인가 심각하게 잘못된 것도 있다는 느낌도 받는다. 그것은 온 성읍을 잔인하게 파괴하는 여호수아의 야훼와, 예수님의 아버지 하나님을 쉽게 조화시키기 어렵다는 것이다. 이 히브리인들은 아무리 좋은, 우리가 생각하는 것보다 더 좋은 의도에서 비롯된 것이라 할지라도, 어디서 궤도를 이탈하였는가? 다시 한번 궤도를 추적해가며 점검해보자.

그들은 야훼께서 한 가지 계획을 가지고 계신다는 가정으로부터 시작했다. 그것은 그가 이 세상에 자신의 나라를 세우고 싶어 하신다는 것이다. 이러한 생각은 정확히 옳았다. 그들은 자신에게 야훼의 계획을 거부하고 반대하려는 성향도 있다는 사실을 알았다. 그것은 곧 '전쟁'을 의미하는 것이었다. 이러한 생각 역시 옳았다. 그들은 이스라엘이 야훼의 계획에서 특별한 역할을 맡았음을 확신했다. 옳은 생각이다. 심지어 그들은 이스라엘이 이 계획의 목적이 아니며, 야훼의 목적은 이스라엘에 대한 무조건적 은총이 아니라는 사실까지 알았다. 이스라엘은 그런 자격이 없으며 단지 큰 계획을 위한 도구로 선택되었을 뿐이라는 그들의 생각까지 옳았다. 그들은 확실히 우리를 포함하여 세상 사람들이 거의 받아들이기 어려운 것까지 보았다는 점에서 존중되어야 한다.

이어지는 단계는 본문의 온전한 뒷받침을 받기 어렵지만, 여호수아와 그의 군대는 하나님의 계획이 인류 전체를 목적으로 하며, 따라서 그의 나라평화의 나라를 온 세상에 적용해야 한다고 생각했을 가능성이 있다. 여호수아 시대보다 훨씬 오래된 시대의 사람인 아브라함에 대한 하나님의 언약은 "세상 사람들이 네 덕을 입을 것이다"창세기 12:3라는 것이었다. 그들이 이 구절을 그런 의미로 이해했다면, 그 생각마저 옳다고 할 수 있을 것이다.

그들은 여기서 '인간은 대적이 아니다'라는 결론을 끌어내어야 했다. 그러나 그들은 이 부분에서 실패했다. 특히 하나님의 계획을 제한적이고 근시적이며 정치적으로 왜곡된 관점에서 보아야 하는 유한한 인간이 이러한 결론을 끌어낸다는 것은 쉽지 않은 일이다. 그들이 생각했던 것처럼 하나님의 계획에는 이스라엘에 대한 목적이 포함된다. 그러나 그들 중에는 이스라엘의 존립을 위협하며 하나님으로부터 부여받은 사명을 좌절시키려는 자들이 존재했다. 그러므로 하나님의 계획이 시행되기 위해서는 그런 자들을 제거해야 하며 우리가 그들과 싸우는 것은 하나님의 뜻이자 그가 원하시는 것이다.

이러한 논리는 전적으로 옳다. 그러나 문제는 하나님의 능력을 믿지 못했다는 것이다. 인간적 관점에서는 하나님의 계획이 좌절되거나 장애물을 제거하는 것만이 유일한 대안이었을 것이다. 따라서 그는 가장 반대가 적고 신실한 대안을 택했을 것이다. 그러나 이런 선택은 하나님의 대안은 인간이 이해할 수 있는 범위 내로 한정된다는 전제에 기초한, 사실상 니므롯의 결정이다. "나는 다른 어떤 효과적인 방법도 생각할 수 없다. 그렇다면 이것은 하나님이 원하시는 유일한 방법임이 틀림없다"라는 것이다. 하지만 이것은 자신의 지혜와 능력에 의존하여 순종과 하나님의 도우심을 포기하는 행위다.

그러나 한편으로 하나님의 싸움이 모든 인간을 위한 것이라면 하나님은 틀림없이 우리가 사람을 해치지 않고 그곳에 도달하는 방법을 가지고 계실 것이다. 그것은 신앙이다. 우리는 진정한 믿음을 가져야 한다. 즉, 사람은 도저히 방법을 생각해낼 수 없는 상황에서도 하나님은 자신의 목적과 모순되지 않으면서도 목적을 달성하는 방법을 가지고 계신다는 사실을 믿어야 한다는 것이다. 우리는 확실히 자신과 모순되지 않으면서 행동할 수 있는 방법을 찾을 수 없지만, 하나님이 그런 곤란한 상황에 빠지실 것이라고는 상상조차 할 수 없다.

그러나 곤경에 처한 이스라엘은 이러한 신앙을 갖지 못했으며, 사람이 대적이라는 결론으로 후퇴했다. 그들은 사람과 싸우지 않고 하나님의 계획을 추진하는 방법은 없으며, 따라서 하나님은 그것을 원하실 것으로 생각했다. 자신의 결론을 확신한 또는 확신했다고 생각한 그들은 선한 의도로 하나님을 따랐다. 우리는 그들이 악의가 아니었다는 사실만큼은 인정해 주어야 한다.

그러나 신앙에 실패한 고대 이스라엘을 비판하기 전에, 그들이 갖지 못한 예수와 온갖 혜택을 누리는 우리는 더 나은 것이 있는지 자문해보아야 한다.

아무리 어쩔 수 없는 상황이라 할지라도 전쟁과 폭력을 허락한 자는 적어도 사람이 때로는 대적이 될 수밖에 없다는 전제를 받아들인 것이 분명하다. 그런 사람은 이스라엘 백성을 비난할 자격이 없다. 그가 할 수 있는 것이라고는 그들의 전쟁이 지혜로운 전쟁인지에 대한 정치적인 판단, 즉 니므롯과 같은 판단밖에 할 수 없다. 그러나 이스라엘 백성 역시 그의 전쟁에 대해 유사한 판단을 할 권리가 있다. 어느 것이 '선한' 전쟁인가에 대한 주장만큼 무익한 것도 없다.

그러나 우리의 평화주의자들에 대해서도 사람은 대적이 될 수 없다는 전제를 진정으로 받아들였는지 묻지 않을 수 없다. 그들은 이 땅의 가난하고 압제 받는 백성에게 일어난 일에 대해 지대한 관심을 보인다. 그러나 그들은 "나쁜 전쟁주의자"로 낙인찍은 대통령이나 정부 관리와 같은 사람들에 대해서는 전혀 신경 쓰지 않는 것처럼 보인다. 그들은 미국의 군인이 임무 수행 중에 사람을 죽이면 많은 관심을 보인다. 그러나 그들은 제3세계 혁명가들과 테러리스트들이 그들의 목적을 위해 사람을 죽이면 관심을 보이는 것으로 끝나지 않는다. 그렇다면 평화주의자들도 이스라엘이 가진 전제, 즉 하나님의 계획을 성취하기 위해서는 사람을 대적으로 보아야 한다는 인식에서 탈피하지 못한 것이며, 따라서 여호수아와 그의 군대를 비난할 자격이 없다.

결론적으로, 우리 중의 많은 사람은 여호수아-사사기 이야기가 혐오스럽다고 생각하지만, 그럴 자격이 있는 사람은 별로 없다는 것이다.

앞서 언급한 대로, 우리는 곳곳에서 거룩한 전쟁이 사라지고 있다는 흔적과 상황을 발견할 수 있다. 거기에는 까닭이 있다. 이스라엘의 사회적 정치적 진화는 거룩한 전쟁을 완전히 시대에 뒤떨어지고 불합리한 것으로 만들었다. 이스라엘 백성은 야훼께서 직접 인도하시는 전쟁을 수행한다는 것은 비현실적이라고 판단했으며, 따라서 훨씬 가시적이고 예측 가능하며 통제하기 쉬운, 제도화된 시스템으로서 '정부'를 필요로 했다. 그렇게 해서 그들은 왕조를 출범시켰다.

사울의 짧은 통치 기간과 적어도 다윗 왕조 초기까지는 옛 전통이 큰 변화 없이 시행되었다. 그러나 솔로몬 시대에 이르면 완전한 전환이 일어난다. 왕들은 자신의 전쟁을 자신의 방식대로 수행하고 싶어 했다. 그들은 '어쨌든, 이곳의 왕은 나'라고 생각했다. 그들이 가장 먼저 한 것은 사회를 조직하는 일이었다.

전쟁 무기를 즉시 사용하기 위해서는 각 계층에 숙련되고 권한을 가진 관리들이 상주할 필요가 있다. 또한 여호수아나 드보라나 기드온처럼 갑자기 주먹구구식 계획을 세울 것이 아니라, 적어도 자신이 무슨 일을 하고 있는지 알기 위해서는 각종 매뉴얼과 절차, 표준 규범 등을 갖출 필요가 있다. 무엇보다 필요한 것은 유사시에 즉시 투입될 수 있는 노련하고 숙련된 무장병력이다. 그리고 그들을 후방에서 지원할 수 있는 체계를 갖추어야 한다. 한 마디로, 우리가 정말로 필요로 하는 것은 최소한의 '군사적 안전 보장'이다. 우리는 지금까지 옛 시스템 아래서 지내왔으나, 안전을 보장할 수는 없었다. 우리에게는 의존할 만한 것이 없으며, 어떤 결과가 초래될 것인지도 알 수 없다.

"그러나 너희는 야훼를 완전히 밀어내었다!"

천만에, 절대 그렇지 않다. 우리는 우리를 그처럼 완전하게 오해한 것이 놀라울 뿐이다. 우리는 계속해서 군목을 유지할 것이며, 그는 우리의 노력에 대해 하나님의 복을 선포하고 우리가 야훼의 영광을 위해 싸우고 있다는 사실을 끊임없이 상기시켜줄 것이다. 우리는 결코 야훼를 무시할 생각이 없다. 우리가 추구하는 것은 단지 최소한의 안보일 뿐이다.

이스라엘은 우리보다 앞서 이렇게 생각함으로써 오늘날 우리의 세속적이고 제도적이며 비신앙적인 전쟁 개념에 동참한다. 이런 움직임은 확실히 야훼의 전쟁에 동참한 발레리나의 개념과 동떨어지며, 오히려 니므롯이 자신의 방식대로 자신의 능력으로 자신의 안전을 위한 성을 쌓으러 가는 동쪽을 향한 거대한 행보다.

거룩한 전쟁의 상실은 인류에게 있어서 거대한 퇴보며, 오늘날까지 계속해서 상황을 악화시키고 있다. 우리가 거룩한 전쟁을 시작하면, 머잖아 대적이 누구며 어떻게 싸워야 할 것인지에 대한 바른 통찰력을 가질 수 있다. 그러나 니므롯의 전쟁을 통해 하나님의 평화의 나라로 갈 수 있는 길은 결단코 없다.

우리는 여호수아가 모든 대답을 할 수 있다고 말한 적이 없다. 우리는 그를 예수님과 동일시하지도 않는다. 그것은 사실이 아니다. 그렇지만 현대인은 물론 대부분의 그리스도인조차 여호수아를 무시하거나 비판하거나 거부할 입장이 못 된다. 우리는 여호수아와 그의 무리가 했던 것처럼 "야훼의 백성"이 되려고 최선을 다하기 전까지, 그를 존중하고 본받아야 한다. 거룩한 전쟁은 거룩한 평화를 향한 유일한 출발점이다.

3

이것은 야훼의 전쟁이다.
그가 싸우시게 하라!

너는 바빌론 왕에게 소리 높여 풍자의 노래를 불러주어라. 웬일이냐, 폭군이 죽
다니, 그 시퍼런 서슬이 사라지다니. 야훼께서 꺾으셨구나 악당들의 막대기와
군주들의 지팡이를! 성이 나서 백성들을 치고 또 치더니 화가 나서 민족들을 짓
밟고 또 짓밟더니, 이제 온 세상이 한숨 돌리고 평온해져 모두들 환성을 올리게
되었구나.

〈이사야 14:4-7〉

이 장의 제목은 이사야의 사상을 제대로 담아낸 것으로 보기에는 허술한
면이 있지만, 큰 틀에서 우리가 어디로 향하고 있는지를 보여주기에는 충분
하다.

우리가 고찰할 대상은 선지자 이사야다. 게르하르트 폰 라드는 여기서도
학문적 배경을 제공한다. 그는 특정 본문을 선지자의 생애에 있었던 특정 사
건과 특정 시대와 연결하고, 이사야의 책을 후기 자료들과 분리한다. 여기서
는 그처럼 명확하고 세밀한 접근을 하기보다는 이사야서 전체의 틀을 형성
하는 사상적 패턴을 찾는 것으로 만족할 것이다. 남은 문제는 이것이 선지자
자신의 통찰력이냐라는 것뿐이다.

이사야는 여호수아가 죽고 약 5백 년이 흐른 후, 거룩한 전쟁이 끝나고 약
2백 년이 지난 시점의 사람이다. 그는 도시적인 수도 예루살렘을 중심으로

고도로 조직화 된 국가 시스템을 갖춘 유다에서 살았다. 유다는 다윗의 후손들이 대를 이어 다스리던 세습 왕조다. 전쟁은 정규군에 의해 철저히 세속적인 방식으로 전개되었으며, 이사야는 이러한 유다의 전쟁에 대해 잘 알고 있었다. 이사야의 생애 동안 유다는 북동쪽의 앗수르/아시리아와 남서쪽의 애굽이라는 두 군사 대국 간의 세력 다툼에 휘말렸다. 그들은 수시로 침략을 당했으며, 언제 있을지 모를 멸망의 위협을 느끼며 살았던 철저히 현대적인 상황 가운데 있었다.

거룩한 전쟁이 끝난 지 2백 년이 훨씬 넘었음에도, 이사야는 거룩한 전쟁의 사고방식에 정통했으며 그것을 핵심적 가치관으로 받아들인 것이 분명하다. 동시에 이사야는 다른 전승과 통찰력을 보완하는 방식으로 기존의 패턴에 변화를 주었다.

> 만군의 야훼께서 맹세코 말씀하신다.
> "내가 생각한 대로 반드시 되고
> 내가 정한 대로 반드시 이루어진다.
> 내가 아시리아를 나의 땅에서 부수고…
> 이렇게 나는 나의 뜻을 온 땅 위에 이루리라.
> 이렇게 팔을 뻗쳐 모든 백성을 치리라."
> 만군의 야훼께서 한번 작정하셨으니
> 누가 그것을 꺾을 수 있으랴?
> 그가 한번 팔을 펴시니 누가 감히 거두어들이게 할 수 있으랴?
> 〈이사야 14:24-27〉

이사야는 야훼께서 생각하시는 목적과 계획이 있으며, 그것에 저항하는 세력이 있다면 전쟁으로 이어질 수밖에 없다는 여호수아의 생각에 동의한다. 그는 여호수아처럼 이 싸움을 '야훼의 전쟁[들]'으로 규정한다. 이사야는 여호수아와 마찬가지로 살아계신 야훼의 뜻이 좌절되는 일은 상상할 수도 없는 일이라고 확신한다.

그러나 이사야는 이러한 하나님의 계획에 대해 여호수아와 그의 무리보다 훨씬 명확하고 정확하게 이해했다. 여호수아의 경우, 우리는 야훼께서 생각하시는 최종 목적이 무엇이며, 누가 관련되며, 어떻게 작용하는지에 대해 상당한 모호함을 만난다. 그들은 야훼께서 이스라엘을 세우시고 끝까지 보존하실 것으로 생각했다. 따라서 야훼의 편에서 볼 때, 이스라엘을 돕는 자는 '좋은 사람'이고 이스라엘을 반대하는 자는 제거해야 할 '악당'이다.

이사야의 경우, 이 문제는 더욱 미묘하고 복잡해지지만 확실히 진리에 근접한다. 이곳의 본문이 명확히 진술한 대로 야훼께서 생각하시는 계획은 온 세상을 위한 것이다. 이어지는 인용문에서 볼 수 있는 것처럼 그것은 온 세상의 평화와 행복을 위한 계획이다. 이 계획은 영역과 의미에 있어서 보편적이지만 이사야가 앗수르에 일어날 일을 구체적으로 언급할 만큼 특수적이기도 하다. 한편으로 이 계획은 이사야 시대에도 여전히 '이스라엘을 위한' 계획으로 불리지만 이전처럼 간단한 개념이 아니다. '우리는 좋은 편'이고 '너희는 악한 편'이라는 옛 패턴은 완전히 사라졌다. 거룩한 전쟁으로부터 나온 사상은 대부분 남아 있지만, 많은 것이 바뀌었다.

이사야에게 있어서 야훼의 계획의 핵심은 시온을 위한 약속이다. 어떤 일이 일어나든, 어떤 상황이 전개되든, 시온은 보존된다는 것이다. 필요하다면 야훼께서 최후의 순간에 극적으로 개입하실 것이며 시온은 절대 무너지지 않을 것이다. 시온의 존재는 세상을 위한 하나님의 계획의 핵심축이다.

그러므로 주 야훼께서 이렇게 말씀하신다.

"보아라, 내가 시온에 주춧돌을 놓는다.

값진 돌을 모퉁이에 놓아 기초를 튼튼히 잡으리니

이 돌을 의지하는 자는 마음 든든하리라."

〈이사야28:16〉

그러나 이사야는 시온의 전승을 염두에 두면서도, "만일 너희가 굳게 믿지 아니하면 너희는 굳게 서지 못하리라"7:9고 말한다. 그에게 있어서 믿음은, 어떤 일이 일어날지라도 야훼께서 시온의 계획을 이루실 것이라는 확신이다.

시온 전승은 이사야 이전 시대로 거슬러 올라가는 것이 확실해 보이며 다른 성경, 특히 시편 여러 곳에 나타난다. 이 전승이 언제, 어떻게 형성되었는지는 알 수 없지만, 이 주제를 택하여 더욱 확장, 발전시키고 탁월한 논증을 제시한 것은 이사야가 분명하다. 시온 전승은 그 자체로 거룩한 전쟁의 특별한 영역을 형성하는 것이 분명해 보인다.

"시온"은 한때 작은 성읍이었던 예루살렘에 자리 잡고 있었던 특정 언덕의 봉우리를 가리킨다. 이곳은 원래 군사적 방어를 위해 조성되었으며, 성읍 자체는 성벽으로 둘러싸인 요새였다. 따라서 "시온"이란 단어에는 '난공불락의 요새'라는 의미가 있다. 나중에 성읍이 여러 개의 봉우리로 확장되었으며, 그곳에 성전이 세워졌다. 그 후 "시온"은 성전이 다른 봉우리에 자리 잡았음에도 불구하고, 성전 영역을 가리키는 용어로 사용되었다. 이사야의 책에는 이러한 상황이 잘 나타난다.

그러나 단순한 성전의 존재는 그의 관심의 초점이 되지 못했다. 예를 들면, 성전은 남아 있어도 백성이 모두 멸망한다면, 이사야가 그것을 시온의 진정한 보존으로 생각했을 것인가라는 의문이 든다. 한편으로, 시온은 이스라엘의 영토나 백성 전체를 상징하는 것도 아니다. 선지자는 둘 다 멸망할 수 있으며, 실제로 멸망할 것으로 생각한다. 오히려 시온은 아무리 최소한의 공간(하나의 봉우리)과 최소한의 사람만 남았을지라도, 야훼에 대한 참된 헌신을 나타낸다. 시온의 헌신은 수적으로는 급격히 줄어들 수 있지만, 하나님은 그것이 완전히 사라지기 전에 직접 개입하실 것이다. 사실 이사야의 "시온" 개념은, "남은 자"가 끊어지지 않을 것이라는 이사야에게 익숙한 주제와 밀접한 관련이 있는 것으로 보인다.

이 "남은 자" 개념은 항상 시온의 용어로 표현되는 것은 아니지만, 이 책의 나머지 부분에서 일정하게 나타나는 중요한 요소다. 시온 전승은 하나님의 평화라는 대의명분은 결코 패배할 수 없으며, 이 평화의 도래는 하나님 자신에 의해 보증된다고 주장한다. 또한 이 평화의 도래는 일종의 '평화 운동'이나 야훼 예배교회 자체의 점진적이고 지속적인 성장에 의존하지 않는다. 하나님은 가장 절망적이고 평화가 없는 것처럼 보이는 상황에서도 평화를 주실 능력이 있다.

그러나 시온의 운명은 그것이 세계평화의 중심이 되느냐에 달려 있다. 이사야는 이런 사실에 대해 명확히 진술한다.

> 장차 어느 날엔가
> 야훼의 집이 서 있는 산이
> 모든 멧부리 위에 우뚝 서고
> 모든 언덕 위에 드높이 솟아
> 만국이 그리로 물밀듯이 밀려들리라.
> 그 때 수많은 민족이 모여와서 말하리라.

"자, 올라가자, 야훼의 산으로,

야곱의 하나님께서 계신 전으로!

사는 길을 그에게 배우고 그 길을 따라가자.

법은 시온에서 나오고,

야훼의 말씀은 예루살렘에서 나오느니."

그가 민족간의 분쟁을 심판하시고

나라 사이의 분규를 조정하시리니,

나라마다 칼을 쳐서 보습을 만들고

창을 쳐서 낫을 만들리라.

민족들은 칼을 들고 서로 싸우지 않을 것이며

다시는 군사 훈련도 하지 아니하리라.

오, 야곱의 가문이여,

야훼의 빛을 받으며 걸어가자.

〈이사야 2:2-5〉

시온과 관련된 또 하나의 매우 중요한 개념은 이사야가 시온으로부터 나와 새 시대를 세우실 왕에 대해 언급할 때 시온을 중심으로 세워질 평화와 관련된다.

마구 짓밟던 군화,

피투성이 된 군복은 불에 타 사라질 것입니다.

우리를 위하여 태어날 한 아기,

우리에게 주시는 아드님,

그 어깨에는 주권이 메어지겠고

그 이름은 탁월한 경륜가, 용사이신 하나님,

영원한 아버지, 평화의 왕이라 불릴 것입니다.

다윗의 왕좌에 앉아 주권을 행사하여

그 국권을 강대하게 하고 끝없는 평화를 이루며

그 나라를 법과 정의 위에 굳게 세우실 것입니다.

이 모든 일은 만군의 야훼께서 정열을 쏟으시어

이제부터 영원까지 이루실 일이옵니다.

〈이사야 9:5-7〉

　　이 구절을 읽을 때, 자신이 섬기는 대장을 가리킨다고 생각하지 않는 그리스도인은 없을 것이다. 시온이 보존될 것이라는 믿음과 평화의 성취는 이러한 평화를 정의와 공의로 세우고 유지하실 평화의 왕에 대한 믿음이 되어야 한다.

　　시온의 최종적 목적은 장차 오실 평화의 왕을 통해, 신약성경이 "하나님의 나라"라고 부르는 세계적 평화의 나라의 원천이자 중심이 되는 것이다. 그러나 시온의 사건들은 어떻게 우리를 그곳으로 데려가는가?

　　그의 기본적 가정 가운데 하나는 우리가 앞서 거룩한 전쟁 사상에서 발견한 것과 강력한 대조를 이룬다.

"자식이라 기르고 키웠더니

도리어 나에게 반항하는구나.

소도 제 임자를 알고

나귀도 주인이 만들어준 구유를 아는데

이스라엘은 아무것도 알지 못하고

내 백성은 철없이 구는구나." …

야훼를 떠나고

이스라엘의 거룩하신 분을 업신여기고

그를 배반하여 돌아섰구나. …

머리는 상처투성이고

속은 온통 병이 들었으며

발바닥에서 정수리까지 성한 데가 없이

상하고 멍들고 맞아 터졌는데도…

너희의 땅은 쑥밭이 되었고 도시들은 잿더미가 되었으며

애써 농사지은 것을 남이 약탈해 가도 보고만 있어야 하니

아, 허물어진 소돔처럼 쑥밭이 되고 말았구나.

수도 시온은… 외로이 남았구나.

〈이사야 1:2-8〉

첫째로, 이사야는 창세기에서 사용된 용어로 죄를 규정한다. 그들은 발레리나의 역할을 버리고 싶어 했으며, 야훼를 업신여기고 등을 돌린 죄를 범했다는 것이다. 그러나 옛 개념의 거룩한 전쟁은 적어도 이스라엘 자신이 악해질 수 있다는 가능성을 제시하지만 정결의 필요성, 이기주의에 대한 금지 명령 이스라엘 백성은 의도나 목적에 있어서 야훼와 함께 야훼의 전쟁을 싸우려 했기 때문에 그들의 전쟁은 사실상 야훼의 전쟁이었다는 가정을 할 수 있다.

그러나 만일 이사야가 주장한 대로 세상에서 야훼와 가장 가까운 이스라엘이 발레리나의 역할을 버리고 전적으로 반역한다면 이사야를 통해 직면하게 될 질문이 제기된다. "지금까지 자신의 싸움이 야훼의 싸움이라고 주장할 수 있을 만큼 의롭고 선한 백성이 있었는가? 야훼의 군대가 될 만큼 선한 집

단이 있는가?"

선지자는 본문의 마지막 구절에서 유다와 예루살렘의 실제적인 군사적 황폐화를 염두에 두고 있는 것이 분명하다. 그러나 그는 확실히 군사적 황폐화가 일어나기 전에 이미 팽배해 있던 영적 황폐화에 초점을 맞추고 있다. 시온이라는 마지막 예루살렘 봉우리만 남기 전에, 이미 진정한 예배와 헌신의 벌거벗은 잔재로서의 시온만 남았다는 것이다. 이스라엘과 야훼의 관계에 대한 이사야의 평가는 옛 거룩한 전쟁 사상가들의 묘사와 매우 다르다.

> 아, 너희가 비참하게 되리라.
> 악법을 제정하는 자들아,
> 양민을 괴롭히는 법령을 만드는 자들아!
> 너희가 영세민의 정당한 요구를 거절하고
> 내가 아끼는 백성을 천대하여 그 권리를 짓밟으며
> 과부들의 재산을 털고 고아들을 등쳐먹는구나.
> 너희는 어떻게 하려느냐?
> 벌을 받게 되는 날, 먼 곳에서 태풍처럼 재난이 닥쳐오는 그 날에
> 누구에게 피하여 도움을 청하고
> 〈이사야 10:1-3〉

이제 이스라엘은 '악당'과 맞서 야훼의 전쟁을 수행하는 것이 아니라, 스스로의 악으로 인해 자신과 전쟁을 수행하는 자가 되었다. 이스라엘이 그럴진대 역사상 얼마나 많은 나라가 그렇겠는가? 그들은 자신을 진리의 수호자라고 생각하겠지만, 그들의 전쟁은 사실상 거짓의 열매가 아니고 무엇이겠는가?

이곳의 본문은 자신의 힘으로 하나님처럼 되려는 욕심은 인간관계를 망칠 수밖에 없다는 사실도 보여준다. 하나님을 반역하는 것과 다른 사람을 학대하는 것은 결국 같은 행위다.

> 아, 너희가 비참하게 되리라! 원군을 청하러 이집트로 내려가는 자들아!
> 너희가 군마에 희망을 걸고 많은 병거와 수많은 기병대를 믿는구나!
> 이스라엘의 거룩하신 이는 쳐다보지도 아니하고
> 야훼를 찾지도 않는구나. …
> 이집트인들은 사람이요, 신이 아니다.
> 그들이 타는 말은 고깃덩이요, 정신이 아니다.
> 야훼께서 팔을 휘두르시면,
> 돕던 자도 비틀거리고 도움을 받던 자도 쓰러지리라.
> 모두 함께 멸망하리라.
> 〈이사야 31:1-3〉

이사야는 여기서 이스라엘의 무장과 동맹을 통한 군사적 대비는 악행이며, 그들이 야훼와 시온과 인류를 위한 그의 약속을 믿지 않았음을 보여주는 구체적인 징표라고 낙인찍는다. 우리는 이러한 군사적 대비가 전적으로 방어적이라는 사실에 주목해야 한다. 이사야는 공격적이고 제국적인 전쟁을 책망하고 있는 것이 아니다. 이 시점에서 이스라엘에게 그런 전쟁은 불가능하며 꿈도 꿀 수 없다. 아니, 자신의 안전을 스스로 지키기 위해 이스라엘이 취한 방어적 조치는 하나님을 무시한 니므롯의 특징에 해당한다.

야훼께서 말씀하신다.

"아! 너희가 비참하게 되리라. 말을 듣지 아니하는 자식들아,

너희가 나에게 물어보지도 아니하고 일을 꾸미며

내 뜻을 알아보지도 아니하고 동맹을 맺어

죄 위에 죄를 더하는구나.

나에게 묻지도 아니하고

이집트로 내려가 파라오에게 기대어 몸을 숨기고

이집트의 그늘에 숨으려는 자들아"

〈이사야 30:1-2〉

우리는 이스라엘이 계교를 베풀었다는 진술을 듣는다. 그것은 일종의 '평화 계획'에 해당한다. 이스라엘은 자신을 보호하기 위해 군사력을 강화하는 대신, 애굽의 군대에 의존했다. 이러한 평화 계획 자체는 나쁘지 않다. 그것은 이스라엘을 군비 경쟁에서 벗어나게 하고, 비무장과 군축에 동참하게 하며, 전적으로 비공격적이 되게 한다. 그러나 야훼께서 책망하신 것은 그것이 어리석은 계획이어서가 아니라 그것이 야훼 자신의 계획이 아니기 때문이다. 오늘날 그런 사고방식으로 하나님의 책망을 불러일으키는 평화 계획이 얼마나 많은지 아는가? 기독교 평화 계획도 예외는 아니다.

중요한 것은 이 모든 분석의 대상이 이스라엘이라는 사실이다. 이사야와 청중이 이해하는 대로, 이스라엘은 야훼께서 특별히 택하신 백성이며 야훼로부터 온갖 혜택과 인도하심을 받은 백성이다. 그런 이스라엘이 야훼의 전쟁을 싸울 수 없을 만큼 자신의 본분을 다하지 못했다면, 다른 나라는 얼마나 그렇겠는가?

따라서 지금 이사야는 사실상 의로운·정당한 전쟁은 존재하지 않는다고 말하고 있다. 왜냐하면 의로운 전쟁을 싸우기에 합당한 백성이 없기 때문이다.

아무리 훌륭한 백성이라도 전쟁에 임하는 동기가 불순하고 악하므로 그들의 싸움은 악한 전쟁이 될 수밖에 없다는 것이다.

이 주장에 대해서는 확인해볼 필요가 있다. 역사상 대부분의 전쟁, 특히 유대교나 기독교적 배경을 가진 국가들의 전쟁은 소위 "의로운 전쟁"으로 옹호되었다. 말하자면, 그들은 평화와 정의를 달성하고 인간의 삶을 향상한다는 고상하고 의로운 목적을 위해 싸운다. 즉, 그것은 사실상 야훼께서 도우시는 야훼의 전쟁이라는 것이다.

그러나 이스라엘에 대한 이사야의 관찰은 한층 더 세밀한 고찰을 요구한다. 그들이 가장 강력하게 하나님을 위해 싸운다고 주장하는 전쟁들도 심각한 의문을 제기하지 않을 수 없다. 하나님이 예수 그리스도의 아버지시며 예수에게서 볼 수 있는 성품을 가지신 분이라면, 그리고 전쟁이 어떤 방식과 어떤 정신으로 이루어지고 어떤 결과를 초래했는지를 자세히 들여다본다면, 이러한 전쟁들은 결코 하나님의 전쟁이 될 수 없다는 사실이 분명해질 것이다. 그러한 것들은 "계획을 추진하지만, 그것들은 나에게서 나온 것이 아니며, 동맹을 맺지만, 나의 뜻을 따라 한 것이 아니"하는 전쟁임이 갈수록 드러날 것이다.

우리는 거룩한 전쟁의 금지 명령 배후에 있는 논거에 대해 살펴보았다. 야훼를 순종하겠다는 그들의 진심과 정직한 소원에는 의심의 여지가 없다. 그러나 금지 명령이 요구하고 재촉한 끔찍한 살상, 그리고 죄 없는 부녀와 아이들까지 무차별적으로 무자비하게 살해한 만행을 생각할 때, 우리 특히 그리스도인은 신성한 순종 이상의 인간적 추정이 반영되었을 것이라는 생각을 지울 수 없다. 마찬가지로, 십자군은 자신이 그리스도를 위해 싸우고 있다고 확신했으나, 거룩한 신적 동기에 의한 것이 아니라 인간의 악한 정욕에 따른 것임을 보여준다. 아무리 선한 의도를 가진 선한 사람이라고 해도 니므롯의 성향으로는 부패와 왜곡이 없는 하나님의 전쟁을 수행할 만큼 선할 수 없다.

이사야의 분석은 "의로운 전쟁"을 찬성하는 전사들에 대한 비판인 동시에, "의로운 전쟁"을 반대하는 전사들에 대한 비판이기도 하다. 반전 운동은 종종 또 하나의 "의로운 전쟁"이나 "거룩한 십자군"의 특징을 드러내는 경향이 있다. 우리는 반전 운동 역시 "나에게서 나온 것이 아닌 계획… 나의 뜻을 따라 한 것이 아닌 동맹"이 아닌지 의심하게 된다. 나는 그러한 것들이 자신을 의롭게 여기는 교만한 인식이며, 자기에게 동의하지 않는 사람들에 대해 성급한 판단을 내리게 한다고 생각한다. 그들은 자기 회의나 의심이 부족하고, 자신이 하는 일에 대해 다른 사람을 가르치려 하며, 다른 사람에 대한 지배욕과 권력욕, 그리고 자신의 '정당한 동기'를 위해 폭력을 행사한다. 이 폭력은 사람에 대한 언어폭력, 정직함과 공명정대함에 대한 공격적 폭력, 타인의 재산과 권리를 침해하는 폭력이다.

전쟁주의자의 입장이 잘못되었다고 해서, 반전주의자가 무조건 옳은 것은 아니다. 이사야는 동시대 이스라엘 백성착한 우리 편의 동기에 대해 편견 없는 의문을 가졌다. 나는 이사야가 오늘날의 착한 우리 편에 대해서도 그처럼 공정한 판단을 할 것으로 생각한다. 우리는 사람에 대해 알기 때문에 하나님의 전사라고 주장하는 어떤 집단에 대해서도 의심해보아야 하며, 특히 자신에 대해 의심할 필요가 있다고 생각한다.

> 그렇다! 주, 만군의 야훼께서는
> 예루살렘과 유다를 의지할 데 없게 하신다.
> 믿던 빵과 의지하던 물도 그들에게서 빼앗으신다. …
> 너의 장정들은 칼에 쓰러지고
> 너의 용사들은 싸움터에서 넘어지리라.

문간은 온통 탄식과 울음바다가 되고

〈이사야 3:1, 25-26〉

이제 할 수만 있으면 이 음성을 들어 보라. 이스라엘의 죄 때문에 야훼의 전쟁은 시온을 향한다. 하나님은 그가 세계평화의 중심지로서 보존하시겠다고 약속하셨던 시온과 맞서 싸우신다. 그것은 매우 "신비로운 일"이 될 것이며, 이사야는 그 사실을 알고 있다.

과연 야훼께서는 브라심 산에서처럼 일어나신다.

기브온 골짜기에서처럼 떨치고 일어나신다.

너무나 너무나 기이한 당신의 일을 이루시려고 오신다.

너무나 너무나 신비로운 당신의 사업을 이루시려고 오신다.

그러니 이제 빈정대기를 그만두어라.

포승에 꽁꽁 묶이지 않으려거든 그만 빈정대어라.

온 세상을 멸하기로 결정하셨다는 말씀을 나는 들었다.

주, 만군의 야훼께서 하시는 말씀을 나는 들었다.

〈이사야 28:21-22〉

그것은 신비로운 사역이다. 그러나 야훼는 "당신의 일"을 행하고 계신다. 이스라엘이 그렇게 만든 것이다. 그러나 이것은 야훼께서 다른 편에 서셨다거나, 그의 약속이 잘못되었다거나, 그가 목표를 바꾸셨다는 뜻이 아니다. 야훼의 일은 기이할 수 있다. 그러나 그것은 야훼께서 아무런 까닭도 없이 그렇게 하셨다는 뜻은 아니다.

"그리고 손을 돌려
너의 찌꺼기는 용광로에 녹여내고 납은 모두 걷어내어
너를 순결하게 하리라.
내가 너의 재판관들을 그 옛날처럼 다시 세워주고
너의 고문관들을 처음과 같이 다시 일으켜주리라.
그제야 너는 '정의의 도시, 성실한 마을'이라 불릴 것이다.
시온은 그 기틀이 바로잡히고
주민은 마음이 바로잡혀 다시 살게 되리라."
〈이사야 1:25-27〉

야훼께서 이스라엘에 맞서 싸우신 것은 이스라엘을 위해 필요한 행위임이 드러난다. 그의 행위는 시온의 구속을 위한 것이다. 그것은 참으로 기이한 일이지만, 야훼께서 이스라엘과 함께 대적과 맞서 싸우시는 것보다 시온을 청결하게 하기 위해 시온과 싸우시는 것이 훨씬 위대한 사랑의 행위라는 것이다. 우리는 이제 거룩한 전쟁의 교훈보다 훨씬 깊은 차원에서 하나님의 생각과 목적을 들여다볼 수 있는 수준에 이르렀다. 우리는 하나님이 우리와 싸우실 때, 그 일이 참으로 필요한 것임을 깨닫고 그의 도움을 받을 준비가 되어 있는가?

나는 분노가 치밀어 휘하 정병에게 명령한다.
나의 용사, 나의 자랑스러운 투사들을 부른다.
이 산 저 산에서 웅성대는 소리를 들어라. 많은 사람이 모인 것 같다.
나라들이 떠드는 소리를 들어라. 여러 민족이 모였다.
만군의 야훼께서 군대를 사열하신다.

그들은 먼 땅, 하늘 끝에서 온 땅을 잿더미로 만들려고
야훼의 징벌의 채찍이 되어 야훼와 함께 온다.
〈이사야 13:3-5〉

우리는 여기서 완전한 반전을 볼 수 있다. 이것은 야훼께서 군대를 소집하여 전쟁으로 이끄신다는 옛 거룩한 전쟁의 언어가 분명하다. 그러나 적용은 우리가 앞서 보았던 것과 정반대의 방향으로 이루어진다. 즉, 야훼의 군대는 이스라엘의 대적, 열국 민족으로 구성된다.

우리는 이 부분의 함축에 유의해야 한다. 이것은 열국이 하나님의 계획에서 이스라엘을 대체했다는 말인가? 이제 발레리나의 역할이 그들에게 넘어갔다는 것인가? 그들이 이스라엘보다 의롭다는 것인가? 열국이 야훼와 함께 야훼의 전쟁을 싸우기에 합당하다는 것인가? 그들이 순종적이며 유익한 종이 되었다는 것인가?

아니다! 열국은 야훼의 군대로 소집되었으나, 합당한 자격이 있어서가 아니다. 이사야는 이러한 사실에 대해 명확히 제시한다.

아, 네가 비참하게 되리라. 아시리아야! 나의 분노의 지팡이요,
나의 징벌의 몽둥이였던 너 아시리아,
배신한 민족을 치라고 너희를 보냈고
나를 분노케 한 백성을 치라고 하였더니 마구 **빼앗고** 모조리 털고
길바닥의 진흙처럼 짓밟으라고 하였더니
너희가 엉뚱한 일을 꾸미고 딴마음을 품어,
무작정 닥치는 대로 나라들을 쳐부술 생각밖에 없구나. …
주께서 시온 산 예루살렘에서 하실 일을 다 마치시면

아시리아 왕의 이런 건방진 행동과 업신여기는 태도를 벌하시리라.

그가 자랑삼아 하는 소리를 들어보아라.

"나는 나의 힘있는 손으로 이것을 이루었다. 나의 지혜로 이것을 이루었다."

〈이사야 10:5-7,12-13〉

이사야는 다른 본문에서, 우리가 창세기에서 살펴본 주제 - 하나님처럼 되려는[like] 행위, 니므롯, 바벨탑- 를 상기시키기 위해 기록된 언어로 앗수르의 죄를 묘사한다.

웬일이냐, 너 새벽 여신의 아들 샛별아, 네가 하늘에서 떨어지다니!

민족들을 짓밟던 네가 찍혀서 땅에 넘어지다니!

네가 속으로 이런 생각을 하지 아니하였더냐?

'내가 하늘에 오르리라.

나의 보좌를 저 높은 하나님의 별들 위에 두고

신들의 회의장이 있는 저 북극산에 자리잡으리라.

나는 저 구름 꼭대기에 올라가 가장 높으신 분처럼[like] 되리라.'

〈이사야 14:12-14〉

선지자 이사야는 야훼께서 앞서 이스라엘을 책망했을 때와 정확히 같은 죄를 지적하며 앗수르를 책망하신 것으로 서술한다는 사실에 주목하라. 이스라엘의 군사적 동맹과 앗수르가 전쟁을 일으킨 행위는 둘 다 하나님을 무시하고 그에게 도전하기 위해 꾸민 계획으로 책망받는다. 우리는 논쟁에서 한 쪽이 잘못되었으면, 상대가 옳다고 생각한다. 특히 미국 정부의 잘못을 지적하는 아마도 매우 점잖은 사람들은 다른 나라들이 범하는 온갖 악행을 정당화하는 결론을 내릴 때가 많다. 그러나 이사야는 이스라엘 의와 앗수르의 의 사이에 어떤 차이도 발견하지 못한다. 실제로, 야훼의 군대앗수르를 향한 그의 언어는 야훼의 대적이스라엘에 대한 언어보다 격렬하다.

이 부분의 사상은 미묘하지만, 정확한 의미를 살펴볼 필요가 있다. 이 사상은 다음과 같은 직설적인 방식으로 표현할 수 있다. "이스라엘을 쳐서 짓밟은 앗수르는 하나님의 뜻을 행하고 있는가?" 그렇다. 그런데도 "야훼는 앗수르를 벌하시기로 결정하셨는가?" 물론이다. "이유가 무엇인가?" 야훼의 뜻대로 행하지 않았기 때문이다. 그러나 "앗수르는 분명히 야훼의 뜻을 행하지 않았는가!"

이러한 맥락을 이해하는 방법은 하나뿐인 것으로 보인다. 즉, 앗수르가 "나라를 쳐부수는" 파괴자가 되는 것은 하나님의 뜻이 아니라는 것이다. 그것은 앗수르 자신이 선택한, 선악과의 지혜를 좇아 교만과 허식으로 가득한 계획일 뿐이다. 그러나 그들이 선택하여 기정사실이 된 이상, 야훼는 시온을 위한 자신의 목적을 추진하기 위한 수단으로 이용하실 수 있다. 이런 의미에서 앗수르는 야훼의 뜻을 행하는 야훼의 군대라고 할 수 있다. 하나님은 백성과 나라에게 자유를 주셨다. 따라서 그들은 하나님이 인정하지 않으시는 일을 할 수도 있지만, 하나님은 그의 목적을 이루시기 위해 자신이 인정하지 않는 것도 이용하실 자유가 있다. 하지만 쓰임을 받은 도구가 어떻게 생각하든 하나님은 선한 목적에 이용하셨다고 해서 그것을 인정하거나 신뢰하시는 것은 아니다.

이 원리는 매우 중요하며, 여러 부분에서 유익한 논거가 된다. 이것은 우리가 창세기에서 살펴본 내용과 연결된다. 그곳에서 야훼는 아담과 하와를 위해 가죽옷을 지어 입히신다. 야훼는 인간이 만든 옷을 인정하지 않으신다.

옷은 인간이 죄를 범했기 때문에 필요하게 된 것이다. 그러나 인간에게 옷이 필요한 상황이 된 이상, 야훼는 기꺼이 그들에게 옷을 제공하시고 그들을 원래의 상태로 회복시킬 도구로 사용하신 것이다. 그렇다면 옷은 인간을 위한 하나님의 뜻을 나타내는가? 그렇다고 대답할 수 있지만, 아니라고 대답할 수도 있다. 달리 정확하게 대답할 방법은 없다.

또한 이 원리는 거룩한 전쟁에 대한 우리의 좌절을 덜어준다. 하나님은 이스라엘이 금지 명령에 따라 성읍을 쳐서 모든 거민을 진멸하기를 원하셨는가? 그것이 하나님의 뜻이었는가? 우리는 어떻게 하나님이 그런 행위를 인정하실 수 있는지 이해하기 어렵다. 이것은 이스라엘 편에서 무엇인가 오해한 것이 틀림없다. 그런 행위가 하나님의 뜻을 찾으려는 진지한 노력임에는 분명하다. 하지만 그것은 자신의 지혜에 의존하여 하나님과 같이 되려는 인간의 성향이 배어 있는 결정이다.

하워드 요더John Howard Yoder는 이 문제를 다루면서, 부모가 네 살배기 자녀에게는 성냥을 만져서는 안 된다고 경고하지만, 열네 살이 된 자녀에게는 성냥을 주며 불을 피우게 한다는 예를 든다. 확실한 것은 이 상황에서 바뀐 것은 부모의 성품이나 지혜가 아니며, 성냥의 의미나 성능도 아니라는 것이다. 바뀐 것은 아이의 이해력과 능력이다. 이러한 설명은 유익하지만, 하나님이 고대 히브리인에게 대적을 무참히 진멸하라고 구체적으로 명령하셨느냐는 문제에 대한 답으로는 만족스럽지 않다. 따라서 약간 다른 관점에서 이 문제에 접근하고자 한다.

성경에 "야훼의 말씀"이라는 언급과 함께 기록된 내용은 하나님의 직접적인 음성이라기보다 그 말씀을 들은 인간이 문자로 전달한 내용이 분명하다. 기록된 내용은 아무런 문제 없이 하나님의 음성으로 받아들일 수 있다. 그것은 하나님에 대한 우리의 모든 지식이 기대하는 바를 충족한다. 그러나 기록된 내용이 우리의 모든 지식이 기대하는 바와 완전히 상반될 때, 우리는 하나님의 말씀에 일관성이 있느냐는 문제보다 그것을 전한 자의 청각에 의문을 제기할 수 있다. 하나님이 네 살배기 아이에게는 열네 살 된 아이에게 말할 때와 다르게 말했을 수 있다. 그러나 네 살배기 아이하나님의 자기 계시가 시작될 시점의 고대 히브리인가 성냥에 대해 들었다고 전한 내용은 열네 살 된 아이하나님의 자기 계시는 물론 주 예수를 통해 들은 계시의 절정에 대해 알고 있는 그리스도인가 들은 것만큼 정확하지 않을 수도 있다. 물론 이 경우, 네 살배기 아이의 문제는 청각이 아니라 그들의 이해력에 있다.

그렇다면 이것은 이스라엘의 오해며, 하나님은 정복 전쟁에 개입하여 행동하지 않으셨다는 뜻인가? 그렇지 않다. 이것은 결코 그런 뜻이 아니다. 오히려 하나님은 이스라엘이 결심하자 그런 싸움을 인정하시느냐와 상관없이 그러한 방식을 이용하여 이스라엘을 보존하시고 그들에게 땅을 주시며 평화의 나라로 이끄신 것으로 볼 수 있다. 그러나 우리는 하나님이 그들을 정당하게 사용하셨다고 해서 이스라엘의 원래 결정이 옳았다는 결론을 내려서는 안 된다. 그렇다면, 이스라엘의 거룩한 전쟁은 하나님의 뜻을 나타내는가? 그렇다고 대답할 수 있지만, 아니라고 대답할 수도 있다. 달리 정확하게 대답할 방법은 없다.

예수께서 십자가에 달려 돌아가신 것이 하나님의 뜻인가? 물론, 그곳에서 그를 단 자들은 악을 행한 것이며 하나님은 그 일을 절대로 인정하지 않으신다. 그러나 그 일이 이루어진 이상 하나님은 그것을 지금까지 일어난 최고의 사건으로서 무한한 선의 원천으로 이용하실 수 있으며, 또한 실제로 그렇게 하셨다. 그러나 이것은 예수를 십자가에 달아 죽인 죄에 대한 변명이 될 수 없다. 예수께서 십자가에 달려 돌아가신 것이 하나님의 뜻이었는가?

이사야가 이곳에서 제시한 이스라엘과 앗수르에 대한 경고는 과거와 현

| **무장하지 않은 자들을 무장시키는 왕**

재와 미래의 모든 전쟁에 적용되어야 한다. 이사야는 하나님이 전쟁을 하는 자 -그가 누구든, 무엇을 위해 싸우든- 를 인정하시는 것으로 서술하지 않는다. 그러나 이것은 전쟁이 하나님의 계획과 목적과 지배를 전적으로 벗어난 개념이라는 뜻은 아니다. 그와는 정반대로, 전쟁은 하나님이 전쟁으로 이어지는 상황을 조성한 자들을 통해 이루어지는 징벌의 수단이 된다. 또한 전쟁에서 진 나라는 징벌의 대상이고 이긴 나라는 징벌의 주체인 것도 아니다. 전쟁은 언제나 양쪽에 대한 징벌이다. 예를 들면, 자끄 엘륄은 우리가 나치와 전쟁을 시작한 후 전체주의 이데올로기와 실천이 연합국 진영에 얼마나 광범위한 악영향을 미쳤는지 보여준다. 우리가 싸우는 방식은 우리를 대적의 사상으로 물들였다. 인간의 전쟁은 이러한 특징 때문에 징벌이 될 수밖에 없다. 어떤 나라도 마찬가지지만, 자신은 해를 입지 않고 싸울 수 있는 전쟁은 없다.

이것은 선량한 사람은 전쟁에서 해를 입지 않는다는 뜻이 아니다. 우리가 말하는 것은 전쟁에 무죄한 자, 즉 죄 없고 의로운 나라나 군대는 없다는 것이다. 전쟁은 나라들이 악한 행위를 통해 자신에게 내리는 징벌이다. 따라서 우리 가운데 전쟁이 있다는 것은 하나님의 세계가 잘못 작동하고 있는 것이 아니라, 제대로 작동하고 있다는 사실을 분명히 보여준다. 악행이 나쁜 결과를 초래한다는 것은 당연한 일이다. 그렇지 않으면, 보다 나은 세상에 대한 어떤 희망도 존재하지 않을 것이다. 하나님의 일은 사람을 그들의 행위의 결과로부터 보호하는 것이 아니라, 그들의 행위를 바꾸어 다른 결과로 이어지게 하는 것이다.

따라서 전쟁은 우리가 역사의 시스템으로부터 제거해야 하는 일종의 우연한 탈선이 아니다. 전쟁은 그것을 유발한 악행의 당연한 결과이며, 그것에 합당한 증상과 고통이다. 아스피린과 같은 단순한 처방, 즉 조약이나 동맹이나 정치적 협약과 같은 것으로는 고통을 제거하거나 증상을 사라지게 할 수 없다. 이러한 처방들은 안도감을 가져다줄 수 있는 조치로서 적극적으로 권장되어야 하겠지만, 나라들이 하나님의 뜻에 따라 근본적인 변화와 고침을 받지 않는 한, 만족한 치유는 될 수 없다.

전쟁은 하나님이 보시기에 정당한가? 그렇다고 대답할 수도 있고, 아니라고 대답할 수도 있다. 달리 정확하게 대답할 방법은 없다.

이사야서로 돌아가 보자. '하나님의 군대' 앗수르에 의해 온 나라가 점령되고 시온이 위협당하는 시점에서 우리는 고대 시온 전승의 핵심에 이르게 된다.

아, 많은 민족이 요란하되
뒤설레는 바다처럼 요란하구나.
부족들의 아우성 소리,
밀어닥치는 물결처럼 소란하구나.
하나님께서 호통을 치시니
멀리 도망치는 꼴이 산 위에서 바람에 날리는 검불 같고
회오리바람에 휘말리는 티끌 같구나.
해 질 때 갑자기 닥쳐온 두려움이
아침 해 뜨기 전에 가신 듯 사라진다.
이것이 우리를 약탈하던 자가 당할 운명이요
우리를 노략하던 자가 받을 몫이다.
〈이사야 17:12-14〉

갑자기 뜻하지 않은 때, …

꿈같이 사라지리라.

너를 공격하여 토성을 쌓고 죄다가

한밤의 환상처럼 꺼지리라.

〈이사야 29:5,7〉

"만군의 야훼도 이렇게

시온 산과 그 언덕에 내려와 싸워주리라.

만군의 야훼가 수리처럼,

예루살렘 위를 날며 지켜주리라.

지켜주고, 건져주고, 아껴주고 구원해 주리라." …

아시리아는 사람이 휘두르지 않은 칼에 맞아 넘어지리라.

인간이 찌르지 않은 칼에 찔려 죽으리라.

〈이사야 31:4-5,8〉

이것은 하나님의 일과 이스라엘의 운명의 전환점이 된다. 우리는 이 일이 누구의 도움도 없이, 전적으로 야훼께서 하신 일이라는 사실을 알아야 한다. 앞서 앗수르와 열방은 야훼의 군대로 불렸기 때문에 우리가 원한다면 이제 야훼께서 야훼의 군대와 싸우신다고 표현할 수 있다. 그러나 나는 그런 표현을 원하는 사람이 없기를 바란다. 그것은 우리가 명확하게 정리한 상황을 다시 혼란에 빠트릴 뿐이다.

어쨌든 이사야는 앞서 우리에게 야훼의 군대가 시온을 공격한 것은 하나님의 기이하고 신비로운 사역이라고 했다. 그러나 이제는 모든 상황을 바꾸고 사실상 세계평화의 중심지로 가는 길에 시온을 세운 행위를 하나님의 합당한 사역이라고 말한다. 그러나 이 합당한 사역은 이스라엘이 앗수르와 맞서 싸우는 전쟁이 아니라는 사실에 주목해야 한다. 이 부분에 있어서 이사야는 옛 거룩한 전쟁의 패턴을 완전히 넘어선다. 하나님이 인정하시는 이 합당한 사역은 사람이 휘두르는 칼에 의해 이루어져서는 안 된다. 사람의 칼사실상 칼을 휘두르는 사람은 선악과의 지식과 니므롯주의로 가득하므로, 정의와 평화를 창조하는 야훼의 합당한 사역에 도움이 되지 않는다.

이스라엘이 징벌을 요구한 것과 앗수르가 떠벌린 악한 말은 야훼께서 인간의 칼을 사용하실 수 있는 상황을 조성했으나, 이사야서 어디에도 칼을 사용하는 것을 인정한다는 말은 나타나지 않는다. 평화와 정의와 공의를 세우기 위한 하나님의 합당한 사역과 관련된 한, 인간의 칼은 명백히 허락되지 않는다. 만일 하나님이 당시에 인간의 동의 없이 시온을 보존하실 수 있었다면, 오늘날 보존되어야 할 것이 있다면 그것이 무엇이든, 그렇게 하실 수 있을 것이다.

지금까지 일어난 또는 일어날 수 있는 어떤 상황도 이사야의 진술을 바꿀 수 있는 것은 없다.

그러나 이 "사람이 휘두르지 않은 칼"이 무엇인지, 또는 어떻게 작동되는지 묻지 말라. 하나님이 어떻게 인간의 반역을 물리치시고 시온을 가장 높은 꼭대기, 평화의 산으로 세우실 것인지 묻지 말라는 것이다. 이사야는 그것에 대해 아무런 언급도 하지 않는다. 이 책이 계속되어야 하는 이유는 이 때문이다.

이사야는 자신의 책 여러 곳에서, 우리가 지금까지 추적해온 사건들의 모든 과정에 대한 요약을 제시한다. 이러한 요약들은 우리의 특별한 주목을 요구하는 몇 가지 사실들을 보여준다.

이 날 그들은 놉에 진을 치고

수도 시온의 산, 예루살렘 언덕을 향하여 주먹을 휘두르리라.

그러나 이제, 주 만군의 야훼께서

무서운 힘으로 그 무성한 가지들을 베어내시리라.

높이 솟은 나무들은 찍혀 넘어가고

우쭐대던 것들은 거꾸러지리라.

무성한 숲이 도끼에 찍혀 넘어가고

레바논은 강하신 하나님의 손에 맞아 내려앉으리라.

이새의 그루터기에서 햇순이 나오고

그 뿌리에서 새싹이 돋아난다. …

그는 정의로 허리를 동이고

성실로 띠를 띠리라.

늑대가 새끼 양과 어울리고

표범이 숫염소와 함께 뒹굴며…

나의 거룩한 산 어디를 가나 서로 해치거나 죽이는 일이 다시는 없으리라.

바다에 물이 넘실거리듯

땅에는 야훼를 아는 지식이 차고 넘치리라.

〈이사야 10:32-11:1,5-6,9〉

　징벌하는 침략자는 엄청난 파괴를 일삼으며 이스라엘로 향한다. 예루살렘 밖, 놉 땅에 진을 친 그는 시온을 향해 공격을 시작할 것이다. 이 시점에서, 번쩍이는 번개가 숲을 파괴하듯이 야훼께서 혁혁한 위력으로 임하실 것이다. 이사야는 침략자와 이스라엘 둘 다 찍혀 나갈 가지로 생각하는 것이 분명하다. 왜냐하면 이어지는 구절에서 얼마간의 시간이 지났는지는 알 수 없지만 한 그루터기에서 새로운 싹이 나기 때문이다. 이 그루터기를 "이새의 그루터기"라고 부른 것은 새로운 싹이 다윗 왕의 후손임을 보여준다. 이사야는 이 시점에서 숲에 대한 비유를 제쳐 두고, 오실 왕은 다른 여러 본문에 나타나는 평화의 왕과 동일 인물임을 분명히 한다. 야훼는 공의롭고 성실한 그의 통치를 통해 세상에 널리 전파되며, 온 세상에 평화가 임한다.

> 성문아, 통곡하여라. 도시야, 부르짖어라.
> 모든 블레셋 사람들아, 부들부들 떨어라.
> 침략자가 북쪽에서 내려오는데
> 그 대열에서는 한 사람도 낙오하지 않는구나.
> 블레셋 특사들에게 무엇이라고 대답할 것인가?
> "야훼께서 시온을 든든히 세우셨으니
> 그의 백성 중 천민들도 그 안에 피난할 수 있다." 하여라.
> 〈이사야 14:31-32〉

이것은 이스라엘이 아니라 블레셋블레셋을 향한다는 점에서, 짧지만 놀라운 신탁이다. 블레셋은 이스라엘을 수 세기 동안 가장 많이 괴롭힌 전통적 대적이다. 두 나라는 서로에 대한 증오심으로 가득했다. 신탁이 임할 당시 블레셋은 멸종의 위기에 직면했다. 이스라엘은 "속이 시원하다"는 반응을 보였을 것이다. 그렇다면, 이런 블레셋에게 어떤 희망이 남아 있을 수 있겠는가? 이사야는 그들의 유일한 희망은 야훼그들의 하나님이 아닌께서 시온그들의 영토가 아니며, 사실상 그들이 몰살당할 수 있는 장소에서 하시는 일에 있다고 말한다. 야훼께서 시온에서 하고 계신 일은 이스라엘은 물론 블레셋을 구원하려는 목적도 있다. 우리는 야훼께서 그런 일을 하신 것에 대해 놀라지 않을 수 있다.

그러나 우리는 이스라엘의 선지자가 그렇게 가르치고, 이스라엘의 전승이 그런 가르침을 보존했다는 사실에 놀라야 한다.

이러한 사상은 이어지는 본문에서 더욱 극적으로 치닫는다. 이제 대적은 앗수르가 아니라 애굽이다. 본문에는 시온이나 시온에 대한 공격은 언급되지 않지만, 본문의 사상은 우리가 지금까지 살펴본 패턴의 한 부분임이 분명하다.

야훼께서 이집트를 향하여 매를 드시더라도 그 뜻은 치는 데 있지 아니하고 고쳐주는 데 있다. 그러므로 그들이 야훼께 돌아오면 그 간구를 들어주시고 고쳐주실 것이다. 그 날에 이집트에서 아시리아로 가는 큰길이 트여 앗수르 사람과 이집트 사람이 서로 오가며 이집트 사람이 아시리아 사람과 함께 예배하리라. 그 날에 이스라엘은 이집트와 아시리아 다음의 셋째 번 나라가 되어 세상에서 복을 받으리라. 만군의 야훼께서 복을 주시며 이르시는 말씀을 들어라. "복을 받아라. 내 백성 이집트야, 내가 손수 만든 아시리아야, 나의 소유 이스라엘아!"〈이사야 19:22-25〉

"야훼께서 매를 드시더라도 그 뜻은 치는 데 있지 아니하고 고쳐주는 데 있다"라는 구절은 "사람이 휘두르지" 않는 칼에 대한 언급이 분명하다. 어떤 사람의 칼도 상대를 친 후에 그를 고치는 경우는 없다. 사람의 칼이 지금까지 해 온 일, 그것이 할 수 있는 일은 오직 파괴하는 일뿐이다. 야훼의 칼이 할 수 있는 일은 매우 환상적인 치유 장면이 될 것이다. 이사야는 바로 그런 상황을 묘사하는 중이다. 즉, 애굽과 이스라엘과 아시리아가 동료가 되어 함께 모이고, 야훼께서 그들을 "내 백성이여"라고 부르신다! 사실, 이 장면은 표범이 어린 염소와 함께 눕는 것보다 더 환상적이다.

이사야는 이 꿈이 실현되기 위해서는 그것을 이루는 도구가 야훼의 칼이 되어야 한다는 사실을 알고 있다. 그의 칼과 함께 수술을 도우려는 어떤 인간적 시도도 수술을 망칠 것이다. 야고보이 책은 그의 진술과 함께 시작했다는 "화를 내는 사람은 하나님의 정의를 이룰 수가 없습니다."야고보서 1:20고 했다. 그러면 사람의 역할은 무엇인가? 그는 무엇을 해야 하는가? 이사야는 다음과 같이 말한다.

> "마음을 돌려 진정하는 것이 구원받는 길이다.
> 고요히 믿고 의지하는 것이 힘을 얻는 길이다."
> 그런데 너희는 거절하였다.
> "아닙니다. 우리는 말을 타고 도망가겠습니다."
> 도망가려거든 어서 가려무나.
> "우리는 날랜 말을 타고 도망가렵니다."
> 그래봐야, 너희를 뒤쫓는 자들이 더 날래리라.
> 한 사람의 고함에 천 명이 넋을 잃고
> 다섯 사람의 고함에 너희는 모두 도망치리라.
> 결국 너희는 산꼭대기에 남은 외로운 깃대,
> 언덕 위에 홀로 남은 신호대처럼 되리라.
> 그러나 야훼께서는 너희에게 은혜 베푸실 날을 기다리신다.
> 너희를 불쌍하게 여기시어 도우러 일어나신다.
> 야훼는 공평무사하신 하나님,
> 복되어라, 그분을 기다리는 자여!
> 〈이사야 30:15-18〉

"야훼를 기다리라", "마음을 돌려라", "진정하라", "고요히 믿어라", "의지하라"와 같은 요구는 우리가 할 일이 아무것도 없음을 보여주는 것처럼 보인다. 그러나 이사야의 의도는 그런 것이 아닐 것이다. 하나님과의 관계를 강화하는 것, 그를 향해 마음을 여는 것, 그를 신뢰하고 순종하는 법을 배우는 것, 이런 것들은 확실히 아무것도 하지 않는 것 이상의 의미가 있다. 그러나 동시에, 우리는 이사야의 진술이 이 문제에 대한 최종적 결론이 아니라는 사실을 알아야 한다. 우리는 이어지는 장들에서, 사람이 하나님의 평화에 도움이 되는 어떤 일을 할 수 있는지에 대한 역동적 교훈을 찾을 것이다.

그러나 이사야는 우리 시대에 꼭 필요하면서도 간과하기 쉬운 권면을 제시한다. 오늘날 평화운동은 행동주의자들로 가득하며, 하나님을 바라보라, 그를 신뢰하라, 그의 약속을 믿으라는 권면은 그들에게서 들어 보기 어렵다. 오히려 그들은 평화의 성취가 전적으로 우리의 지혜, 우리의 전략, 우리의 행동에 달린 것처럼 행동한다. 그러나 많은 증거는 이사야가 사람의 칼평화주의자의 칼의 자발적인 개입이 하나님의 수술에 도움이 되기보다 망치기 쉽다는 사실을 알고 있었음을 보여준다. 오늘날 평화 운동가들은 이사야서 본문을 읽은 후 회의를 시작한다면 큰 도움이 될 것이다.

우리가 이사야서에 관심을 기울여야 할 문제는 또 있다. 시온에 대한 그의 기대는 역사적으로 이루어졌는가? 그렇다고 대답할 수도 있고, 아니라고 대답할 수도 있다. 달리 정확하게 대답할 방법은 없다.

그렇다: 이사야 시대에 시온은 함락되지 않았다. 이스라엘은 앗수르를 비롯한 여러 나라의 침략을 당해 황폐했으나, 그때마다 시온과 예루살렘은 보존되었다.

아니다: 그러나 이 모든 과정에서, 평화의 왕이 나타나고 시온이 세계평화의 중심이 된 적은 없다.

아니다: 이사야 시대가 끝난 지 오랜 후인 주전 586년, 앗수르가 아니라 바벨론바빌론 군대가 이스라엘을 침략하여 예루살렘을 탈취하고 성전과 성전 언덕을 살육의 현장으로 만들었으나, 하나님은 개입하지 않으셨다. 그 후 성전은 재건축되었다. 주전 167년, 아람 군대에 의해 더럽혀진 성전은 수년 후 재봉헌된다. 주후 70년에는 로마 군대가 성전을 파괴하지만, 하나님은 이 때도 개입하지 않으셨다. 성전은 오늘날까지 재건되지 않았으며, 시온의 자리에는 이슬람 사원이 차지하고 있다.

그렇다: 그러나, 시온이 특정 지역을 가리키는 것이 아니라 하나님에 대한 참된 헌신을 지키는 자들의 공동체를 상징한다면, 시온은 오늘날까지 보존되고 있다. 그것이 기독교든 유대교든 말이다. 사실상 그리스도인은 "단 두세 사람이라도 내 이름으로 모인 곳에는 나도 함께 있기 때문이다", "내가 이 반석 위에 내 교회를 세울 터인즉 죽음의 힘도 감히 그것을 누르지 못할 것이다"라는 예수의 말씀이 옛 시온의 약속에 대한 재진술이라고 주장할 수 있다. 또한 그리스도인은 평화의 왕이 나타나 지금도 역사하고 계시며, 때가 되면 그의 시온을 세계평화의 중심지로 세우실 것이라고 믿는다.

그렇다: 이어지는 해석과 관련하여, 이것이 이사야서가 기록될 당시에 이사야가 가졌던 생각이라는 주장은 지혜롭지 못하지만, 이사야는 특히 황폐한 그루터기로부터 새로운 싹이 난다는 비유를 통해 시온 개념을 거의 죽음과 부활 이미지로 형성한다. 이러한 유추를 끝까지 견지하면 도움이 될 것이다.

예수는 유일하신 시온이시다. 그는 신실한 이스라엘을 절대적으로 축소한 이스라엘이자 하나님에 대해 온전히 신실하고 순종적인 유일한 이스라엘이며, 하나님과의 관계를 깨트리려는 보편적 인간의 성향이 전혀 없는 참 하나님의 모습이시다. 이어서 하나님의 기이한 사역이 그를 향했다. 그는 대적의 공격을 받았으며, 자신의 죄가 아니라 인류의 죄를 위해 큰 고통을 당하셨다. 끝으로 갈보리의 공격을 받으신 그는 친구와 제자들의 배신과 거부를 당하시고, 산꼭대기의 외로운 망대처럼 홀로 남으셨다.

그러나 절체절명의 순간에 하나님의 번쩍이는 번개가 내리쳤으며, 그 순간에 치유가 이루어졌다. 대적은 자취를 감추었다. 한편으로, "시온"은 죽음을 통해 그들이 미칠 수 없는 곳으로 달아났다. 그러나 무엇보다도 이 번쩍이는 번개는 그들을 "대적"의 신분에서 벗어나게 한 용서를 이루었다. 이 번개로 시온의 나무 자체는 꺾였지만, 부활의 능력으로 한 싹이 피어났다. 이 싹은 '회복된 시온'이자 약속된 평화의 왕이시다. 그는 지금도 살아서 다스리신다. 그는 "야훼의 성전이 서 있는 산이 우뚝 솟아 언덕들을 굽어보게 되는 날, 높이 치솟아 멧부리들을 눈 아래 두는 날이 오면, 만민이 물밀듯 밀려올" 때까지, "민족들은 칼을 들고 서로 싸우지 않을 것이며 다시는 군사 훈련도 하지 아니"할 때까지, 계속해서 살아 다스리실 것이다.

우리는 이 시점에서, 향후 몇 장에 걸쳐 살펴볼 내용에 대한 설명을 제시하고자 한다. 우리는 다음 장에서 이사야가 제시한 시온 전승을 크게 수정한 또 한 명의 구약성경 선지자에 대해 살펴볼 것이다. 그러나 사실상 이사야의 묘사를 재진술한 후기 선지자들도 많다. 많은 소선지서에서는 이사야서 본문 가운데 일부가 발견되며, 가장 두드러진 경우는 스가랴서즈가리야서다.

스가랴서는 두 세기 정도 늦게 기록되었으나 중요한 수정이나 새로운 요소의 도입 없이 이사야의 시나리오를 거의 재진술한다. 그러나 스가랴즈가리야의 글은 다소 극적이다. 그는 환상과 심오한 상징, 그리고 장엄한 이미지를 사용한다. 따라서 스가랴의 묘사는 이사야의 묘사보다 훨씬 군사적이고 거칠며 잔인하다.

그러나 스가랴는 이사야의 "사람이 휘두르지 않은 칼"이라는 치유를 위한 공격에 상응하는 개념으로서 "권세나 힘으로 될 일이 아니라 내 영을 받아야 될"스가랴 4:6이라는 아름다운 구절을 제시한다. 우리는 성경에 나타난 군사적 용어나 호전적 언어는 반드시 신체적, 육체적 싸움을 가리키는 것은 아니라는 사실을 알아야 한다.

그러나 이곳에서 특별히 주목해야 할 요소는 우리가 예수께로 가게 되면 구약성경의 시온 전승은 우리가 지금까지 주목했던 두 명의 대선지자보다 훨씬 광범위하다는 사실이다.

4

다른 방식의 전쟁

나는 그로 하여금 민중을 자기 백성으로 삼고
대중을 전리품처럼 차지하게 하리라.
이는 그가 자기 목숨을 내던져 죽었기 때문이다.
반역자의 하나처럼 그 속에 끼여 많은 사람의 죄를 짊어지고
그 반역자들을 용서해 달라고 기도했기 때문이다.
〈이사야 53:12〉

앞 장에서 살펴본 이사야는 대략 주전 742년에서 700년 사이에 활동한 선지자다. 당시 이스라엘유다은 앗수르의 강력한 압박을 받고 있었다. 그러나 이사야 시대가 끝난 후, 앗수르 제국은 무너지고 바벨론 제국으로 대체되었다. 주전 586년, 바벨론 군대는 오랜 위협과 협박 끝에 예루살렘을 점령하고 완전히 파괴했다. 이스라엘 백성은 바벨론으로 끌려가 그곳에 정착했다.

이윽고 유다의 상황이 변했다. 동방에서 바사페르시아 제국의 위대한 정복자 고레스가 등장했으며, 그의 군대는 주전 539년에 바벨론을 점령했다. 그는 그곳에 남아 있던 유대 포로민에게 본인이 원하고 경제적 여력이 되면 예루살렘으로 돌아갈 수 있게 했다. 고레스의 입장에서 볼 때, 이 제안은 특별한 의미가 없었다. 예루살렘은 바벨론과 마찬가지로 여전히 자신의 지배하에 있었다. 한편으로 이 제안은 유다의 입장에서도 대단한 거래는 아니었다. 그들이 자유롭게 돌아갈 수 있는 예루살렘은 돌무더기만 남아 있는 곳이었다.

그러나 유다는 상당한 기간에 걸쳐 여러 차례 무리를 지어 돌아갔으며, 소

규모지만 성전과 성읍을 재건했다. 그러나 그들은 여전히 바사 제국 총독의 지배를 받았다.

이제 이사야서의 한 부분인 40장-55장은 고레스가 바벨론을 점령하기 직전, 이스라엘이 예루살렘으로 돌아가기 전 상황에 대한 언급이 분명하다. 대부분의 학자는 이 단원이 이 시대의 기록이며, 바벨론에 거주하던 포로민에 대한 신탁이 분명하다고 믿는다. 이 자료는 나중에 약 두 세기 전에 활동했던 선지자 이사야의 책에 들어오게 된다. 그러나 하나님이 이사야에게 이백 년 후의 일을 보게 하셔서 마치 그 시대의 사람처럼 기록하게 하셨을 것이라고 믿는 학자들도 있다. 우리는 이 단원이 두 번째 선지자의 글이라고 생각하지만, 어떤 이론을 따르느냐는 이 책의 기본적 논리에 영향을 주지 않는다.

우리는 포로지에 거주했던 무명의 선지자에 대한 정보가 없으며, 그의 이름조차 모른다. 편의상 그는 제2이사야로 불린다. 이것은 두 번째 이사야를 의미하는 헬라식 표현일 뿐이다. 원문은 "두 번째"[Deutero]라고만 표기한다/역주

이 두 번째 선지자가 거룩한 전쟁의 사고방식에 익숙하다는 것은 분명하다. 그는 다음과 같이 진술한다.

> 야훼께서 위풍당당하게 나서신다.
> 분격하여 떨치고 일어나는 군인처럼,
> 적진에 육박하며
> 함성을 올려 고함치신다.
> 〈이사야 42:13〉

또한 그가 시온 전승에 대해 알고 있었다는 것도 분명하다. 아마도 그는 이 전승의 이사야 버전에 대해서도 알고 있었을 것이다. 사실 제2이사야서

와 이사야서 사이에는 제2이사야가 자신을 이사야의 제자로 인식했을 가능성을 보여주기에 충분한 연결고리들이 존재한다. 이것은 제2이사야의 자료가 어떻게 스승의 자료에 들어오게 되었는지에 대한 설명에 큰 도움이 된다.

제2이사야 시대의 역사적 상황은 이사야 시대와 많은 차이가 있기 때문에 그의 시온 전승은 상당한 수정이 불가피했다. 우리는 이러한 사실에 주목할 것이다. 그러나 제2이사야의 가장 원래적이고 독창적인 ‐ 그리고 우리의 목적과 가장 부합되는‐ 자료는 이사야가 상세한 설명이나 명확한 진술을 하지 않은 부분이다.

물론 이 부분은 야훼께서 모든 상황을 전환하고 시온을 세계평화의 중심으로 세우기 위한 노정을 시작하기 위해 사용하시는 방법과 관련이 있다. 여러분은 이사야가 이러한 전환이 사람의 군사적 행위의 결과가 아니라는 사실 즉, "사람이 휘두르지 않은 칼"에 의한 것임을 분명히 했다는 점을 기억할 것이다. 그러나 그는 하나님의 개입이 지상 전쟁을 수행하는 인물을 통해 이루어질 것임을 명확하게 보여준다. 이 사건의 핵심 인물인 평화의 왕은 영원한 평화의 창조자시지만, 정복왕의 모습으로 나타나셨다.

이와 같이 이사야는 군사적 이미지를 완전히 버리지 않았으나 제2이사야는 이 부분을 급진적으로 바꾸어 향후 우리 연구의 결정적 요소가 될 왕을 소개한다. 제2이사야가 말하는 시온 이야기를 추적함으로써 그가 무엇을 어떻게 했는지 발견해 보자.

제2이사야는 이사야처럼 야훼께서 세상을 위한 계획을 가지고 계시며, 이 계획의 핵심은 시온이라는 사실을 알고 있다.

"나만이 해돋는 곳에서 독수리를 불러오며,

먼 곳에서 내 뜻을 이룰 사나이를 불러온다.

나는 한 번 말한 것은 이루고야 만다.

계획을 세운 것은 그대로 하고야 만다.

마음이 꺾여 승리를 생각할 수 없는 자들아, 내 말을 들어라.

나는 곧 승리한다. 멀지 않았다.

내가 즉시 구원을 베풀리라.

나 시온에 구원을 베풀고

이스라엘에게 나의 영광을 입혀주리라."

〈이사야 46:11-13〉

이사야에게 있어서 이 계획의 첫 단계는 야훼의 기이한 사역, 즉 대적이 하나님의 대리인으로서 시온의 죄를 벌하는 것이었다. 그러나 제2이사야에게 있어서 이 단계는 이미 끝났으며, 그의 위대한 사역의 첫 마디와 기본적 주제는 다음과 같은 하나님의 선언이다.

"위로하여라. 나의 백성을 위로하여라."

너희의 하나님께서 말씀하신다.

"예루살렘 시민에게 다정스레 일러라.

이제 복역 기간이 끝났다고,

그만하면 벌을 받을 만큼 받았다고,

야훼의 손에서

죄벌을 곱절이나 받았다고 외쳐라."

〈이사야 40:1-2〉

제2이사야는 이사야의 해석을 반박하고 있는 것이 아니다. 그는 이스라엘이 징벌을 자초했고 징벌이 필요했으며 실제로 징벌을 받았다는 사실을 알고 있다. 물론 이곳에서 대리인은 앗수르에서 바벨론으로 바뀌었다. 아래 본문에서 "야곱"은 "이스라엘" 대신 사용된 시적 표현에 불과하다.

> 누가 야곱을 노략질당하게 하였느냐?
> 누가 이스라엘을 약탈자에게 내주었느냐?
> 야훼가 아니시고 누구랴!
> 우리는 그를 거역하여 그의 길을 가지 아니하고
> 그의 법을 따르지 아니하였다.
> 그리하여 그가 불길같이 노하시어 참혹한 전화를 퍼부으시고,
> 〈이사야 42:24-25〉

제2이사야는 징벌이 어렴풋이 다가오는 미래적 사건이 아니라 이미 지난 일로 묘사할 수 있으므로, 이사야보다 훨씬 긍정적이고 가벼운 마음으로 접근할 수 있다. 우리는 징벌의 가능성이나 필요성, 또는 정당성을 부인하는 것은 결코 아니지만, 평화의 도래에 대한 신약성경의 묘사를 대할 때 이사야의 관점보다 주로 제2이사야의 관점을 가지고 접근한다는 사실을 알아야 한다.

그러나 이스라엘이 겪은 대참사는 죄에 대한 징벌을 보여줄 뿐만 아니라, 하나님과의 화해라는 더욱 중요한 의미가 있다.

> "두려워하지 마라. 내가 너를 건져주지 않았느냐?
> 내가 너를 지명하여 불렀으니, 너는 내 사람이다.
> 네가 물결을 헤치고 건너갈 때 내가 너를 보살피리니…

나 야훼가 너의 하나님이다.

이스라엘의 거룩한 자, 내가 너를 구원하는 자다."

〈이사야 43:1-3〉

나아가 이 화해는 하나님이 그의 크신 사랑과 은혜로 이스라엘이 범한 모든 반역과 악행을 용서하셨기 때문에 가능해진 것이다.

"도리어 너는 죄를 지어 나의 화를 돋우었고

불의를 저질러 나의 속을 썩였다.

네 죄악을 씻어 내 위신을 세워야겠다.

이 일을 나밖에 누가 하겠느냐?"

〈이사야 43:24-25〉

본문에는 지금까지의 고찰에서 두드러지지 않았던 야훼의 성품의 일면이 드러난다. 제2이사야는 이것을 요약하여 그의 평화에 대한 계획의 초석으로 삼으며, 신약성경은 이 부분을 이어받는다. 이 주제의 발전은 매우 중요하므로 주의해서 살펴보아야 한다.

우리는 여기서 한 가지 직접적인 함축을 끌어낼 수 있다. 즉, 죄를 회개하고 그의 용서와 자비에 의지하여 하나님과 화목하는 길 외에는 진정한 최종적 세계평화는 불가능하며 기대할 수도 없다는 것이다. 하나님과의 관계를 무시하고 평화를 세우려는 어떤 정치적 프로그램도 기껏해야 부분적이고 일시적인 효과밖에 거둘 수 없다.

이사야의 입장에서 이스라엘은 죄와 반역으로 인해 주로 수동적인 역할을 부여받았다. 이스라엘은 징벌을 당한 후 구원을 받아야 했지만, 모든 과정에서 능동적이 아니라 수동적이었다. 그러나 제2이사야는 새로운 가능성을 연다. 즉, 하나님이 이스라엘을 수동적이 되게 하신 것은 이스라엘이 그의 종으로서 능동적으로 행동하게 하기 위해서였다는 것이다.

> "야곱아, 이런 일들을 마음에 새겨두어라.
> 이스라엘아, 너는 나의 종임을 잊지 마라.
> 너는 내가 빚어 만든 나의 종이다.
> 이스라엘아, 나는 결코 너를 잊지 아니하리라.
> 나는 너의 악행을 먹구름처럼 흩어버렸고
> 너의 죄를 뜬구름처럼 날려보냈다.
> 나에게 돌아오너라. 내가 너를 구해 내었다." …
> 야훼께서 야곱을 구해 내시어
> 당신의 영광을 이스라엘에서 빛내셨다.
> 〈이사야 44:21-23; cf. 41:8-9〉

이 본문이나 다른 곳에서 제2이사야는 이스라엘이 수행해야 할 일을 구체적으로 제시하지 않지만, 우리는 나중에 그가 매우 중요한 암시를 던졌음을 발견한다.

이스라엘이 해야 할 일은 야훼의 종이 되는 것이다. 제2이사야는 바벨론에 대해 이사야가 앗수르에게서 보았던 것에 정확히 상응하는 역할을 본다. 즉, 하나님이 인정하시지 않는 나라로서, 그의 도구로 사용된 후 심판을 받아야 한다는 것이다.

내가 나의 백성에게 진노하여

그들, 나의 유산을 천대하여

네 손에 넘겼는데

너는 그들을 가엾게 보기는커녕

노인들에게 묵직한 멍에마저 씌웠다.

'언제까지나 내가 여왕이다.' 하고 흥얼거리다 보니,

이런 일은 염두에도 두지 아니하였고

너의 장래를 걱정하지도 않았었지.

〈이사야 47:6-7〉

그러나 제2이사야의 서술에는 전혀 새롭고 다른 역할을 수행하는 또 하나의 이방 권력이 등장한다. 그는 바사 군대를 이끄는 정복자 고레스다.

가는 곳마다 승리를 거두는 자를

동방에서 일으킨 것이 누구냐?

그에게 민족들을 넘겨주고

제왕들을 굴복시킨 것이 누구냐? …

이런 일을 한 것이 누구냐? …

불러일으킨 것이 누구냐?

나 야훼가 이 일을 시작하였다. …

바로 나다.

〈이사야 41:2-4〉

야훼는 고레스에게 직접 말씀하시며 자신의 목적을 설명하신다.

"나의 종 야곱을 도우라고 내가 뽑아 세운 이스라엘을 도우라고 나는 너를 지명하여 불렀다. 나를 알지도 못하는 너에게 이 작위를 내렸다."〈이사야 45:4〉

야훼는 몇 절 후에 고레스에 대해 더욱 구체적으로 말씀하신다.

"내가 그를 일으켜 승리하게 하였다.
그의 앞길을 평탄하게 닦아준 것도 나다.
그가 나의 도읍을 재건하리라.
포로 된 내 백성을 해방시키리라.
대가도 선물도 아니 받고 해방시키리라.
만군의 야훼가 말한다."
〈이사야 45:13〉

고레스의 경우 한편으로는 이스라엘의 징벌자가 아니라 해방자의 역할을 맡았다는 점에서, 다른 한편으로는 그가 조만간 야훼를 인정할 것이라는 제2이사야의 기대 때문에 앞서의 앗수르나 바벨론 정복자보다 긍정적으로 묘사된다. 그러나 고레스가 야훼를 몰랐다는 사실은 분명히 진술된다. 본문은 이 정복자의 행위가 선한 동기에서 비롯되었으며, 그의 정복 활동은 하나님이 원하시는 것이었다는 앞서의 진술에서 더 나가지 않는다. 앞서 언급한 대로, 하나님은 그들을 인정하시는 것이 아니라 그들을 사용하신 것이다.

그러나 상황이 많이 변했기 때문에 제2이사야에게 있어서 시온의 구원은 이사야 시대의 구원과는 전혀 다른 방식이어야 했다. 이사야에게 있어서 구원은 위기에 처했으나 여전히 존재하고 있던 시온에 대한 최종적 구원이다.

그러나 제2이사야의 경우 완전히 파괴된 시온으로 돌아가 그것을 회복하는 구원이었다. 따라서 제2이사야는 최고의 시적 재능을 발휘하여 시온으로의 귀환을 서술한다.

> 반가워라, 기쁜 소식을 안고
> 산등성이를 달려오는 저 발길이여.
> 평화가 왔다고 외치며, 희소식을 전하는구나.
> 구원이 이르렀다고 외치며
> "너희 하나님께서 왕권을 잡으셨다."고 시온을 향해 이르는구나.
> 들어라, 저 소리, 보초의 외치는 소리.
> 시온으로 돌아오시는 야훼와 눈이 마주쳐
> 모두 함께 환성을 올리는구나.
> 〈이사야 52:7-8〉

이사야 시대에 이미 이스라엘을 위한 하나님의 막판 개입이 이루어졌으므로 제2이사야에게 있어서 이 귀환은 전환점이 되며, 하나님의 시온은 다시 한번 세계평화의 중심으로 향하는 노정에 들어서게 된다.

> 유다의 모든 도시에 알려라. 너희의 하나님께서 저기 오신다.
> 주 야훼께서 저기 권능을 떨치시며 오신다.
> 팔을 휘둘러 정복하시고
> 승리하신 보람으로 찾은 백성을 데리고 오신다.
> 수고하신 값으로 얻은 백성을 앞세우고 오신다.
> 목자처럼 당신의 양떼에게 풀을 뜯기시며,

새끼 양들을 두 팔로 안아 가슴에 품으시고

젖먹이 딸린 어미 양을 곱게 몰고 오신다.

〈이사야 40:9-11〉

본문의 중간에는 제2이사야의 의도적인 배열로 보이는 가장 놀라운 전환
이 이루어진다. 야훼께서 이스라엘과 함께 시온으로 돌아오시는 장면은 전쟁
에서 이긴 정복자가 전리품을 들고 당당히 귀환하는 모습으로 제시된다. 그
러나 이러한 정복자의 이미지를 가진 인물은 갑자기 양 떼와 함께 하는 목자
로 바뀌며, 주제는 온화함에 초점을 맞춘다. 선지자는 이러한 군사적 이미지
로는 이곳에서 일어난 일의 의미를 전달하기에 충분하지 않다는 사실을 알리
고 싶어 하는 것처럼 보인다. 야훼의 용맹한 힘과 그의 부드러운 자비는 동행
한다. 우리가 이 두 가지 요소를 갖추지 않으면, 야훼의 성품을 가진 것이 아니
다. 하나님의 온화하신 면은 그가 장차 어떤 모습으로 임할 것인지에 대해 다
시 한번 보여준다. 그리고 우리는 그때나 지금이나, 평화를 위한 유일한 소망
은 강력함과 온화함을 동시에 지닌 믿음에 있다는 결론을 도출해야 한다.

야훼께서 구해 내신 백성이 돌아올 것입니다.

환성을 올리며 시온으로 돌아올 것입니다.

즐거움이 길이 머리 위를 감돌고,

흥겨움과 즐거움을 주체할 수 없으리니

〈이사야 51:11〉

여기서 제2이사야는 이사야처럼 보편적 평화세계평화를 강조하지 않으며,
대신에 시온의 구원이 새로운 상황으로 접어들고 온 인류가 그것을 경험하

게 될 것이라는 사실을 강조한다. 우리는 두 선지자의 생각이 일치하는 것으로 보아야 한다. 그러나 제2이사야의 경우, 포로지에서 해방되어 시온으로 돌아오는 장면은 열방의 시선을 사로잡는다.

> 야훼께서 만국 앞에서
> 그 무서운 팔을 걷어붙이시니,
> 세상 구석구석이
> 우리 하나님의 승리를 보리라.
> 〈이사야 52:10〉

특별히, 그들이 이 장면에서 구체적으로 보게 될 것은 야훼의 영광, 곧 그의 기적과 선하심과 사랑이다.

> 야훼의 영광이 나타나리니
> 모든 사람이 그 영화를 뵈리라.
> 야훼께서 친히 이렇게 약속하셨다.
> 〈이사야 40:5〉

그러나 가장 중요한 것은 열방이 이 광경을 통해 야훼께 관심을 보이고 그를 알고 즐거워한다는 것이다.

> "나 야훼밖에 누가 있느냐?
> 나는 정의를 세워 구원을 이루는 하나님이니,
> 나밖에 다른 신은 없다.

온 세상 모든 인간들아, 머리를 돌려 나에게로 와서 구원을 받아라.

나만이 하나님, 다른 신은 없다.

내가 나의 이름을 걸어 맹세한다.

내 입에서 나가는 말은 틀림이 없다.

내 말은 반드시 그대로 이루어지고야만다.

그리하여 사람마다 나에게 무릎을 꿇고

모든 민족들이 제 나라 말로 나에게 신앙을 고백하리라."

〈이사야 45:21-23〉

지금까지 살펴본 대로, 제2이사야가 말하는 시온 전승은 이사야의 시온 전승에 대한 변이라고 불려야 할 것이다. 이러한 변이는 대체로 두 선지자가 역사적 배경이 전혀 다른 시대에 활동했기 때문에 생겨난 것으로 보인다. 그러나 이러한 변이 중에서 두 가지 요소, 즉 잘못을 용서하시는 야훼의 온화한 성품과 이스라엘을 자신의 종으로 부르신 사실은 매우 폭넓은 함축을 담고 있다.

그러나 제2이사야와 이사야 사이의 중요한 발전을 보여주는 한 가지 근본적인 차이는 새로운 시온에 영향을 미칠 대리인과 관련된다. 여러분은 이사야에게 있어서 이 인물은 평화의 왕이었다는 사실을 기억할 것이다. 그는 정복왕으로서 싸움에서 이겨 온전한 평화를 쟁취하지만, 그의 행동은 언제나 군사적 메타포로 묘사된다.

그러나 제2이사야의 대리인은 이야기의 구성에 있어서 이사야의 대리인과 정확히 상응하는 위치에 있지만, 이사야의 정복왕과는 정반대의 모습을 보인다. 그는 사실상 '야훼의 고난받는 종'이다.

우리는 제2이사야의 '종' 개념에 대해 조심해서 접근해야 할 필요가 있다. 이 개념은 그만큼 복잡하다. 선지자의 책에는 종과 관련된 본문이 많이 나타난다. 이들 중에 앞서 인용한 일부 본문은 확실히 이스라엘을 종으로 규정한다. 그러나 이 개념을 이스라엘 백성에게 적용할 수 없는 본문도 있으며, 이런 본문은 특정 개인을 염두에 두고 있는 것이 분명하다. 둘 가운데 어느 한쪽, 또는 양쪽 모두에 적용할 수 있는 본문도 있다.

우리는 이런 현상에 대해 제2이사야의 편에서 혼동을 일으켰을 것이라고 생각해서는 안 된다. 우리는 저자가 두 부류의 종을 염두에 두고 있으며, 동시에 양자의 밀접한 관계를 보여주려 한 것으로 이해해야 한다. '이스라엘 종'이 있고 '개인 종'이 있다. 그러나 '개인 종'은 '이스라엘 종'이 귀감으로 삼아야 할 이상적인 종이다. '개인 종'이 수행해야 할 일은 '이스라엘 종'이 부르심을 받은 그 일이다. 따라서 '이스라엘 종'의 사역에 대해 구체적으로 제시하지 않은 제2이사야는 이것으로 그 공간을 채운다.

제2이사야의 자료는 이사야가 다소 모호하게 남겨둔 하나님의 치유 방식을 분명하고 명쾌하게 제시한다는 장점이 있다. 우리는 이사야의 평화의 왕이 시온을 세우기 위해 세계평화를 향한 운동을 시작한다는 사실을 기억한다. 그는 적어도 지상 군대의 용어로 기술된 수단을 통해 그 일을 수행한다. 평화의 왕이 군사적 수단을 통해 승리한다는 사실 자체도 충분히 역설적이지만, 그가 실제적인 인간 왕 다윗의 후손으로 묘사된다는 사실을 알면 연결이 더욱 어려워진다. 그렇다면, 이 승리를 "사람이 휘두르지 않은 칼"에 의한 승리와 연결해보라. 제2이사야의 경우 이러한 연결은 더욱 두드러진다. 다음 본문을 살펴보자.

"여기에 나의 종이 있다. 그는 내가 믿어주는 자,
마음에 들어 뽑아 세운 나의 종이다.
그는 나의 영을 받아

뭇 민족에게 바른 인생길을 펴주리라.

그는 소리치거나 고함을 지르지 않아

밖에서 그의 소리가 들리지 않는다.

갈대가 부러졌다 하여 잘라버리지 아니하고,

심지가 깜박거린다 하여 등불을 꺼버리지 아니하며,

성실하게 바른 인생길만 펴리라."

〈이사야 42:1-4〉

이곳의 종은 이스라엘을 가리킬 수 있지만, 문제는 지금까지 이스라엘을 비롯한 어떤 나라도 조용하고 겸손하며 허세 부리지 않는 성향을 보여준 적이 없다는 것이다. 그러나 이곳에는 한 가지 흥미로운 평행이 발견된다. 즉, 세상에 정의를 세우는 일은 평화의 왕에게 적합한 일처럼 들린다는 것이다. 그러나 이 종이 일하는 방식은 왕의 방식과 전혀 다르다. 여러분은 자신의 소리를 들리게 하지 않고 부러진 갈대를 잘라버리거나 심지가 깜박거리는 등불도 끄지 못할 만큼 유약한 심성을 가진 왕에 대해 들어 본 적이 있는가? 그런 식으로는 왕이 되지 못하거나, 왕좌를 유지할 수 없다.

오늘날 평화 운동가 중에 이 종처럼 거리에서 자신의 소리가 들리지 않게 하려고 조심하는 사람은 거의 없다는 사실을 알아야 한다. 온 세상 신문에 대해 간섭하는 사람들은 제2이사야가 말하는 종을 본받으려고 하지 않는다.

"나 야훼가 너를 부른다.

정의를 세우라고 너를 부른다.

내가 너의 손을 잡아 지켜주고

너를 세워 인류와 계약을 맺으니

너는 만국의 빛이 되어라.

소경들의 눈을 열어주고

감옥에 묶여 있는 이들을 풀어주고

캄캄한 영창 속에 갇혀 있는 이들을 놓아주어라."

〈이사야 42:6-7〉

반복되는 말이지만, 이 말씀도 이스라엘에 적용할 수 있으나 그러기 위해서는 모든 합리적인 기대를 넘어서는 곳까지 그들의 신심을 확장해야 한다. 그러나 "'개인 종'은 '이스라엘 종'이 해야 할 일을 한다." 따라서 이 구절은 양쪽 모두에 적용할 수 있다. 앞의 본문이 종의 '정의' 사역에 대해 언급한 사실에 주목하라. 이곳에서는 '해방' 사역에 대해 언급한다. 둘 다 참된 '평화'의 중요한 조건이다. 승리, 패배, 항복, 협상, 철수, 또는 다른 어떤 방식을 통해 얻었든, 단순한 적개심의 중단만으로는 종이 추구하는 바를 얻을 수 없다. 우리의 평화 노력은 모든 면에서 폭넓어야 한다.

야훼께서 태중에 있는 나를 이미 부르셨고

내가 어머니의 뱃속에 있을 때에 이미 이름을 지어주셨다.

내 입을 칼처럼 날세우셨고

당신의 손 그늘에 나를 숨겨주셨다.

날카로운 화살처럼 나를 벼리시어

당신의 화살통에 꽂아두시고…

야훼께서 나를 지극히 귀하게 보시고

나의 하나님께서 나의 힘이 되어주신다.

야곱을 당신께로 돌아오게 하시려고

이스라엘을 당신께로 모여들게 하시려고
나를 태중에 지어 당신의 종으로 삼으신
야훼께서 이제 말씀하신다.
"네가 나의 종으로서 할 일은
야곱의 지파들을 다시 일으키고
살아 남은 이스라엘 사람을 돌아오게 하는 것으로 그치지 않는다.
나는 너를 만국의 빛으로 세운다.
너는 땅 끝까지 나의 구원이 이르게 하여라."
〈이사야 49:1-2,5-6〉

이곳에서 화자는 종 자신이다. 그는 '개인 종'이 분명하다. 왜냐하면, '이스라엘 종'이 자신을 구원할 자로 부르심을 받았다는 것은 있을 수 없는 일이기 때문이다. 그러나 이것은 본문이 이스라엘도 포함한 언급일 수 있다는 사실을 부인하는 것은 아니다.

이곳에서도 흥미로운 평행을 볼 수 있다. 본문은 날 세운 칼과 날카로운 화살이라는 군사적 용어와 함께 시작하지만, 이곳에 묘사된 속성은 칼과 화살의 속성이라고 보기 어려운 '인내'다. 오늘날 수많은 평화 전사들은 인내심이 부족하기로 유명하다. 자신의 의로운 성급함을 자랑하는 사람들도 있다. 그러나 종의 속성은 인내에 있다. 그는 무슨 일이 벌어지고 있는지 모르는 상황에서조차, 야훼를 신뢰함으로써 소란함 속에서도 잠잠히 기다릴 수 있다.

본문의 후반부는 이사야가 강조한 내용을 강조한다. 이스라엘/시온의 보존 또는 이곳에서처럼 회복은 단지 이스라엘을 구원하는 것으로 끝나지 않는다. 그것은 "땅 끝까지" 이르게 할 구원의 첫 단계일 뿐이다. 마찬가지로, 우리의 관심은 자신의 평화에 그쳐서는 안 된다. 모든 사람이 평화할 때까지 진정한 평화는 없다. 종의 사역은 규모에 있어서 세계적이며, 우리의 사역도 그래야만 한다.

> 주 야훼께서 나에게 말솜씨를 익혀주시며
> 고달픈 자를 격려할 줄 알게 다정한 말을 가르쳐주신다.
> 아침마다 내 귀를 일깨워주시어
> 배우는 마음으로 듣게 하신다.
> 주 야훼께서 나의 귀를 열어주시니
> 나는 거역하지도 아니하고 꽁무니를 빼지도 아니한다.
> 나는 때리는 자들에게 등을 맡기며
> 수염을 뽑는 자들에게 턱을 내민다.
> 나는 욕설과 침뱉음을 받지 않으려고 얼굴을 가리지도 않는다.
> 주 야훼께서 나를 도와주시니, …
> 나는 수치를 당하지 않을 줄 알고 있다.
> 〈이사야 50:4-7〉

여기서도 화자는 종이다. 이 종이 이스라엘을 가리킨다면, 그는 확실히 자신 또는 다른 나라가 지금까지 성취한 것보다 더 많은 것을 요구하고 있다. 종은 학자다. 그는 그들에게 지시하는 선생이 아니라 하나씩 깨우쳐주는 상담사다. 그는 야훼의 말씀에 즉시 귀를 기울이며, 듣는 자들이 잘 알아들을 수 있게 전달한다. 그가 세상의 싸움과 분쟁에 지친 자들에게 전하는 말은 위로의 말씀이다. 징벌과 심판의 말은 들리지 않는다.

오늘날 우리의 평화주의자들은 어떤가? 하나님께 귀를 기울이는 사람이 얼마나 되는가? 조용하고 사려 깊으며 이성적인 가르침에 헌신하는 사람이 얼마나 되는가? 다른 사람을 지치게 만들기보다 "고달픈 자를 격려"해줄 수 있는 사람이 얼마나 되는가?

본문의 후반부는 제2이사야가 어떤 요소를 핵심적이고 결정적인 종의 성품으로 제시했는지 보여준다. 그것은 종의 무저항 정신, 그리고 무조건 '호통치기'보다 끝까지 '참고 받아들이려는' 정신이다. 이것은 그가 야훼의 '고난받는 종'으로 불리기에 합당함을 보여준다. 직후에 진술된 내용은 그의 고난이 어떤 결과를 끌어내었는지를 보여준다.

우리는 본문이 이 종에 대해 "욕설과 침 뱉음"에 대해 직접 맞서거나 플래카드나 지하 신문으로 항거한 자가 아니라, 그러한 고난을 받아들인 자로 제시한다는 사실에 주목해야 한다.

또한 우리는 "주 야훼께서 나를 도와주시니"라는 마지막 구절에 주목할 필요가 있다. 이 종은 자신의 고난 자체가 평화를 가져오는 효과적인 방법이라고 주장하지 않는다. 자신의 고난이 효과를 발휘한 것은 다만 주 야훼께서 곁에서 도우셨기 때문이라는 것이다. 이 개념은 이어지는 본문에서 중요한 사상이 된다.

종에 대한 마지막 본문은 길며 조금씩 살펴보려고 한다.

> 이제 나의 종은 할 일을 다 하였으니,
> 높이높이 솟아오르리라.
> 〈이사야 52:13〉

이 구절은 이 마지막 본문의 결론에 해당한다. 종의 길은 상처와 모욕과 수치와 징계의 길이었으나, 그 길의 종착지는 승리와 지극한 존귀다. 제2이사야는 우리가 증거하고 하는 것이 영광스러운 승리임을 귀띔하려고 한다.

그렇지 않으면, 평화의 왕에 대한 우리의 기대와 워낙 다른 모습으로 제시되기 때문에 이러한 사실을 놓칠 수 있다.

> "무리가 그를 보고 기막혀 했었지. …
> 이제 만방은 그를 보고 놀라지 않을 수 없고
> 제왕들조차 그 앞에서 입을 가리리라.
> 이런 일은 일찍이 눈으로 본 사람도 없고
> 귀로 들어본 사람도 없다."
> 그러니 우리에게 들려주신 이 소식을 누가 곧이들으랴?
> 야훼께서 팔을 휘둘러 이루신 일을 누가 깨달으랴?
> 〈이사야 52:14-53:1〉

　이것은 세상 나라를 대표하는 왕들이 모여 이 종지금은 '개인 종'이 분명하다과 만나는 장면으로 보인다. 그들은 그가 비참한 뜨내기일 것으로 생각했으나, 갑자기 그의 본 모습이 드러난 것이다. "이런 사람이 야훼의 영광과 능력으로 충만한 자가 될 수 있다는 것을 누가 믿겠는가?" 이어지는 본문은 눈앞에서 일어난 놀라운 변신에 놀란 왕나라들의 고백일 것이다.

> 그는 메마른 땅에 뿌리를 박고
> 가까스로 돋아난 햇순이라고나 할까?
> 늠름한 풍채도, 멋진 모습도 그에게는 없었다.
> 눈길을 끌 만한 볼품도 없었다.
> 사람들에게 멸시를 당하고 퇴박을 맞았다.
> 그는 고통을 겪고 병고를 아는 사람,

사람들이 얼굴을 가리고 피해 갈 만큼

멸시만 당하였으므로

우리도 덩달아 그를 업신여겼다.

〈이사야 53:2-3〉

제2이사야는 이 장면을 최대한 추하게 묘사한다. 학자들은 제2이사야가
당시 가장 혐오감을 일으키는 기피 대상이었던 나병환자를 염두에 두었을
것이라는 공감대를 형성한다. 그러나 본문의 서술은 겉으로 드러난 종의 모
습에 초점을 맞추지만, 단순히 신체적 외관에 대한 언급이라면 특별한 의미
가 없을 것이다.

더욱 중요한 것은 제2이사야가 종이 표방한 삶과 행위의 특징에 대해 언
급하고 있다는 사실이다. 왕들이 보인 반응은 그들이 세상 종에게서 기대할
수 있는 것과 전혀 다른 모습을 보았음을 말해준다. 제2이사야의 고난받는
종은 이사야의 평화의 왕과 정반대의 모습으로 제시된 것이다. 많은 사람이
세상의 구주로 가장 먼저 떠올리는 장면은 세속 문학에서 반복적으로 서술
되는 영광스럽고 강력한 왕의 모습이다. 제2이사야가 평화의 왕에서 고난받
는 종으로 바꾼 이유는 매우 중요하다. 그는 하나님의 평화의 나라를 승리로
이끌 대리인이며, 따라서 그의 방법은 곧 하나님이 어떤 방식으로 승리를 위
해 싸우실 것인지를 보여주기 때문이다. 제2이사야가 보여주려는 것은 하나
님의 싸움은 소위 '전혀 다른 방식'으로 전개되리라는 것이다. 즉, 우리가 일
반적으로 생각과는 '싸움'과는 정반대의 방식으로 수행될 것이다.

이 종은 무력을 행사하기보다 연약함을 드러내며, 자랑하기보다 겸손하
며, 공적인 갈채를 받기보다 사회적 거부를 당하며, 대적에 맞서 단호한 공격
을 하기보다 대적의 공격을 받아들이며, 대적을 고통스럽게 하기보다 스스

로 고난을 자처할 것이다.

우리의 머리로는 이해하기 어렵지만, 이것이 싸움의 방식이다. 즉, 하나님은 이러한 방식을 통해 승리를 거두시고 자기 뜻을 이루신다. 왕들의 진술에 이어, 제2이사야는 이런 식의 싸움이 어떻게 수행되는지를 보여준다.

> 그런데 실상 그는 우리가 앓을 병을 앓아주었으며,
> 우리가 받을 고통을 겪어주었구나.
> 우리는 그가 천벌을 받은 줄로만 알았고
> 하나님께 매를 맞아 학대받는 줄로만 여겼다.
> 그를 찌른 것은 우리의 반역죄요,
> 그를 으스러뜨린 것은 우리의 악행이었다.
> 그 몸에 채찍을 맞음으로 우리를 성하게 해주었고
> 그 몸에 상처를 입음으로 우리의 병을 고쳐주었구나.
> 우리 모두 양처럼
> 길을 잃고 헤매며 제멋대로들 놀아났지만,
> 야훼께서 우리 모두의 죄악을
> 그에게 지우셨구나.
> 〈이사야 53:4-6〉

오늘날 우리는 이 종의 고난이 전문 용어로 '대속의 고난'임을 알고 있다. '대속'vicarious은 '대신함'이라는 의미의 라틴어에서 유래했다. '대속의 고난'은 다른 사람의 잘못으로 그가 마땅히 받아야 할 고난을 자신이 대신 받는다는 것이다. 앞서 왕들은 종이 자신의 죄 때문에 천벌을 받았다고 생각하여 그를 멸시했으나, 왕들 자신이 받아야 할 고난을 그가 대신 받음으로써 그들이 이 고난을 면했다는 사실을 갑자기 깨닫는다. 그들은 그를 증오했으나, 그는 그들을 위해 가장 큰 사랑을 베푼다. "그 몸에 채찍을 맞음으로 우리를 성하게 해주었고" 따라서 우리는 야훼께서 치시면서 치유하신다는 이사야의 언급에 담긴 의미를 깨닫는다.

> 그는 온갖 굴욕을 받으면서도
> 입 한번 열지 않고 참았다.
> 도살장으로 끌려가는 어린 양처럼
> 가만히 서서 털을 깎이는 어미 양처럼
> 결코 입을 열지 않았다.
> 그가 억울한 재판을 받고 처형당하는데
> 그 신세를 걱정해 주는 자가 어디 있었느냐?
> 그렇다, 그는 인간 사회에서 끊기었다.
> 우리의 반역죄를 쓰고 사형을 당하였다.
> 폭행을 저지른 일도 없었고
> 입에 거짓을 담은 적도 없었지만
> 그는 죄인들과 함께 처형당하고,
> 불의한 자들과 함께 묻혔다.
> 〈이사야 53:7-9〉

종은 고난 받을 때 어떻게 행동했는가? 그는 사람들의 시선을 끌거나 시늉을 하지 않고 "가만히 있었다". 그러나 지금은 확실히 언론과 방송을 통해 순교를 연기하는 시대가 되었다. 그는 자신이 당한 불의에 대해 떠벌리지 않고 "가만히 있었다". 이 불의는 박해자들 스스로 깨닫는다. 종이 지적해서 불의를 깨닫기보다 스스로 깨닫는 것이 효과가 크다. 그는 자신을 박해한 자나 하나님을 향해, 불평하거나 저항하거나 고발하지 않고 "가만히 있었다".

그는 얼마나, 또는 어느 정도, 침묵하며 고난 받으려 했는가? 죽기까지다. 이것은 죽기 직전에 멈춘다는 뜻이 아니라, 죽음 자체를 대속적 고난의 일부로 받아들인다는 것이다.

종의 죽음은 그의 고난을 통해 일어나고 있는 일을 이해하는 데 중요한 요소가 된다. 이 고난을 통해, 하나님을 대적했던 왕들은 화해하고 하나님을 발견하며, 모든 갈등은 끝난다. 그러나 대속적 고난은 누구나 그런 방법을 사용하면 대적을 이기고 의로운 승리를 거둘 수 있다는 것은 아니다. 어쨌든 종은 죽었다. 그러나 한쪽 당사자를 제거하는 방식의 화해는 바람직한 것이 아니다. 대속적 죽음은 하나님 자신이 개입하실 때만 '효력'을 가진다. 그는 패배로부터 승리를 쟁취할 능력이 있기 때문이다.

> 야훼께서 그를 때리고 찌르신 것은 뜻이 있어 하신 일이었다.
> 그 뜻을 따라 그는 자기의 생명을 속죄의 제물로 내놓았다.
> 그리하여 그는 후손을 보며 오래오래 살리라.
> 그의 손에서 야훼의 뜻이 이루어지리라.
> 그 극심하던 고통이 말끔히 가시고 떠오르는 빛을 보리라.
> 나의 종은 많은 사람의 죄악을 스스로 짊어짐으로써
> 그들이 떳떳한 시민으로 살게 될 줄을 알고 마음 흐뭇해 하리라.
> 〈이사야 53:10-11〉

이 시점에서 제2이사야의 언어는 명료함이 떨어진다. 분명한 것은 이 사건이 종의 행위를 완전히 넘어섰으며, 야훼께서 직접 치유하고 신원하시는 행위를 통해 마무리해주시기를 요구한다는 것이다. 부활이나 그와 유사한 어떤 것만이 유일한 가능성으로 보인다. 그러나 어쨌든 종은 하나님의 뜻에 순종하여 자발적으로 고난 당하고 죽었다. 그는 하나님이 자신의 순종을 선하게 사용하실 수 있으며, 또한 그렇게 하실 것으로 믿었다. 하나님은 실제로 그렇게 하셨다. 종은 하나님과의 협력적 행위를 통해 의로움을 인정받았으며, 그가 고난을 대신 받은 많은 사람도 그러할 것이다.

> 나는 그로 하여금 민중을 자기 백성으로 삼고
> 대중을 전리품처럼 차지하게 하리라.
> 이는 그가 자기 목숨을 내던져 죽었기 때문이다.
> 반역자의 하나처럼 그 속에 끼여
> 많은 사람의 죄를 짊어지고
> 그 반역자들을 용서해 달라고 기도했기 때문이다.
> 〈이사야 53:12〉

이러한 결론과 함께 제2이사야는 우리를 원래의 출발점으로 데려간다. 그는 거룩한 전쟁의 군사 용어로 돌아가, 정복자의 보상에 대해 언급한다. 종은 명예의 전당에서 위대한 왕들 및 영웅들과 함께 존귀함을 받을 것이다. 그는 자신의 탈취물 가운데 자신의 몫을 받을 것이다. 그는 어떻게 이러한 존귀함을 누리기에 합당한 자가 되었는가? 대적을 진멸했기 때문인가? 아니다. 그는 죽음을 자초했을 뿐이다. 범죄자들에게 자신의 의를 주장했기 때문인가? 아니다. 그는 반역자의 하나처럼 헤아림을 받았다. 악한 자들에게 죄에 대한 책임을 물었는가? 아니다. 그는 그들의 죄를 대신 지고, 그들을 위해 기도했다. 제2이사야가 이 절에서 '다른 방식의 전쟁'의 역설에 대해 가능한 한 강력히 표현하려고 했다는 데에는 의심의 여지가 없다. 종의 싸움은 우리가 말하는 '싸움'과 다르지만, 그의 '승리'는 모든 면에서 확실한 승리다.

이사야의 평화의 왕이 이스라엘의 왕을 모델로 삼는다는 것은 분명하다. 그는 이상적인 왕이다. 마찬가지로, 학자들은 제2이사야의 고난받는 종이 이스라엘의 선지자를 모델로 삼는다고 생각한다. 그는 이상적인 선지자다.

물론 오늘날 그리스도인은 둘 다 예수 그리스도를 가리키며, 그를 통해 성취되었다고 생각한다. 그러나 두 선지자가 각자의 비전이 공통적 초점을 가지고 있다고 생각했는지는 정확히 알 수 없다. 우리가 아는 한, 선지자 시대부터 그리스도 시대까지 두 가지 묘사를 모두 적용할 수 있는 인물은 없는 것으로 보인다. 여기에 해당하는 인물은 예수 그리스도뿐이시다. 말하자면, 예수는 두 가지 흐름을 자신에게 끌어오기 시작했으며, 초기 그리스도인은 처음으로 그에게서 두 요소를 발견할 수 있었다.

그러기 위해서는 약간의 해석학적 작업이 필요하다. 이사야의 정복왕은 그리스도의 직무를 설명하기 위해 사용되며, 제2이사야의 고난받는 종은 그가 직무를 수행하기 위해 사용하는 방법이나 내용을 서술하기 위한 것이다. 이 과정에서 이사야의 인물에 대해서는 영적인 해석이나 의역이 필요하다. 예수는 실제적인 지상 왕으로 오시거나 그들과 같은 방식으로 승리하지 않으셨기 때문이다.

그러나 두 선지자는 우리에게 이러한 해석학적 작업을 허락하는 것처럼 보인다. 이사야는 지상적, 군사적, 왕적인 정복자에 대해 서술하면서도, "사람이 휘두르지 않은 칼"과 온 세상의 평화와 사랑을 위한 승리에 대해 언급하고 싶어 한다. 그는 인간의 군사적 행위로는 이러한 승리를 쟁취할 수 없다고 믿는다. 제2이사야는 가장 비군사적인 인물에 대해 서술하면서도, 왕적이고 군사적인 이미지를 자신의 서술에 삽입한다.

그러나 우리는 여기서 한 가지 더 알아야 할 것이 있다. 그것은 제2이사야가 '다른 방식의 전쟁'에 대해 언급할 때, 반드시 야훼의 특별한 대리인인 '개인 종'과 연결한다는 것이다. '다른 방식의 전쟁'은 하나님이 특별한 최종적 승리를 위해 사용하시는 방식이 분명하다. 그러나 제2이사야는 이 방법을 그 이상의 광범위한 대상에게 적용하지 않는다. 그는 독자들에게 이 방법을 사용해야 한다고 가르치거나 암시하지 않는다. 그러나 아마도 그는 그런 의도가 있었을 것이다. 그의 서술은 '이스라엘 종'과 '개인 종'을 포함하며, 두 요소는 의도적으로 밀접하게 연결되거나 중복된다는 사실을 상기해보라. 그러나 우리는 '이스라엘 종'의 특별한 역할과 절차에 대해 어떤 통찰력도 가지고 있지 않다. '이스라엘 종'이 '개인 종'의 사역에 동참해야 한다는 것 외에 어떤 결론을 끌어낼 수 있는가?

제2이사야의 개념은 역사적으로 시행되었는가? 그렇다고 대답할 수도 있고, 아니라고 대답할 수도 있다. 달리 정확하게 대답할 방법은 없다. 그렇다: 제2이사야는 바사의 고레스가 바벨론을 정복한 후 유다 포로민을 해방시켜 예루살렘으로 돌아가게 할 것이라는 사실을 정확하게 알았다. 귀환은 실제로 이루어졌다. 아니다: 이 귀환은 열방의 관심을 사로잡을 만큼 대단하고 영광스러운 귀환으로 볼 수 없으며, 하나님께로 돌아감으로써 역사를 새롭게 쓰지 못했다. 사실상 그것은 평범하고 초라한 귀환이었다. 더구나 이스라엘은 신앙을 지키고 구약성경을 편찬하며 인간사회에 크게 이바지했으나, 야훼를 섬기는 종으로서는 특별한 족적을 남기지 못했다. 물론, '개인 종'은 제2이사야가 분명하게 기대한 대로 포로지에서의 귀환을 전후한 복잡한 사건들의 한 부분으로 등장하지 않는다.

그렇다: 이사야의 비전에서 살펴보았던 것처럼, 선지자가 예언한 방법대

로 또는 예언할 시점에 이루어지지 않았다고 해서 그의 통찰력에 문제가 있는 것은 아니다. 우리의 이야기는 아직 끝나지 않았으며, 제2이사야의 최종적 사상에 대해서도 듣지 못했다.

앞서 살펴본 장에서와 마찬가지로, 여기서도 나중을 위해 간략한 설명이 필요해 보인다. 우리는 지금까지 이사야 40-55장을 통해 제2이사야의 시온 전승을 발전시켜왔으나, 이사야서에는 56-66장의 자료도 들어 있다. 학자들은 이 단원이 제2이사야의 자료인지, 일부만 제2이사야의 자료인지, 제3이사야로 불리는 또 한 명의 선지자의 자료인지, 후기 선지자들의 문집인지에 대해 공감대를 형성하지 못하고 있다. 우리의 작업에는 이 자료가 필요치 않기 때문에 이 문제에 대해서는 개입하지 않을 것이다. 그러나 이 단원에 대한 간략한 고찰은 우리가 살펴볼 다음 주제에 도움이 될 것이다.

이사야 55-66장은 시온 전승의 개념과 용어로 가득하며, 형식은 제2이사야보다 이사야의 문체를 떠올리게 한다. 이 단원에는 자발적이거나 대속적인 고난이 전혀 나타나지 않으며 종 개념에 대한 언급도 거의 없다. 이곳에는 이사야보다 거룩한 전쟁에 관한 언급이 더 많이 나타나며 사용되는 용어는 훨씬 거칠다.

이 단원에는 시온을 구원하기 위한 막판 개입과 관련된 사상이 드러나지만, 어조는 다르다.

성실함이 종적을 감추고
악에서 발을 뺀 자가 도리어 약탈당하는 세상,
이다지도 공평하지 못하여
야훼께서 눈을 찌푸리시지 않을 수 없는 세상,

그의 눈엔 사람다운 사람 하나 보이지 아니하고,

중재하는 사람 하나 보이지 않으니 기막힐 수밖에,

그리하여 야훼께서는 당신의 팔만 믿고,

당신의 정의만을 집고 일어서신다.

몸을 감싼 갑옷에선 정의가 뻗어나고

머리에 쓴 투구에선 구원이 빛난다.

몸을 감은 속옷에는 응징이 숨어 있고

그 걸친 겉옷에선 열성이 흩날린다.

사람의 소행대로 갚으시고

적들에게 진노하시어 원수를 갚으시리라.

해 지는 곳에 사는 사람들이 야훼의 이름을 두려워하고,

해 뜨는 곳에 사는 사람들이 그의 권위 앞에서 떨리라.

밀어닥치는 강물처럼 그는 오신다.

야훼의 콧김에 밀려오는 강물처럼 오신다.

시온을 구하시러 오신다.

죄를 뉘우치고 돌아오는 야곱의 후손을 구하시러 오신다.

야훼의 말씀이시다.

⟨이사야 59:15-20⟩

마찬가지로, 구속함을 받은 시온이 나라들의 관심을 받게 될 것이라는 개념이 다시 한번 분명히 진술된다.

일어나 비추어라.

너의 빛이 왔다.

야훼의 영광이 너를 비춘다.

온 땅이 아직 어둠에 덮여,

민족들은 암흑에 싸여 있는데

야훼께서 너만은 비추신다.

네 위에서만은 그 영광을 나타내신다.

민족들이 너의 빛을 보고 모여들며

제왕들이 솟아오르는 너의 광채에 끌려오는구나.

〈이사야 60:1-3〉

하지만 이곳의 본문은 이스라엘이 이 나라들을 다스릴 것이며 종으로 삼을 것이라고 말한다.

그러나 이 장들 가운데 가장 중요한 본문은, 종으로 불리지는 않지만 그와 유사한 인물에 대한 진술이다. 이 진술은 "그는 나의 영을 받아… 소경들의 눈을 열어주고 감옥에 묶여 있는 이들을 풀어주고"이사야 42:1, 7라는 제2이사야의 진술에 바탕을 두고 확장된 것으로 보인다. 본문의 진술은 다음과 같다.

주 야훼의 영을 내려주시며

야훼께서 나에게 기름을 부어주시고

나를 보내시며 이르셨다.

"억눌린 자들에게 복음을 전하여라.

찢긴 마음을 싸매 주고, 포로들에게 해방을 알려라.

옥에 갇힌 자들에게 자유를 선포하여라.

야훼께서 우리를 반겨주실 해,

우리 하나님께서 원수갚으실 날이 이르렀다고 선포하여라."

〈이사야 61:1-2〉

위 본문의 마지막 절은 제2이사야에게서 발견할 수 있는 내용과 어울리지 않으며, 신약성경은 이 본문을 인용하면서 이 구절을 생략한다.

신약성경으로 넘어가기 전에 우리가 어디까지 이르렀는지 살펴보자. 창세기는 우리에게 싸움과 분쟁은 사람이 발레리나의 마음가짐을 가지고 야훼와 함께 싸우지 않고, 자신의 방식대로, 자신의 목적을 위해 싸우려 하므로 발생한다는 사실을 보여준다. 그것은 자신의 안전을 위한 처소를 세우는 행위다. 여호수아-사사기는 우리에게 유일한 치유는 사람이 야훼의 전쟁에 동참하려는 확고하고 훈련된 노력을 기울이고 전적으로 그의 인도하심을 받는 것임을 보여준다. 여호수아-사사기는 이 일을 하기 위해서는 진지하고 정직한 노력이 필요하지만, 우리의 노력은 충분하지 않을 것이라는 사실을 계속해서 지적한다.

이사야는 이러한 실패에 대해 언급하면서, 사람이 싸우는 방식은 잘못되었으므로 하나님의 전쟁에 아무런 도움도 되지 않는다는 사실을 지적한다. 끝으로, 제2이사야는 우리에게 하나님이 싸우시는 방식은 우리의 생각과 다르다는 사실을 알려주며, 사람이 이 전쟁에서 다시 한번 역할을 맡을 가능성을 열어준다.

창세기부터 제2이사야까지 제시된 논증의 각 단계는 이전 단계를 진리의 발판으로 삼아 다음 단계로 도약할 것을 요구한다. 동시에, 각 단계는 진리를 완성하기 위해 또 하나의 높은 단계를 요구해왔다. 우리의 다음 단계는 신약성경에 대한 고찰과 함께 이루어지며 이론에서 실제로, 약속에서 성취로 이어질 것이다.

5

골고다의 승리

> 그리고 십자가로 권세와 세력의 천신들을 사로잡아 그 무장을 해제시키시고
> 그들을 구경거리로 삼아 끌고 개선의 행진을 하셨습니다.
>
> 〈골로새서 2:15〉

우리 논쟁의 핵심 부분인 5장은 예수의 역사, 특히 그의 죽음과 부활에 대해 다룬다. 다음 장은 비교적 짧고 쉽지만, 전쟁과 평화에 대한 예수의 교훈에 대해 다룰 것이다. 세심한 독자라면 이러한 순서가 연대기적으로나 강조점에 있어서 크게 잘못되었다고 생각하겠지만, 우리는 이런 순서로 전개할 것이다.

"그러나 예수께서 가르치신 것은 확실히 십자가에 못 박히시거나 부활하시기 전의 일이다!"

물론이다. 그 부분에 대해서는 이견이 없다. 그러나 우리가 가지고 있는 신약성경은 직접적이고 축자적인 '예수의 가르침'이 아니라, 초기 그리스도인들을 통해 전달된 예수의 교훈에 대한 '프레젠테이션'이다. 그리고 이 프레젠테이션은 전적으로 하나님의 그리스도, 곧 죽으시고 부활하신 주님의 교훈으로 제시된다. 신약성경 저자들의 관심은 그들이 생애를 기록하고 있는 이 예수가 '누구신가'에 가장 우선적인 초점을 맞추며, 그리고서 그가 '무엇을' 가르치셨는지에 대해 조명한다.

"그러나 그리스도인이 주장하는 평화는 예수의 교훈에 기초하며, 따라서 그것에 가장 중요한 강조점을 두어야 한다."

아마도 그럴 것이다. 그러나 많은 책이 다른 주장을 할지라도 나는 그렇게 생각하지 않는다. 그런 식이면 예수는 단지 '윤리적 교훈 가운데 하나로서 평화'를 가르치는 위대한 도덕 교사로 비치기 쉽다. 그러나 안타깝게도 이런 윤리적 교훈은 그리스도인이든 비그리스도인이든 우리의 호감도에 따라 얼마든지 취사선택할 수 있다. 윤리적 교훈이 마음에 들지 않을 경우 대충 둘러대 버리면 끝이다. 그러나 이런 취사선택은 결국 복음 자체를 거부하지 않는 한 평화를 버릴 수 없는 결과로 이어질 것이다. 다행스럽게도 다음 장에서 다룰 예수의 교훈은 인간의 생리학에 대한 연구가 결국 '생존을 위해서는 호흡해야 한다'는 명확하고 필연적인 결론으로 이어질 수밖에 없는 것처럼 그만큼 명확하고 필연적인 결론적 교훈이라는 것이다.

여러분이 원한다면 이 장을 건너뛰고 다음 장부터 읽을 수도 있겠지만, 순서대로 읽는 것이 이치에 맞다.

이 장의 논제는 구약성경의 거룩한 전쟁/시온 전승이 신약성경 그리스도인이 예수의 역사와 그의 죽음과 부활에 대해 통찰할 수 있는 틀을 제공한다는 것이다. 그들은 이러한 틀을 통해 하나님이 그리스도를 통해 세상을 위해 하신 일과 하고 계신 일과 앞으로 하실 일을 깨닫는 통찰력을 가지게 될 것이다.

어떤 면에서 우리의 관점은 지금까지와는 완전히 바뀌었다고 할 수 있다.

지금까지 살펴본 장들이 '약속'이라면, 이 장은 '성취'다. 지금까지 살펴본 장들이 당시의 상황을 고려한, 그러나 본질적으로는 앞으로 일어날 것으로 기대하는 일들에 대해 다룬 '전망'이라면, 이곳은 이미 성취된 사실과 진행 중인 사건들의 실재와 의미를 찾는 '해석과 적용'이다. 신약성경은 "그 일이 일어나고 있다"는 선포를 가장 중요한 요소로 제시한다. 마태복음마태오의 복음서은 이 선포를 다음과 같이 진술한다.

> "그러나 너희의 눈은 볼 수 있으니 행복하고 귀는 들을 수 있으니 행복하다. 나는 분명히 말한다. 많은 예언자들과 의인들이 너희가 지금 보는 것을 보려고 했으나 보지 못하였고 너희가 지금 듣는 것을 들으려고 했으나 듣지 못하였다."〈마태복음 13:16-17〉

그러나 단순한 적용만으로는 충분치 않다. 단지 예수께서 시온의 전승을 성취하셨다는 진술만으로는 문제의 핵심에 이를 수 없다는 것이다. 우리는 앞에서도 이러한 전승이 새로운 계시와 통찰력을 수용하기 위해 어떤 조정을 거치며 발전되어 왔는지 살펴보았다. 예수의 역사에 일어난 일들도 옛 전승의 영광스러운 약속들까지 '지금 벌어지고 있는 일의 정확한 의미'를 위해 더욱 확장되지 않으면 안 될 만큼 대단한 사건들이다. 우리는 이 과정에서 어떤 조정이 있었는지에 대해 특별한 관심을 기울일 것이다.

그러나 우리의 방식은 전문적인 성경 연구인 척하지 않을 것이다. 그럴 경우, 복음서에서 인용하는 증거마다 "이것은 누구의 사상인가? 예수의 사상인가? 복음서의 기초가 되는 초기 전승의 사상인가? 복음서 저자 자신의 생각인가?"라는 질문을 계속해서 던져야 할 것이다. 그러나 우리는 자신의 역사를 시온 전승에 비추어 해석하는 방식을 예수께서 먼저 시작하셨다는 명확한 증거를 가지고 있음에도 불구하고, 누구의 자료인지를 따지지 않고 다만 신약성경 시대의 언급이라는 사실까지만 확인할 것이다. 마찬가지로, 바울바울로 문학을 다룰 때도 누가, 언제, 무엇을 썼느냐라고 하는 복잡한 문제에 끼어들지 않고, 전체를 한 덩어리로 묶어 "바울"을 저자로 볼 것이다.

끝으로 우리는 성경의 모든 증거를 인용하려고 노력하지 않을 것이다. 우리는 중요한 사상의 패턴에 기여하거나 이전 통찰력에 대한 중요한 수정이거나 우리의 연구 주제인 평화와 관련된 자료만 선택적으로 사용할 것이다. 또한 우리는 논제를 입증하기 위해 애쓰기보다 해석 방법을 모색하는 데 집중할 것이다.

신약성경에서 이루어진 가장 우선적이고 중요한 조치는 제2이사야의 고난받는 종과 이사야의 평화의 왕을 결합한 것이다. 우리는 앞서 두 선지자가 이 방향을 지향해 왔다는 사실을 살펴보았다. 그러나 우리는 이사야와 제2이사야가 유대 사상가들이 두 선지자의 동행을 생각조차 할 수 없을 만큼 다르다는 사실도 확인했다.

하지만 신약성경 전승이 전혀 다른 지류의 두 사상을 의도적으로 결합했을 것이라는 생각은 잘못된 것이다. 오히려 구약성경의 두 선지자가 '메시아라는 같은 종'을 염두에 두었을 것이라고 보는 것이 바람직하다. 이러한 관점은 특히 누가행전누가복음/루가의 복음서와 사도행전은 같은 저자에 의해 기록된 한 권의 책이다에 잘 나타난다. 누가행전의 네다섯 군데에는 이러한 사례를 확인할 수 있는 선지자들에 대한 언급이 나타난다.

> "하나님께서는 모든 예언자의 입을 빌려 그리스도가 고난을 받을 것이라고 말씀하셨는데 그 말씀이 미리 예언하신 대로 이루어진 것입니다. 그러니 여러분은 회개하고 하나님께 돌아오시오. 그러면 하나님께서 여

러분의 죄를 깨끗이 씻어주실 것이며 여러분은 주께서 마련하신 위로의 때를 맞이하게 될 것입니다. 그 때 주께서는 여러분을 위하여 미리 정하신 그리스도를 보내주실 것입니다. 예수가 곧 그분이십니다. 예수께서는 만물을 새롭게 하시는 그 때가 오기까지 하늘에 계셔야 합니다. 이것은 하나님께서 오래 전부터 당신의 거룩한 예언자들의 입을 빌려 말씀하신 대로입니다."〈사도행전 3:18-21〉

이 본문은 시온 개념으로 가득하다. 신약성경에서 "메시아" 그리스도 또는 인자는 이사야의 요소와 제2이사야의 요소를 결합한 인물을 가리킨다.

이러한 결합은 이전 사상으로부터 근본적으로 떠나 있음에도 불구하고, 쉽게 이루어졌다. 이처럼 결합이 쉽게 이루어질 수 있었던 이유는 부분적으로 초기 기독교 사상가들이 우리처럼 역사적 차이나 발달상의 차이를 구별하지 않았기 때문이다. 그들은 이사야서나 제2이사야서, 또는 제3이사야서의 차이를 전혀 인식하지 않았다. 사실 그들은 선지서 간의 차이에 대해 거의 또는 전혀 관심을 두지 않았다. 신약성경에서 흔히 볼 수 있는 서술 방식 가운데 하나는 저자가 "예언서에[선지자의 책에 기록된 바]"라고 언급하고는 여러 선지서로부터 발췌한 인용문을 나열하는 것이다. 중요한 것은 신약성경 저자들이 어떤 식으로 구약성경을 인용하든 그들이 인용하는 본문은 언제나 '시온 전승'이라는 것이다.

따라서 우리가 다루는 것은 '거룩한 전쟁/시온 전승'이 분명하지만, 이전 단계의 내용과는 확실히 다르다. 이것은 미시시피강이 미주리강, 일리노이강, 오하이오강과 마주친 후에 이어지는 하류는 원래의 미시시피강과 전혀 다른 강임에도 불구하고, 합류한 후의 미시시피강 하류를 "미주리-일리노이-오하이오 미시시피강"으로 부르지 않고 여전히 "미시시피강"으로 부르는 것과 마찬가지다.

그러나 신약성경의 그리스도인은 어떻게 유대교 조상들이 도저히 불가능할 것으로 생각했던 합류결합를 그처럼 쉽게 받아들일 수 있었는가? 그리스도인이 그들보다 더 영리했기 때문인가? 그렇지 않다. 그것은 예수의 역사가 이전에는 생각할 수도 없었던 합류의 가능성 - 실제성-을 드러내었기 때문이다. 이러한 차이는 예수의 역사와 시온 전승이 처음부터 끝까지 어떤 관계를 형성하는지를 보여준다. 시온 전승을 상수로 놓고 예수의 역사를 억지로 맞추는 관계가 아니다. 도리어 예수의 역사를 주어진 것으로 받아들이면, 시온 전승이 그 과정에서 변형되거나 수정되어야만 하더라도 예수의 역사를 해석하는 데 사용될 수 있다.

시온 전승은 특정 인용문만 어떻게든 입증하면 다른 입증은 필요 없을 만큼 확실한 전제가 되는 방식으로 기독교 복음을 돕는다. 예를 들면, 신약성경은 우리가 앞서 살펴본 창세기와 여호수아-사사기로 거슬러 올라가서, 예수께서 모든 면에서 하나님 아버지에 대해 온전한 발레리나의 임무를 수행하신다고 가정한다. 그 결과, 예수께서 싸움의 과정에서 무슨 행동을 하시든 그것은 곧 거룩한 전쟁의 진정한 의미가 된다. 여호수아-사사기의 통찰력은 모두 예수를 배경으로 이해되어야 하며, 여호수아-사사기의 통찰력이 토대가 되는 반대의 경우는 불가하다.

데이비스W. D. Davies는 신약성경의 기본적 용어인 "복음"좋은 소식의 기원은 이사야 52:7 이하로 거슬러 올라가야 한다고 주장한다. 따라서 초기 그리스도인에게 이 단어는 하나님이 시온을 통해 평화와 정의의 새로운 질서를 세우기 위한 싸움에서 승리하심을 가리킨다. 이처럼 "복음"이라는 단어는 시온 전승의 열매다.

마찬가지로 모든 자료가 이구동성으로 예수의 설교와 가르침과 사역의 핵심이라고 말하는 "하나님의 나라" 개념은 온 세상이 평화와 화합과 번영의 복을 주시는 야훼를 인정하는 시대가 도래할 것임을 보여주는 시온의 모습과 정확히 일치한다. 신약성경의 서술은 선지자의 서술처럼 좁은 의미의 지리적, 정치적, 물질적 용어가 아니지만, 전자가 후자에 기초한다는 데에는 의심의 여지가 없다.

그러나 시온 전승은 특히 예수의 죽음과 부활을 해석하는 틀을 제공하며, 이런 기여는 매우 중요한 의미가 있다.

신약성경 역시 죽음과 부활에 대한 통찰력을 위한 다른 모델들을 제공한다. 이들은 소위 '개인적 속죄' 모델로 불리는 몇 가지 그룹으로 분류할 수 있다. 이 분류는 다음과 같다. 1 희생 모델. 이 모델은 구약성경 제의에 기초한 개념으로서, 예수의 죽음을 속죄를 위한 희생으로 본다. 2 속죄 모델. 이 모델은 종에게 자유를 주기 위해 주인에게 값을 지급하는 법적 행위에서 나온다. 예수의 죽음은 죄인에게 자유를 주기 위해 지불한 속죄금으로 이해된다. 3 칭의 모델. 이 모델은 법정 상황을 가정하며, 예수의 죽음을 판사로부터 피고인에 대한 무죄선고를 끌어내는 행위로 본다.

성경에는 이 세 가지 모델이 발견되며, 우리는 이들의 존재나 가치를 부인할 생각이 없다. 그러나 신약성경을 읽어보면 시온 모델이 세 가지 모델 - 또는 세 가지 모델을 합친 것- 보다 훨씬 광범위하고 지배적으로 사용된다는 사실을 알 수 있다. 그뿐만 아니라 시온 모델은 다른 모델에서 찾아볼 수 없는 장점도 가지고 있다.

세 가지 개인 속죄 모델은 예수의 사역을 1대1 계약 방식으로 포괄적으로 제시하며, 모든 초점은 그가 나를 위해 무슨 일을 하셨느냐에 맞추어진다. 시온 모델은 개인적 요소를 부인하지 않으나 "그를 찌른 것은 우리[각자]의 반역죄요"

메시아의 승리가 나라들을 포함하며 변화된 세상까지 이어질 것이라는 사실을 인정한다.

개인 속죄 모델은 단지 두 개의 역사적 순간, 즉 예수의 죽음과 그것의 유익을 받아들이는 신자의 믿음에 초점을 맞추는 경향이 있다. 그러나 시온 모델은 예수의 전 생애, 그의 현재적 주 되심, 그리고 그를 통해 일어난 일 등, 일련의 역사 전체를 다룬다.

개인 속죄 모델은 그것 자체로 완성되고 끝난 행위를 제시한다. 그러나 시온 모델은 장차 일어날 일에 대해서도 다룬다.

개인 속죄 모델은 예수의 죽음에 초점을 맞추며, 그의 부활의 당위성에 대해서는 물론 부인하는 것은 아니지만 어떤 논거도 제시하지 않는다. 그러나 시온 모델은 부활을 당위성을 제시하며, 그것이 십자가와 전적으로 불가분리의 관계에 있음을 보여준다.

개인 속죄 모델은 신자를 예수의 사역을 받아들이기만 하는 수동적 존재로 서술한다. 그러나 시온 모델은 신자를 이 사역의 일원으로 징집한다.

끝으로, 개인 속죄 모델에는 우리의 목적에 매우 중요한 요소인 세계평화와 그것에 대한 우리의 책임에 대한 특별한 함축이 나타나지 않는다. 그러나 시온 모델에는 분명한 진술이 나타난다.

시온 모델은 종의 대속적 고난에 대한 강조와 함께 다른 모델이 제공하는 요소도 부족함 없이 제공한다. 또한 이 모델에는 우리를 더욱 풍성하게 할 요소도 많이 포함되어 있다. 그렇다면 신약성경 시대 이후 기독교 교리가 이런저런 이유로 배타적인 개인 속죄 모델만 강조하고 시온 모델은 잊어버린 것이 얼마나 안타까운 일인지 모른다. 신약성경 자체는 훨씬 조화로운 균형을 이루고 있으며, 우리의 연구는 이러한 균형을 향해 거슬러 올라가는 노력을 기울일 것이다.

이제 몇 개의 텍스트에 대한 고찰을 시작하고자 한다. 다시 한번 말하지만 우리는 타당한 증거를 모두 수집하려 하지 않았다. 우리가 전혀 인용하지 않은 성경각권이 있다면 시온에 대한 언급이 없어서가 아니라 핵심 사상을 전달하기에 용이한 다른 자료를 사용했기 때문이다. 우리는 누가행전과 함께 시작할 것이다.

누가루가는 임박한 예수의 탄생을 다룬 자신의 복음서의 서두에서 한두 사람의 입을 통해 상당한 양의 찬양 자료를 제시한다. 이 자료는 구약성경 선지서의 형식을 의식한 것으로 보이며 거룩한 전쟁, 시온 사상이 두드러지게 나타난다. 본문에 나타난 이러한 특징은 누가가 의도적으로 구약성경의 시온 전승에서 자신이 할 이야기로 넘어가는 연결고리를 만들고 싶어 했음을 보여준다.

"그 아기는 위대한 분이 되어 지극히 높으신 하나님의 아들이라 불릴 것이다. 주 하나님께서 그에게 조상 다윗의 왕위를 주시어 야곱의 후손을 영원히 다스리는 왕이 되겠고 그의 나라는 끝이 없을 것이다." 하고 일러 주었다.〈누가복음 1:32-33〉

"주님은 전능하신 팔을 펼치시어
마음이 교만한 자들을 흩으셨습니다.
권세 있는 자들을 그 자리에서 내치시고
보잘것없는 이들을 높이셨으며
배고픈 사람은 좋은 것으로 배불리시고
부요한 사람은 빈손으로 돌려보내셨습니다."
〈누가복음 1:51-53〉

"찬미하여라, 이스라엘의 주 하나님을!

당신의 백성을 찾아와 해방시키셨으며,

우리를 구원하실 능력 있는 구세주를

당신의 종 다윗의 가문에서 일으키셨다. …

맹세하신 대로

우리를 원수들의 손아귀에서 구해 내시어

떳떳하게 주님을 섬기며

주님 앞에 한 평생을

거룩하고 올바르게 살게 하심이라. …

하늘 높은 곳에 구원의 태양을 뜨게 하시어

죽음의 그늘 밑 어둠 속에 사는 우리에게 빛을 비추어주시고

우리의 발걸음을 평화의 길로 이끌어주시리라."

〈누가복음 1:68-79〉

"주여, 이제는 말씀하신 대로

이 종은 평안히 눈감게 되었습니다.

주님의 구원을 제 눈으로 보았습니다.

만민에게 베푸신 구원을 보았습니다.

그 구원은 이방인들에게는 주의 길을 밝히는 빛이 되고

주의 백성 이스라엘에게는 영광이 됩니다."

〈누가복음 2:29-32〉

위 어법은 구약성경, 특히 이사야를 떠올리게 한다. 시온 패턴의 요소들은 대부분 나타나지만 고난받는 종에 대해서는 어떤 암시도 제시되지 않는다.

그러나 이것은 단지 누가 나중을 위해 남겨두었기 때문일 것이다. 이러한 사실은 앞서 메시아가 고난을 받아야 할 것임을 보여주기 위해 선지자들을 인용한 사례가 주로 누가행전에 해당한다는 사실을 떠올리면 쉽게 이해된다.

누가복음 4:16-21은 저자가 예수의 공생애에 대한 소개와 주제 진술로 제시한 핵심 장면이다. 예수께서 회당에 들어가 이사야의 글을 읽으셨다. 사실 누가가 인용한 구절은 종의 섬김_{고난은 아니지만}에 대해 서술한 이사야 61장과 42장을 결합한 것이다. 예수는 "이 성서의 말씀이 오늘 너희가 들은 이 자리에서 이루어졌다"라는 결론을 내린다. 적어도 누가가 예수의 선한 행위를 종의 섬김으로 이해했을 것이라는 데에는 아무도 이의를 제기하지 않을 것이다.

누가복음 21장은 흥미로운 본문이다. 예수는 말세, 즉 '재림'으로 불리는 역사의 종말에 대해 말씀하신다. 이것이 시온 전승의 패턴이라는 것은 자명하다.

> "또 전쟁과 반란의 소문을 듣더라도 두려워하지 마라. … 한 민족이 일어나 딴 민족을 치고 한 나라가 일어나 딴 나라를 칠 것이며… 그러나 이 모든 일이 일어나기 전에 너희는 잡혀서 박해를 당하고 회당에 끌려 가 마침내 감옥에 갇히게 될 것이며 나 때문에 임금들과 총독들 앞에 서게 될 것이다. 그 때야말로 너희가 나의 복음을 증언할 때이다. … 너희의 부모와 형제와 친척과 친구들까지도 너희를 잡아 넘겨서 더러는 죽이기까지 할 것이다. … 예루살렘이 적군에게 포위된 것을 보거든 그 도시가 파멸될 날이 멀지 않은 줄 알아라. … 이 땅에는 무서운 재난이 닥칠 것이고 이 백성에게는 하나님의 분노가 내릴 것이다. … 이방인의 시대가 끝날 때까지 예루살렘은 그들의 발 아래 짓밟힐 것이다. … 그러나 그 때에 사람

들은 사람의 아들이 구름을 타고 권능을 떨치며 영광에 싸여 오는 것을 볼 것이다. 이러한 일들이 일어나기 시작하거든 몸을 일으켜 머리를 들어라. 너희가 구원받을 때가 가까이 온 것이다."〈누가복음 21:9-28〉

본문에는 나라들에 의해 황폐해진 시온이 메시아와 관련된 막판 개입을 통해 구원을 받는다는 진술을 포함한 완전한 시온 사이클이 제시된다. 또한 이곳에는 지금까지 등장하지 않았으나 곧 익숙해질 요소, 즉 '이스라엘 종' 즉, 기독교 공동체를 가리키는 새로운 이스라엘이 '개인 종'을 본받아 고난을 받을 것이라는 개념이 나타난다.

우리는 본문을 통해 예수의 지상 역사와 그의 최종적이고 종말론적인 역사는 시온 전승에 비추어 해석해야 한다는 사실을 깨닫는다. 이런 점에서 마태마태오가 이곳에 인용된 동일한 예수의 말씀 가운데 일부를 완전히 다른 문맥으로 제시한 사실은 흥미롭다. 마태복음에서 예수는 자신의 죽음이 다가왔음에도, 제자들에게 임박한 사역을 위한 교훈의 일부로 이 말씀을 하신다.

누가는 다음 장의 마지막 만찬에 관한 기사에서 어떤 복음서 저자보다 더 많이 고난받는 종에 대해 강조하신다.

예수께서 이렇게 말씀하셨다. "이 세상의 왕들은 강제로 백성을 다스린다. 그리고 백성들에게 권력을 휘두르는 사람들은 백성의 은인으로 행세한다. 그러나 너희는 그래서는 안 된다. 오히려 너희 중에서 제일 높은 사람은 제일 낮은 사람처럼 처신해야 하고 지배하는 사람은 섬기는 사람처럼 처신해야 한다. 식탁에 앉은 사람과 심부름하는 사람 중에 어느 편이 더 높은 사람이냐? 높은 사람은 식탁에 앉은 사람이 아니냐? 그러나 나는 심부름하는 사람으로 여기에 와 있다." "너희는 내가 온갖 시련을 겪는 동안 나와 함께 견디어 왔으니 내 아버지께서 나에게 왕권을 주신 것처럼 나도 너희에게 왕권을 주겠다. 너희는 내 나라에서 내 식탁에 앉아 먹고 마시며 옥좌에 앉아 이스라엘의 열두 지파를 심판하게 될 것이다."〈누가복음 22:25-30〉

그리고 몇 절 후, 누가는 제2이사야의 대속의 고난에 관한 본문에서 한 구절을 인용하여 자신에게 적용한다.

우리는 여기서 '다른 방식의 싸움' 원리에 대한 명백한 진술인 "그러나 너희는 그래서는 안 된다"를 본다. 이 진술은 "심부를 하는 사람종"이 높은 자가 되고왕권을 받고 '이스라엘 종'이 '개인 종'의 경험을 재현해야 한다는 종의 언어가 분명하다. 어떻게 하면 이러한 시온 정신을 가질 수 있는가?

요한복음/요한의 복음서는 시온 전승에 대해 다른 복음서 저자만큼 많이 알지 못하지만, 시온 전승에 대한 흔적은 곳곳에 나타난다. 그중의 하나는 마지막 만찬이다. 여러분은 떡과 잔에 대한 기사 대신 예수께서 제자들의 발을 씻기시고 서로의 발을 씻기라고 말씀하신 장면을 기억할 것이다. 요한에게 있어서 주의 만찬은 고난의 '종'에 대한 생생한 상징으로 구성되며, 이 상징은 '이스라엘 종'이 '개인 종'의 사역에 동참해야 함을 보여준다.

누가는 자신의 복음서 끝부분에서 부활하신 예수께서 시온 전승을 통해 자신의 죽음과 부활에 대해 해석하시는 장면을 제시한다.

그 때에 예수께서 "너희는 어리석기도 하다! 예언자들이 말한 모든 것을 그렇게도 믿기가 어려우냐? 그리스도는 영광을 차지하기 전에 그런 고난을 겪어야 하는 것이 아니냐?" 하시며 모세의 율법서와 모든 예언서를 비롯하여 성서 전체에서 당신에 관한 기사를 들어 설명해 주셨다.〈누가

복음 24:25-27〉

누가는 사도행전으로 넘어가면서 적절한 주석으로 시작한다. 제자들은 예수께 "주님, 주님께서 이스라엘 왕국을 다시 세워주실 때가 바로 지금입니까?"라고 묻는다. 그들은 자신의 시온 사이클이 장차 일어날 일을 알기에 충분하다고 생각했다. 시온을 구원하고 고난의 주를 높이 올린물론 예수의 죽음과 부활 재앙적 개입이 끝났기 때문에 이스라엘이 회복되어 세계평화의 중심이 되어야 하지 않느냐는 것이다. 그런데 제자들의 질문에 대한 예수의 대답은 "너희가 크게 오해하였도다"가 아니라, "때가 이를 때까지 기다리라"는 것이었다.

하지만 사도행전 앞부분에서 누가는 확실히 복음서를 시작할 때와 마찬가지 방식의 연결 작업을 시도한다. 이번에는 찬양 자료 대신 설교를 제시하지만, 이 설교는 선지서에서 예수의 역사로 이어지는 연결이 아니라 예수의 역사에서 교회의 삶으로 이어지는 연결이라는 점에서 서두의 찬양과 다르다. 이런 식의 설교는 베드로를 비롯한 사도들의 입을 통해 여러 차례 제시되며 설교의 주제는 시온 전승이 제공한다.

다음은 이러한 설교 가운데 하나로, 다른 지류를 연결하는 방식으로 제시된다.

> "과연 헤로데와 본티오 빌라도는 이 도성에서 이방인들과 이스라엘 백성과 작당하여 주께서 기름 부어 그리스도로 삼으신 주님의 거룩한 종 예수를 거슬렀습니다. 이리하여 주님의 권능과 뜻으로 미리 정해 두신 일들을 모두 이루었습니다. 주님, 지금 그들의 위협을 받고 있는 우리를 살피시고 주님의 이 종들로 하여금 조금도 굴하지 않고 주님의 말씀을

담대히 전할 수 있게 하여주십시오. 그리고 권능의 손을 펴시어 주님의 거룩하신 종 예수의 이름으로 병이 낫고 표징과 기적이 나타나게 하여주십시오."〈사도행전 4:27-30〉

이 기도는 예수를 메시아가 된 종으로 규정한다. 이것은 구약성경의 시온 전승을 염두에 둔 "뜻으로 미리 정해 두신" 언급이 분명하다. 또한 이 기도는 종의 사역이 '이스라엘 종'을 통해 계속되기를 간구한다.

베드로와 사도들은 이렇게 대답하였다. "사람에게 복종하는 것보다 오히려 하나님께 복종해야 하지 않겠습니까? 우리 조상들의 하나님께서는 여러분들이 나무에 매달아 죽인 예수를 다시 살리셨습니다. 그리고 하나님께서는 그분을 지도자와 구세주로 세워 당신의 오른편에 높이 올리셔서 이스라엘을 회개시키고 죄를 용서받게 하셨습니다."〈사도행전 5:29-31〉

우리는 여기서 우리의 연구의 핵심이 되는 두 가지 주제를 만난다. 두 주제 모두 이곳에서 처음 언급된다. 물론 십자가에서의 죽음은 궁극적인 종의 고난에 해당하며, 그의 부활은 그를 높이사 임금으로 삼으신 하나님의 행위에 해당한다. 신약성경은 오늘날 대부분의 설교나 가르침과 달리, 처음부터 끝까지 부활을 십자가와 동일한 선상에서 다룬다. 부활과 십자가는 사실상 하나의 구원 행위의 두 가지 요소로서, 균형을 잃을 수 없을 만큼 밀접하게 연결된다. 또한 신약성경은 계속해서 하나님을 부활의 수행자로서 규정하며 "사람이 휘두르지 않은 칼" 예수의 내재적 능력이나 선하심을 통해 저절로 일어난 사건으로 서술하지 않는다.

다음으로, 본문은 제2이사야와 함께 그가 우리의 죄를 위해 찔리셨다는 사실을 인정한다. 즉, 종의 죽음과 승귀의 배후에는 우리의 회개함과 죄 사함이라는 목적이 있다는 것이다. 그러나 제2이사야의 대속의 고난에 대해 다룬 장들에서 고통을 준 왕들은 그의 고난이 자신들의 범죄 때문이라는 사실을 스스로 깨닫는 데 반해, 신약성경의 설교에서 왕들과 그들이 대표하는 인류는 자신의 범죄 사실에 대해 통보를 받는다. 예수의 고난을 통해 그들의 죄가 용서함을 받았다는 선포에는 경멸적 어조가 나타나지 않지만, "여러분들이 너희가 나무에 매달아" 죽였다는 사실이 강조된다.

사도행전 8장에서 제2이사야의 대속적 고난에 대한 장을 읽고 있는 여행객을 만난 빌립필립보은 본문의 의미에 대해 큰 의미를 부여하지 않는다. 그는 단지 본문을 통해 '예수의 복음'을 전한다.

끝으로 사도행전 13장에서 누가는 우리에게 바울의 긴 설교를 제시한다. 그의 설교를 한 마디로 요약하면 시온 전승에 대한 탁월한 해설이라고 할 수 있다.

> "하나님께서는 언약하신 대로 다윗의 후손 가운데서 이스라엘을 구원할 구세주 예수를 보내주셨습니다. … 그런데 예루살렘에 사는 사람들과 지도자들은 예수를 알아보지 못하고 그를 단죄하였습니다. 그리하여 결국 안식일마다 읽는 예언서의 말씀을 성취시켰던 것입니다. … 우리도 하나님께서 우리 조상들에게 약속하신 그 기쁜 소식을 여러분에게 전하러 왔습니다. 하나님께서는 예수를 다시 살리셔서 자녀 된 우리에게 그 약속을 이루어주셨기 때문입니다. … 여러분은 바로 이분으로 말미암아 죄를 용서받을 수 있다는 복음이 여러분에게 선포되고 있다는 것을 알아야 합니다. … 이 예수를 믿는 사람은 누구나 모든 죄에서 풀려난다는 것을 알

아야합니다." 〈사도행전 13:23,27,32-33,38-39〉

누가는 사도행전 첫 부분에 제시한 설교 모음을 통해 예수의 역사로부터 교회의 삶으로 자연스럽게 연결한다. 그가 이 연결 작업에 사용한 재료는 시온 사이클이다.

누가는 중요하고 흥미로운 시온 전승을 한 차례 더 사용한다. 그 시점은 사도행전의 이야기에서 교회가 예수의 복음을 이방인나라들에게 제시할 것인가라는 문제로 갑론을박을 벌일 때다.

> 그러나 바울로와 바르나바는 담대하게 이렇게 대꾸하였다. "우리는 하나님의 말씀을 먼저 당신들에게 전하지 않을 수가 없었습니다. 그런데도 당신들은 그것을 거부하고 그 영원한 생명을 받을 만한 자격이 없다고 스스로 판단하고 있으니 우리는 당신들을 떠나서 이방인들에게로 갑니다. 주께서 우리에게, '나는 너를 이방인의 빛으로 삼았으니 너는 땅 끝까지 구원의 등불이 되어라.' 하고 명령하셨습니다." 바울로의 말을 듣고 이방인들은 기뻐하며 주님의 말씀을 찬양하였으며 영원한 생명을 얻도록 작정된 사람들은 모두 신도가 되었다.〈사도행전 13:46-48〉

물론 이곳의 인용문은 제2이사야의 종에 관한 본문에서 바로 가져온 것이다. 그리고 두 장 후에 사도행전 15장에는 예루살렘에서 공의회가 소집되어 이 문제에 대한 교회의 공적인 정책을 수립하는 장면이 이어진다. 의장인 야고보는 다른 성경에서 인용한 다른 선지자의 진술에 기초하여 결정을 내린다.

'그 뒤에 내가 다시 돌아와 무너진 다윗의 집을 다시 지으리니 허물어진 곳을 다시 고치고 그것을 바로 세우리라. 그리하여 살아 남은 백성들이 다 주를 찾고 내 백성이 된 모든 이방인들까지도 모두 주를 찾게 되리라.'〈사도행전 15:16-17〉

따라서 이 본문에서는 세계적인 회복에 대한 약속, 세계적인 평화와 화해, 형제애에 대한 그리스도인의 개념을 볼 수 있다. 이런 요소들은 모두 구약성경의 시온 전승에서 나온 것이다. 여기서 한 가지 주목해서 살펴보아야 할 요소가 있다. 그것은 이곳의 인류애는 원래부터 존재하거나 태생이나 혈육에 의해 발전되는 형제애가 아니라는 것이다. 아니, 이 형제애는 고난받는 종 메시아의 사역을 통해 형성되는 하나님의 창조물이다. 복음의 좋은 소식이란 이 종이 이미 고난을 받고 메시아가 되셨으며, 세상을 회복하는 그의 사역이 진행 중이라는 것이다.

마태복음도 시온 전승에 철저히 의존하며, 누가행전에서 나타나지 않는 중요한 방식으로 예수의 역사에 적용한다.

그는 마태복음 12:15-21에서 제2이사야의 인용문을 예수가 행하시는 종의 사역을 확인하고 전형화하는 수단으로 사용한다. 그러나 마태는 누가와 다른 본문을 택한다. 누가는 감옥에 묶여 있는 이들을 풀어주고 소경들의 눈을 열어준다는 본문을 사용하지만, 마태는 자신의 소리를 들리게 하지 않으면서도 정의를 세운다는 본문을 사용한다.

마태는 특히 수난 주간의 사건들에 대한 묘사에 중요한 기여를 한다. 그는 다른 복음서가 기록한 것과 동일한 사건에 대해 기록하며, 아마도 저자들은 같은 해석을 염두에 두었을 것이다. 그러나 마태는 그 해석을 훨씬 명료하고 분명하게 제시한다.

따라서 이제 우리는 마태복음만 전적으로 고찰하는 대신, 수난 주간에 일어났던 사건들의 시간적 배열에 대해 어느 한 복음서 저자의 보고나 해석이 아니라 사건들 자체의 패턴에 초점을 맞추는 방식으로 살펴보고자 한다. 우리는 이 과정을 통해 매우 중요한 사실을 발견하게 될 것이다.

성경학자들 중에 신약성경이 예수에 대해 제시한 내용과 해석은 이사야와 제2이사야에 대한 직접적인 인용과 함께 시온 전승으로 가득하다는 우리의 주장에 이의를 제기할 사람은 없을 것이다. 그들이 실제로 부인하는 것은 사실상 이런 증거가 예수께서 자신의 생애와 사역을 시온 전승의 관점에서 이해하셨다는 사실을 어떻게든 입증한다는 것이다. 그들은 시온 자료를 부활 후에 발전된 자료로 생각하는데, 이러한 사상은 초기 기독교 전승과 복음서 저자들의 영향을 받은 것이다. 그러나 수난 주간에 일어난 사건들의 순서는 시온 전승을 자신에게 처음 적용한 장본인이 예수며 그의 부활 후에 형성된 그리스도인은 단지 그의 선례를 따랐을 뿐이라는 사실을 보여준다는 것이 나의 대답이다.

학자들은 우리가 말하는 소위 '수난 주간의 사건 배열'이 예수의 역사에 대한 특별한 자료를 형성한다고 생각해왔다. 지금까지 사복음서의 기사는 상호 간의 특별한 제휴 없이 상당한 자유재량하에 서술되었다. 사복음서는 예수께서 언제, 어디서, 무엇을 하셨는지에 대해 오차가 없는 명확한 연대기를 제시하지 못했다. 그러나 수난 주간을 앞두고 상황이 돌변했다. 공관복음과의 어떤 제휴도 생각하지 못했던 요한복음을 포함하여 사복음서의 기사는 이제 어떤 사건이 어떤 순서로 일어났는지에 대해 놀라운 일치를 보여준다. 하지만 부활절 기사가 시작되면서 이러한 복음서의 협력 관계는 사라지고,

각자 원래 방식대로 돌아간다.

그러나 이러한 사실이 의미하는 것은 예수 이야기에서 예수의 생애 마지막 주간에 일어났던 일의 순서야말로 우리가 역사적으로 가장 큰 확신을 가지고 말할 수 있는 부분이라는 것이다. 수난 주간에 있었던 예수의 활동은 a 승리의 예루살렘 입성, b 성전 정화, c 목요일 저녁의 최후의 만찬, d 성금요일의 십자가 처형, e 주일 새벽의 부활의 순서로 이어진다. 중요한 것은 이 사건들이 모두 예수의 주도하에 자발적으로 이루어졌다는 것이다. 그는 십자가마저도 얼마든지 피할 수 있었다. 한 마디로, 이러한 배열은 우연히 일어난 일련의 사건이 아니라 그가 기획한 순서였다는 것이다. 이러한 배열은 시온 사이클의 의도적인 시행으로 볼 수 있다.

승리의 예루살렘 입성은 일련의 사건을 시작하기에 가장 적합한 내용이다. 이 장면은 사람들의 관심을 집중시킨 후 자신의 생각을 진술할 수 있는 상징적이고 극적인 행위다. 그러나 본문은 무엇을 진술하는가? 우리는 제2이사야의 위대한 고난받는 종 신탁이 독자에게 전체 본문의 의미를 알려주는 소위 '주제 진술'로 시작한 사실을 상기한다. "이제 나의 종은 할 일을 다 하였으니, 높이높이 솟아오르리라." 예수의 행위는 이러한 역설에 대한 부분적 실현이다. 초라한 어부 제자들의 무리를 이끄는 온순한 시골 설교자가 시온의 정복왕이 되신 또는 되기 위한 노정에 있는 것이다. 이 입성은 사실상 십자가의 죽음으로 이어지며, 이 죽음 자체는 왕의 승리에 해당한다. 나귀를 타신 왕은 이사야의 메시아와 제2이사야의 고난받는 종이 동일 인물임을 보여준다.

승리의 입성 장면에는 시온에 대한 중요한 묘사가 나타난다. 마태의 해석은 이러한 사실을 가장 잘 보여준다. 그는 이 본문에서 다음과 같은 예언을 인용한다.

"시온의 딸에게 알려라. 네 임금이 너에게 오신다. 그는 겸손하시어 암나귀를 타시고 멍에 메는 짐승의 새끼, 어린 나귀를 타고 오신다." 하신 말씀이 이루어졌다.〈마태복음 21:5〉

이 인용문은 앞서 소개한 스가랴에서 발췌한 것이다. 스가랴는 시온 사이클을 잘 이용하지만, 우리는 이 책에서 섬김이나 대속적 고난에 대한 어떤 암시도 찾지 못한다. 마태가 인용한 스가랴 본문은 다음과 같다.

수도 시온아, 한껏 기뻐하여라. 수도 예루살렘아, 환성을 올려라. 보아라, 네 임금이 너를 찾아오신다. 자신의 목적을 이루고 승리하셨으며[공동번역 성서에는 "정의를 세워 너를 찾아오신다."로 되어 있다/역주] 그는 겸비하여 나귀, 어린 새끼 나귀를 타고 오시어 에브라임의 병거를 없애고 예루살렘의 군마를 없애시리라. 군인들이 메고 있는 활을 꺾어버리시고 뭇 민족에게 평화를 선포하시리라. 이 바다에서 저 바다까지, 큰 강에서 땅 끝까지 다스리시리라. 〈스가랴 9:9-10〉

스가랴의 본문에서 왕이 나귀를 타고 시온으로 들어오시는 모습은 그가 승리하신 후의 장면임이 분명하다. 이것은 진정한 위엄과 평화의 행위지만, 마태가 십자가의 승리로 향하는 노정에 계신 예수를 묘사하면서 인용문의 일부를 생략하고[밑줄 부분 단축된 구절만 적용한 본문과는 상당한 의미상의 차이가 있다. 마태의 버전은 '다른 방식의 전쟁'과 '비하를 통한 승귀'의 요소를 도입하며, 따라서 마태복음에 나타난 승리의 예루살렘 입성 장면에는 원래의 스가랴 본문에 없던 고난받는 종에 대한 함축이 들어 있다.

여러 복음서는 승리의 입성 후에 예수께서 성전을 정화하시고, 돈 바꾸는 사람들과 매매하는 자들을 내쫓으시며 책망하는 장면으로 넘어간다. 그러나 여기서도 마태는 다른 저자들보다 상세한 해석을 제시한다. 본문에 대한 해석상의 문제를 바로잡을 수 있는 유일한 방법은 '성전 정화'라는 관례적 제목을 '시온의 정화'로 바꾸고 이사야의 글을 염두에 두는 것이다.

> "그리고 손을 돌려
> 너의 찌꺼기는 용광로에 녹여내고
> 납은 모두 걷어내어 너를 순결하게 하리라.
> 내가 너의 재판관들을 그 옛날처럼 다시 세워주고
> 너의 고문관들을 처음과 같이 다시 일으켜주리라. …
> 시온은 그 기틀이 바로잡히고"
> 〈이사야 1:25-27〉

이러한 사례를 더욱 확실히 보여주는 본문은 이 책에서 처음 언급하는 말라기다. 말라기는 후기 예언적 전승을 보여주며, 저자는 큰 그림에 대해 알고 있었을 것이라는 암시는 충분하지만 시온 사이클 전체보다 '시온의 정화'에 배타적인 초점을 맞춘다. 그러나 어쨌든 이 본문은 예수의 행위를 이해할 수 있는 배경을 형성하는 것이 틀림없다.

> "보아라. 나 이제 특사를 보내어 나의 행차 길을 닦으리라. 그는 너희가 애타게 기다리는 너희의 상전이다. 그가 곧 자기 궁궐에 나타나리라. 너희는 그가 와서 계약을 맺어주기를 기다리지 않느냐? 보아라. 이제 그가 온다. 만군의 야훼가 말한다. 그가 오는 날, 누가 당해 내랴? 그가 나타나는 날, 누가 버텨내랴? 그는 대장간의 불길 같고, 빨래터의 잿물 같으리

라. 그는 자리를 잡고 앉아, 풀무질하여 은에서 쇠똥을 걸러내듯, 레위 후손을 깨끗하게 만들리라. 그리하면 레위 후손은 순금이나 순은처럼 순수하게 되어 올바른 마음으로 제물을 바치게 되리라. 그 때에 유다와 예루살렘이 바치는 제물이 옛날 그 한 처음처럼 나에게 기쁨이 되리라."〈말라기 3:1-4〉

이 본문을 시온의 틀 속에 두고 '시온의 정화'라는 이름을 새로 붙이면, 성전 정화는 예수께서 '시온'의 관점에서 생각하셨다고 받아들여도 좋을 만큼, '합당하고' 적절한 위치에 자리하게 된다. 예수의 십자가 처형을 초래한 시온의 정화 자체는 "사람이 휘두르지 않은 칼"로 침으로써 치유하는 회복을 가리킨다. 달리 타당한 연결을 생각할 수 있는가?

마태는 다른 복음서에 없는 요소, 즉 시온의 정화에 대한 묘사를 포함하기 때문에 여타 복음서와 다른 방식으로 이러한 해석을 추적하게 한다. 이 정화에 이어지는 구절은 다음과 같다.

그 때 예수께서는 성전 뜰 안에 있던 소경들과 절름발이들이 앞으로 나오자 그들을 모두 고쳐주셨다. 대사제들과 율법학자들은 예수께서 행하신 여러 가지 놀라운 일이며 성전 뜰에서 "호산나! 다윗의 자손!" 하고 외치는 아이들을 보고 화가 치밀어서〈마태복음 21:14-15〉

메시아는 적어도 현재로서는 그리고 상징적으로 공의로 시온을 구속하시고 그것이 있어야 할 원래의 자리 -즉 세상을 위한 치유와 섬김의 사역의 중심- 를 회복하셨다.

성전에서 있었던 일은 당시로서는 중대한 사건이었기 때문에 조금 더 살펴볼 필요가 있다. 이 사건은 오늘날 많은 평화주의자에게 매우 중요한 교본이 된다. 사실 그들 중에는 이것이 그들이 아는 유일한 본문일 것이라는 인상을 주는 사람들도 있다. 본문은 평화를 얻기 위해서는 호전성이 필요하다고 생각하는 사람들의 논거가 된다. 공격적 대결은 그들의 스타일이다. 그들은 성전을 깨끗하게 하신 예수를 따라 그의 방식을 백악관, 국방성, 병무청에 적용할 것이라고 주장한다.

그러나 정화되지 않을 것이다. 아니, 그들은 그 일을 시작조차 하지 못할 것이다. 예수께서 수행하신 일이 시온의 정화라면 그것은 결코 인간의 정치적 행동주의에서 나온 행위가 아니다. 그것은 정치적 변화의 상황이 아니라, 구속사적 상황이다. 그것은 사람이 휘두르지 않은 칼로 치는 메시아의 특별한 사역이다. 정확히 말하면 이 사역은 이사야가 인간적 도구로는 결코 성공할 수 없다고 했던 그 일이다. 본문에는 이것이 예수께서 제자들에게 동참하라고 부르신 사역의 일부라는 암시가 전혀 나타나지 않는다.

또한 이 행위는 세상 나라가 아니라 직접 시온을 향한다. 예수께서 세상 나라를 만났을 때, 즉 빌라도 앞에서 재판을 받으실 때, 그는 그들과 맞서 대결하거나 도전하거나 그들을 정화하거나 혁명을 일으키려는 어떤 시도도 하지 않았다. 예수는 "내 왕국은 이 세상 것이 아니다. 즉, 내 나라가 너희에게 요구하는 것은 너희의 사고방식을 전적으로 넘어서기 때문에 그 사실을 알려주는 것조차 무의미하다"라는 태도를 보이신다.

그러나 만일 그리스도인이 성전 정화의 모델 안에서 자신의 자리를 찾고자 한다면, 시온이스라엘 = 새 이스라엘으로서 그렇게 해야 할 것이다. 그렇다면 본문이 요구하는 것은 구원받은 시온으로서 하나님의 정화 사역을 받아들여 세상에 대해 치유와 발을 씻기는 사역을 수행할 준비를 하라는 것이다. 우리는 머잖아 예수로부터 무장하라는 부르심을 받을 것이다. 하지만 이 무장은 확실히 성전 정화는 아니다. 그러나 우리는 동전의 다른 면도 살펴보아야 한다. 즉, 나라가 다른 나라를 칼로 치는 행위 역시 그의 사역이 될 수 없다는 것이다. 우리는 누구의 잘못이 더 큰지 다투는 잘못을 범해서는 안 될 것이다.

시온의 정화와 관련된 사고의 흐름은 또 있다. 마태복음과 예수의 재판에 대한 몇몇 기록, 그리고 사도행전의 스데반스데파노 재판에는 예수께서 성전을 헐고 다시 세울 것이라고 말했다는 혐의복음서 저자들에 의하면 거짓 증언가 제시된다. 이 부분에 대한 가장 타당한 설명은 예수께서 시온의 정화를 말씀하셨으나 그들이 오해했거나 왜곡한 것으로 보는 것이다. 우리가 기억해야 할 것은 구약성경의 예언은 이 정화가 '마지막 순간의 형집행정지'로 나타나거나 '전적인 파괴와 시온의 재건설'로 나타난다는 두 가지 지류를 반영한다는 것이다.

끝으로, 마태복음 23장에 나오는 서기관들과 바리새인들에 대한 예수의 책망에는 시온의 정화와 밀접하게 연결된 내용이 나타난다.

> "예루살렘아! 예루살렘아! 너는 예언자들을 죽이고 너에게 보낸 이들을 돌로 치는구나. 암탉이 병아리를 날개 아래 모으듯이 내가 몇 번이나 네 자녀를 모으려 했던가. 그러나 너는 응하지 않았다. 너희 성전은 하나님께 버림을 받아 황폐해지리라. '주의 이름으로 오시는 이여, 찬미받으소서.' 하고 너희 입으로 찬양할 때까지 너희는 정녕 나를 다시 보지 못하리라."〈마태복음 23:37-39〉

물론 이 애가는 모든 과정을 다 서술하지 않는다. 그러나 우리는 언제나 신약성경의 평화에 대한 통찰력이, '고통스럽지만 창조적인' 시온의 정화를 요구할 만큼 깊이가 있다는 사실을 기억해야 한다. 이제 이 시온 공동체는 세상을 치유하는 도구가 될 것이다. 참으로 기독교 평화주의자들은 하나님의 정화에 열려 있어야 한다.

수난 주간의 사건 배열에서 이어지는 사역은 최후의 만찬이다. 최후의 만찬은 시온 사이클과 관련하여 다음과 같은 중요한 의미가 있다. 즉 이 성찬만찬을 통해 '개인 종'이 그의 공동체인 '이스라엘 종'과 하나로 연합하여 그것을 자신의 몸으로 삼고, 그들을 자신의 명령을 따르는 전사로 징집하며, 하나님의 평화의 나라에 이르기까지 예수와 함께 예수의 길죽음과 부활의 길을 걸어가게 한다는 것이다. 우리는 앞서, '몸', '언약', '다른 방식의 전쟁', '고난의 섬김', '종말론적 왕권'과 같은 주제와 관련하여 시온과의 연결을 가장 잘 보여주는 것은 요한복음의 발을 씻기는 장면을 포함하여 누가복음이라는 사실에 대해 살펴보았다.

이어지는 순서인 십자가 처형은 아무런 저항 없이 잠잠히 죽음을 향해 가시는 고난받는 종의 대속적 희생을 보여준다. 앞서 살펴본 대로, 이 십자가 장면은 이사야가 말하는 그루터기만 남은 메시아의 시온-나무라는 관점에서 해석해야 한다. 이 사건에 대한 복음서의 설명은 기껏해야 이러한 해석의 흐름에 대한 막연한 울림만 들려준다. 그러나 우리는 앞서 사도행전을 통해 이 부분에 대해 상세히 살펴보았으며 바울의 글을 통해서도 확인할 것이다.

끝으로 우리는 수난 주간의 마지막 장면인 부활에 대해서도 살펴보았다. 부활은 '종이 죽음을 넘어 의로움을 인정받은 승리', 또는 '말라죽은 그루터기에서 솟아난 새싹'이라는 관점에서 보아야 한다. 누가복음은 부활하신 예수께서 엠마오로 가는 길에서 만난 제자들에게 하신 말씀을 통해 이러한 연결을 잘 보여준다. 사도행전과 에베소서에페소인들에게 보낸 편지도 이 주제에 대해 명확히 제시한다.

그러나 복음서 저자의 해석적 암시가 없어도 이 다섯 가지 사건을 모아 하나로 연결하면 구약성경의 시온 전승에 대한 강력한 진술이 된다. 저자의 해석과 잘 부합하는 이유는 무엇보다도 이 배열이 시온의 성취로서 이루어졌기 때문이다. 나사렛나자렛 예수가 분명한 인식과 명확한 태도로 이 구약성경 모델을 자신을 위한 소명과 프로그램으로 삼았다는 것은 의심의 여지가 없는 사실이다. 그의 수난 주간 시나리오는 다른 어떤 설명에도 도움이 되지 않을 것이다. 또한 그것은 우리의 '평화 논쟁'이 기독교 복음으로 형성될 만큼 근본적이다. 그것을 피할 수 있는 방법은 없다.

바울 문학은 우리의 연구에 매우 중요하다. 왜냐하면 바울은 시온 전승을 많이 활용할 뿐만 아니라, 그것을 중요한 방식으로 확장하기 때문이다. 한편으로 바울은 시온 전승을 예수의 역사와는 분리하지 못했지만, 이단적 이스라엘 및 지상 예루살렘과 관련된 지리적, 정치적 한계로부터는 해방시킨다. 그는 시온 전승을 보편화하고, 그것을 우주적 차원의 규모로 확장하는 동시에 현재에 적용한다. 끝으로, 바울은 '개인 종' 예수과 '이스라엘 종' 기독교 공동체의 관계에 지대한 관심을 기울인다.

그는 여러 곳에서 사실상 전체 사이클을 반복함으로써 시온 전승의 범위와 넓이를 입증한다.

> 그리스도 예수는 하나님과 본질이 같은 분이셨지만 굳이 하나님과 동등한 존재가 되려 하지 않으시고 오히려 당신의 것을 다 내어놓고 종의 신분을 취하셔서 우리와 똑같은 인간이 되셨습니다. 이렇게 인간의 모습으로 나타나 당신 자신을 낮추셔서 죽기까지, 아니, 십자가에 달려서 죽기까지 순종하셨습니다. 그러므로 하나님께서도 그분을 높이 올리시고 모든 이름 위에 뛰어난 이름을 주셨습니다. 그래서 하늘과 땅 위와 땅 아래에 있는 모든 것이 예수의 이름을 받들어 무릎을 꿇고 모두가 입을 모아

예수 그리스도가 주님이시라 찬미하며 하나님 아버지를 찬양하게 되었습니다. 〈빌립보서 2:6-11〉

그리스도를 내세워 하늘과 땅의 만물을 당신과 화해시켜 주셨습니다. 곧 십자가에서 흘리신 예수의 피로써 평화를 이룩하셨습니다. 〈골로새서 1:20〉

고난과 무저항을 통해 죽기까지 곧 십자가에 죽기까지 자기를 낮춘 것은 종 - 노예-의 방식이다. 그러나 이어서 예수는 하나님에 의해 높임을 받고 모든 자에게서 경배와 충성을 받으시며, 하늘과 땅에 있는 만물과 화해하는 평화를 이루신다. 시온 전승은 최대한 확장되며 '평화'도 마찬가지다. 만물의 화해 그러나 또 하나의 본문에서 바울은 한 걸음 아마도 두 걸음 더 나아간다.

그리스도 한 분이 모든 사람을 대신해서 죽으셨으니 결국 모든 사람이 죽은 것입니다. 그리스도께서 이렇게 죽으신 것은 사람들이 이제는 자기 자신을 위하여 살지 않고 자기들을 위해서 죽으셨다가 다시 살아나신 분을 위하여 살게 하시려는 것이었습니다. 그러므로 우리는 이제부터 아무도 세속적인 표준으로 판단하지는 않을 것입니다. 전에는 우리가 세속적인 표준으로 그리스도를 이해하였지만 이제는 그렇게 하지 않습니다. 누구든지 그리스도를 믿으면 새 사람이 됩니다. 낡은 것은 사라지고 새것이 나타났습니다. 이것은 모두 다 하나님께로부터 왔습니다. 하나님께서는 그리스도를 내세워 우리를 당신과 화해하게 해주셨고 또 사람들을 당신과 화해시키는 임무를 우리에게 주셨습니다. 〈고린도후서 5:14-18〉

바울 시대의 온전한 평화, 만물의 화해가 아직 이루어지지 않았다는 것은 분명한 그러나 고통스러운 사실이다. 그러나 이것은 우리가 기껏해야 하나님이 언제가 하실 일에 대한 기대만 드러내는 구약성경 선지자들에게로 돌아갔다는 것은 아니다. 아니, 바울은 우리에게 누구든 그리스도와 연합하기만 하면 새로운 질서가 이미 시작된 것이라고 말한다. 세계평화는 완성되지 않았으나 여전히 진행 중이며, 지금도 우리는 그 한 부분이 될 수 있다.

이것은 오늘날 그리스도인이 당장 밖으로 달려 나가 세상을 바로 세울 수 있는 수단을 가지고 있다는 말은 아니다. 아니, 사도들은 이 일이 처음부터 끝까지 하나님의 일이라고 말한다. 그럼에도 불구하고 그는 지금 우리를 우주적 화목이라는 이 위대한 사역으로 부른다. 우리는 잠시 후 이 부름의 의미에 대해 살펴볼 것이다.

그러나 이 시점에서도 한 가지 사실은 분명하다. 즉, 복음의 목적은 사회와 세상은 어떤 상태에 있든 개인의 마음만을 위한 평화가 아니라는 것이다. 복음은 개인의 내적 평화와 함께 시작할 수 있고, 확실히 내적 평화를 포함하며, 개인의 평화를 통해 역사한다. 그러나 복음의 목적은 온 세상의 평화며, 지금도 이러한 목적을 향해 진전하고 있다.

복음의 목적은 아직 달성하지 못했지만, 그것을 보장하는 승리는 과거 시제로 기록된다.

> 우리의 잘못을 모두 용서해 주셨습니다. 또 하나님께서는 여러 가지 달갑지 않은 조항이 들어 있는 우리의 빚문서를 무효화하시고 그것을 십자가에 못박아 없애버리셨습니다. 그리고 십자가로 권세와 세력의 천신들을 사로잡아 그 무장을 해제시키시고 그들을 구경거리로 삼아 끌고 개선의 행진을 하셨습니다.〈골로새서 2:13-15〉

친구들이여, 이것은 강력한 수난 주간의 담론이며 우리가 지금까지 만났던 수난 주간의 담론이 제기해온 수많은 질문에 대한 대답이다. 창세기는 우리에게 사람은 처음부터 지금까지 하나님께 비키라고 말해왔으며, 혼자 떠돌아다니다가 죽고 싶어 한다고 말한다. 이것은 하나님과의 긴장 관계를 초래했으며, 따라서 하나님이 싸움을 하시게 했다. 이 긴장은 지금도 지속되고 있다. 하나님이 감수해야 하실 이유는 없다. 그러나 바울은 우리에게 하나님이 싸우시는 이유는 '사람을 죽이는 것'이 아니라고 말한다. 바울에 따르면, 하나님이 우리와 싸우시는 이유는 하나님을 모욕한 죄가 용서받을 수 있고, 실제로 용서받았으며, 따라서 이제 양자는 화해할 수 있다는 사실을 믿게 설득하는 것이다. 우리는 바울을 통해 이 승리가 골고다 언덕에서 이루어졌다는 말을 듣는다.

그러나 하나님이 멸하시기로 작정하신 실제 대적은 바울이 말하는 "권세와 세력의 천신통치자들과 권세들"이다. 그들은 사람이 아니라 인류 속에 들어와 하나님과 이웃을 향해 대적하게 만드는 비인간적 존재다. 우리를 위협하는 이 악한 존재는 쉽게 추적하여 규명하기 어렵다. 그들은 심리학자나 사회학자나 정치가들이 밝혀낸 것보다 훨씬 크고, 보이지 않으며, 다루기 어려운 존재라는 것은 분명하다. 구체적으로 규명하기는 어렵지만 우리는 그들이 우리의 개인적 삶을 괴롭히고 있다는 사실을 인식하며, 난파된 주변 세상에서 그들의 남긴 흔적을 본다. 그러나 사도들은 이처럼 남은 잔해까지 골고다에서 패배당했다고 말한다. 그들이 눈에서 완전히 사라진 것은 아니지만, 메시아의 승리의 대열이 그들을 전적으로 지배한다. 바울은 이전의 전쟁을 아이들의 유치한 베개 싸움으로 여길 만큼 대단한 '거룩한 전쟁'에 대해 알고 있다.

물론 여호수아는 바울이 알고 있는 것을 몰랐다. 알 수 없었다. 그러므로 여호수아는 자신이 알고 있는 한도 내에서 최선을 다했으며, 그의 거룩한 전쟁은 인간의 군대로 인간 대적을 공격했다. 그러나 이 모든 상황을 바로 잡으신 분은 예수시며, 따라서 바울은 이 전쟁에 대해 우리에게 설명할 수 있게 된 것이다.

바울은 이 전쟁의 승리는 '다른 방식의 전쟁'을 통해서 이루어진다는 사실도 알고 있다. 이러한 싸움 전략은 니므롯의 선악과 방식의 계산에서 나온 일반적 지혜가 아니라 하나님의 지혜에서 나온다.

> 그러나 우리는 신앙 생활이 성숙한 사람들에게는 지혜를 말합니다. 다만 그 지혜는 이 세상의 지혜나 이 세상에서 곧 멸망해 버릴 통치자들의 지혜와는 다릅니다. 여기에서 말하는 지혜는 하나님의 심오한 지혜입니다. 그것은 하나님께서 우리의 영광을 위하여 천지 창조 이전부터 미리 마련하여 감추어두셨던 지혜입니다. 〈고린도전서 2:6-7〉

하나님은 그의 지혜로, 고난받는 종의 가장 특징적인 방식을 통해 승리하실 것이다.

> 그런데 하나님께서는 지혜있다는 자들을 부끄럽게 하시려고 이 세상의 어리석은 사람들을 택하셨으며, 강하다는 자들을 부끄럽게 하시려고 이 세상의 약한 사람들을 택하셨습니다. 또 유력한 자를 무력하게 하시려고 세상에서 보잘것없는 사람들과 멸시받는 사람들, 곧 아무것도 아닌 사람들을 택하셨습니다. 〈고린도전서 1:27-28〉

그러나 이것이 연약함과 무저항으로 싸우는 전쟁이라면, 확실히 이 승리는 전쟁의 과정에 동원된 수단의 내재적 결과가 아니라 종을 일으키신 하나님의 부활 능력을 통해 이루어진 것이 분명하다.

> 그리고 우리 믿는 사람들 속에서 강한 힘으로 활동하시는 하나님의 능력이 얼마나 위대한지를 여러분에게 알게 하여주시기를 빕니다. 하나님께서는 그 능력을 떨치시어 그리스도를 죽은 자들 가운데서 다시 살려내시고 하늘 나라에 불러 올리셔서 당신의 오른편에 앉히시고 권세와 세력과 능력과 주권의 여러 천신들을 지배하게 하시고 또 현세와 내세의 모든 권력자들 위에 올려놓으셨습니다.〈에베소서 1:19-21〉

이것은 부활의 능력이 어떤 위력을 가졌는지를 보여준다. 바울은 다른 본문에서 이 능력이 어떻게 발휘될 것인지를 보여준다.

> 아담으로 말미암아 모든 사람이 죽는 것과 마찬가지로 그리스도로 말미암아 모든 사람이 살게 될 것입니다. 그러나 각각 차례가 있습니다. 먼저 그리스도께서 살아나셨고 그 다음에는 그리스도를 믿는 사람들이 그리스도께서 다시 오실 때 살아나게 될 것입니다. 그 다음에는 마지막 날이 올 터인데 그 때에는 그리스도께서 모든 권위와 세력과 능력의 천신들을 물리치시고 그 나라를 하나님 아버지께 바치실 것입니다. 그리스도께서는 하나님께서 모든 원수를 그리스도의 발 아래 굴복시키실 때까지 군림하셔야 합니다. 마지막으로 물리치실 원수는 죽음입니다.〈고린도전서 15:22-26〉

두 본문은 부활이 메시아의 개인적 승리뿐만 아니라 만물의 우주적 변화에도 핵심적인 요소가 된다고 말한다. 또한 부활은 개인 신자의 사후 생존에 대한 소망일 뿐만 아니라, 하나님의 실제적 대적인 "권세와 세력과 능력"이 멸망함으로써 얻은 새로운 질서에 대한 소망이기도 하다.

이 사역의 목적과 결과는 구약성경의 시온에 대한 예언이나 오늘날의 평화운동이 꿈도 꿀 수 없을 만큼 고상하고 장엄한 평화다.

> 모든 피조물은 하나님의 자녀가 나타나기를 간절히 기다리고 있습니다. … 곧 피조물에게도 멸망의 사슬에서 풀려나서 하나님의 자녀들이 누리는 영광스러운 자유에 참여할 날이 올 것입니다.〈로마서 8:19-21〉

때때로 바울은 이러한 "평화"까지 거룩한 전쟁과 관련된 강력한 용어로 기록한다. "평화를 주시는 하나님께서 사탄을 여러분의 발 아래 굴복시켜 주실 날이 멀지 않았습니다."로마서 16:20 그러나 그가 실제로 주장하는 것은 "화해"의 믿을 수 없는 속성이다. 다음 본문에서 바울이 유대인과 이방인의 분열에 대해 말한 내용은 우리의 세계를 산산이 부서진 세계로 만든 모든 분열에 대한 언급이기도 하다.

> 그리스도야말로 우리의 평화이십니다. 그분은 자신의 몸을 바쳐서 유다인과 이방인이 서로 원수가 되어 갈리게 했던 담을 헐어버리시고 그들을 화해시켜 하나로 만드시고 율법 조문과 규정을 모두 폐지하셨습니다. 그리스도께서는 자신을 희생하여 유다인과 이방인을 하나의 새 민족으로 만들어 평화를 이룩하시고 또 십자가에서 죽으심으로써 둘을 한 몸으로 만드셔서 하나님과 화해시키시고 원수되었던 모든 요소를 없이하셨습

니다. 이렇게 그리스도께서는 세상에 오셔서 하나님과 멀리 떨어져 있던 여러분에게나 가까이 있던 유다인들에게나 다 같이 평화의 기쁜 소식을 전해 주셨습니다. 그래서 이방인 여러분과 우리 유다인들은 모두 그리스 도로 말미암아 같은 성령을 받아 아버지께로 가까이 나아가게 되었습니다.〈에베소서 2:14-18〉

이제 이 평화의 개념은 확실해졌다. 그러나 이 평화는 예수께서 가르치셨을 수도 있고 그렇지 않을 수도 있는 단지 그런 흔한 윤리적 조언 가운데 하나는 절대로 아니다. 이 평화는 복음의 핵심이자 목적이다. 그러나 이것은 누구든지 평화를 자신의 생애의 핵심적 열정으로 삼기만 하면, 그것을 어떻게 규정하고 추구할 것인가와 관계없이 그리스도인이 된다는 것은 아니다. 복음은 평화가 목적이라는 주장에 대해 단호한 만큼이나 평화가 '무엇'이며 '어떻게' 추구할 것인가에 대한 판단에도 단호하다.

또한 앞서 언급했듯이, 바울은 그리스도인의 평화는 단순히 개인의 바람직한 내적 상태를 가리키는 것이 아니라는 사실을 분명히 지적한다. 그리스도인의 평화는 그러한 개인적 요소를 포함할 수 있으며 실제로 포함하지만, 무엇보다도 사회적 분리의 장벽을 제거하고 하나의 새로운 인간성을 창조하는 일과 관련된 내적 사역이자 외적 사역이기도 하다.

그러나 바울이 이어서 한 일은 - 이것은 그의 특별한 기여이기도 하다- '개인 종'과 '이스라엘 종'의 관계에 대한 탐구와 해설이다. 이것은 물론 우리에게 다음과 같은 중요한 질문을 제기하게 한다. "그렇다면 우리는 어떻게 해야 하는가?" 바울은 몇 가지 점에서 시온 전승을 넘어서는 것처럼 보인다. 그러나 우리는 그가 제2이사야서에서 발견되는 기본적 개념을 확장하고 완성한 것으로 이해할 수도 있다.

여러분은 그리스도의 할례, 곧 세례를 받음으로써 그리스도와 함께 묻혔고 또 그리스도와 함께 다시 살아났습니다. 그리스도를 죽은 자들 가운데서 다시 살리신 하나님의 능력을 믿었기 때문입니다.〈골로새서 2:12〉

우리는 그리스도와 같이 죽어서 그분과 하나가 되었으니 그리스도와 같이 다시 살아나서 또한 그분과 하나가 될 것입니다. … 그리스도께서는 단 한 번 죽으심으로써 죄의 권세를 꺾으셨고 다시 살아나셔서는 하나님을 위해서 살고 계십니다. 이와 같이 여러분도 그리스도 예수와 함께 죽어서 죄의 권세를 벗어나 그와 함께 하나님을 위해서 살아야 한다고 생각하십시오.〈로마서 6:5,10-11〉

앞서 제2이사야는 우리에게 '개인 종'과 '이스라엘 종'에 대해 양자가 뒤섞일 만큼 다소 모호한 구분을 제시한 바 있으나, 바울은 양자의 차이에 대해 훨씬 명료한 구분을 제시한다. 이제 '이스라엘 종' 그리스도를 믿는 신앙 공동체은 '개인 종'의 주되심을 받아들이고 전적으로 헌신함으로써 그리고 자신을 그와 동일시함으로써 사실상 그와 '결합' 또는 '연합'한다.

그러나 바울은 우리에게 이 연합은 신자가 경험을 통해 종이 경험한 죽음과 부활을 반복할 만큼 완전하다고 말한다. 신자는 그에게 역사한 것과 동일한 능력을 통해 "그분과 함께 묻혔"고, "그리스도와 함께 다시 살아났다." 세례는 이러한 죽음과 부활을 축약적으로 보여준다.

세례의 특별한 상징적 의미는 죄에 대해 죽고 다시 사는 내적 경험을 통해 "우리도 새 생명을 얻어 살아가게 된 것"로마서 6:4이다. 그러나 우리가 바울을 계속해서 따라가 보면 그가 이러한 재현을 내적 경험에만 한정하지 않는다는 사실을 발견하게 된다. 즉, '개인 종'의 외적 역사는 매우 실제적인 방식으로, '이스라엘 종'의 역사도 된다는 것이다.

그러나 이처럼 완전한 '연합'을 제시한 바울이지만, 그는 제2이사야가 그 랬던 것처럼, '이스라엘 종'과 '개인 종'을 혼동하지 않는다. 그들은 절대적인 역할과 기능에 있어서 구분된다. 예를 들면, '이스라엘 종'은 정화를 경험한 후 참된 시온으로 살라는 부르심을 받지만, 시온이나 세상을 깨끗하게 하는 자가 되라는 부르심은 받지 않는다. 우리는 '개인 종'처럼 무저항의 고난을 받으라는 부르심을 받지만, 우리의 고난이 세상 죄를 대속한다는 말은 어디에도 없다. 그리스도인에게 우리가 채찍을 맞음으로 세상이 성하게 되었거나, 하나님이 우리에게 인류의 죄를 담당하게 하셨다는 주장은 신성모독이다. 그리스도인의 고난은 종의 고난을 증거하지만, 확실히 그의 고난의 의미를 대체할 수는 없다. 끝으로 '이스라엘 종'은 부활 승리했으나, 그의 부활은 "주"의 지위로 올라서게 하지 못한다. 확실히 '이스라엘 종'은 '개인 종'과 연합하고 그의 역사를 반복하지만, 그에게 복종하고 의존해야 한다.

바울은 종종 그리스도인 형제들에게 자신을 그들이 따라야 할 모범으로 제시한다. 바울은 그렇게 함으로써 자신이 고난받는 종의 모습을 본받는 자임을 보여준다. 이것은 결코 우연히 이루어지지 않는다. 바울은 교회그리스도인의 방식이 주의 방식을 따라야 한다는 사실을 알고 있다. 바울은 이것을 "나는 어느 누구에게도 매여 있지 않는 자유인이지만 되도록 많은 사람을 얻으려고 스스로 모든 사람의 종이 되었습니다"고린도전서 9:19라는 한 문장으로 요약할 수 있다. 동시에 바울은 이 문제에 대해, 세상 지혜를 따라 행동하는 "현명한" 그리스도인과 자신을 대조하며 길게 설명할 수 있다.

내 생각에는 하나님께서 우리 사도들을 사형 선고를 받은 사람들처럼 여기시고, 그들 중에서도 맨 끝자리에 내세워 세상과 천사들과 뭇 사람의 구경거리가 되게 하신 것 같습니다. 우리는 그리스도를 위하여 바보가 되었고 여러분은 그리스도를 믿어 현명한 사람이 되었습니다. 우리는 약자이고 여러분은 강자입니다. 여러분은 명예를 누리고 있는데 우리는 멸시만 받습니다. 우리는 지금 이 시간에도 굶주리고 목마르고 헐벗고 매맞으며 집 없이 떠돌아 다니고 있습니다. 그리고 손발이 부르트도록 노동을 하고 있습니다. 그러면서 우리를 욕하는 사람을 축복해 주고 우리가 받는 박해를 참아내고 비방을 받을 때는 좋은 말로 대답해 줍니다. 그래서 우리는 지금도 이 세상의 쓰레기처럼 인간의 찌꺼기처럼 살고 있습니다.〈고린도전서 4:9-13〉

이 장면은 고난받는 종에 대한 제2이사야의 서술뿐만 아니라 예수의 역사도 떠올리지 않을 수 없다. 또한 이것은 확실히 니므롯의 전쟁주의에 대한 묘사와 정반대의 서술이다. 오히려 이 장면은 밖에서 자신의 소리를 들리게 하지 않고, 가만히 서서 털을 깎이는 어미 양처럼 무방비와 무저항의 취약성을 보여준다. 결론적 구절 가운데 하나인 "좋은 말로 대답해 줍니다"는 오늘날 저항주의자들이 새겨들어야 할 대목이다.

바울은 다른 본문에서 자신의 고난이 가지는 의미를 드러낸다.

우리는 아무리 짓눌려도 찌부러지지 않고… 맞아 넘어져도 죽지 않습니다. 이렇게 우리는 언제나 예수의 죽음을 몸으로 경험하고 있지만 결국 드러나는 것은 예수의 생명이 우리 몸 안에 살고 있다는 사실입니다.〈고린도후서 4:8-10〉

확실히 그의 고난그리고 부활은 예수의 고난을 되풀이한다. 그러나 이것은 절대로 단순한 반복이 아니라 그에 대한 증거다. 바울을 보는 자는 그의 죽음과 부활이 아니라, 예수의 죽음과 부활을 보는 것이다.

끝으로, 바울은 이러한 연결을 통해 자신이 종의 고난을 충분히 감내할 수 있음을 보여준다. 왜냐하면 자신은 예수와 연합하여 그의 도움을 받기 때문이라는 것이다. 바울은 확실히 일반적 원리에 비추어 말하고 있지만, 그의 고통은 개인적 경험에 해당하는 것이 분명하다.

> 나는 그 고통이 내게서 떠나게 해주시기를 주님께 세 번이나 간청하였습니다. 그러나 주님께서는 "너는 이미 내 은총을 충분히 받았다. 내 권능은 약한 자 안에서 완전히 드러난다." 하고 번번이 말씀하셨습니다. 그래서 나는 그리스도의 권능이 내게 머무르도록 하려고 더없이 기쁜 마음으로 나의 약점을 자랑하려고 합니다. 나는 그리스도를 위해서 약해지는 것을 만족하게 여기며, 모욕과 빈곤과 박해와 곤궁을 달게 받습니다. 그것은 내가 약해졌을 때 오히려 나는 강하기 때문입니다.〈고린도후서 12:8-10〉

본문에 나타난 명확한 함축은 우리가 그리스도와 연합하여 그의 방식으로 살 때만, 즉 종의 연약함 속에서만 그리스도의 능력을 머물게 할 수 있다는 것이다.

이어서 바울은 그리스도의 고난뿐만 아니라 종 공동체의 고난에 대해서도 언급함으로써 종이신 그리스도의 길이 '다른 방식의 전쟁'을 통해 그리스도와 및 그와 연합한 자들을 위한 생명과 승리로 이어질 것이라는 사실을 확인한다. "그리스도께서는 약하셔서 십자가에 달려 죽으셨지만 하나님의 권능으로 지금 살아 계십니다. 그리스도를 믿는 우리도 약하기는 하지만 하나님의 권능으로 그리스도와 함께 살아서 여러분을 대하게 될 것입니다."고린도후서 13:4

우리는 거룩한 전쟁으로부터 멀리 나와서 지금은 우리의 취약성, 죽음, 연약함에 대해 말하고 있는 것처럼 보인다. 그러나 그렇다고 할 수도 있고 그렇지 않다고 할 수도 있다. 다음 본문은 같은 바울의 글에서 나왔으면서도 어떤 모순도 드러나지 않는다.

> 내가 끝으로 여러분에게 권고할 말은 이것입니다. 여러분은 주님과 함께 살면서 그분에게서 강한 힘을 받아 굳세게 되십시오. 속임수를 쓰는 악마에 대항할 수 있도록 하나님께서 주시는 무기로 완전무장을 하십시오. 우리가 대항하여 싸워야 할 원수들은 인간이 아니라 권세와 세력의 악신들과 암흑 세계의 지배자들과 하늘의 악령들입니다. 그러므로 지금 하나님의 무기로 완전무장을 하십시오. 그래야 악한 무리가 공격해 올 때에 그들을 대항하여 원수를 완전히 무찌르고 승리를 거둘 수 있을 것입니다.〈에베소서 6:10-13〉

이어지는 본문에 나오는 무기의 목록 중 몇 가지는 우리가 인용한 가장 호전적인 본문 가운데 하나에서 제3이사야가 하나님이 입고 있는 의복으로 서술한 무기와 일치한다. 우리가 지금까지 추적해온 흐름은 정직하고 논리적이다.

우리는 위 본문에서 모든 서술이 성격상 방어적이라는 사실에 주목할 필요가 있다. 본문이 가르치는 교훈은 나가서 세상을 정복하고 뒤집거나 무력으로 군대를 물리치고 평화를 얻으라는 것이 아니라 '자리를 지키라'는 것이다. 그러나 '다른 방식의 전쟁'은 진정한 힘과 용기와 인내를 요구하는 참된 싸움이다. 그리스도인은 하나님이 제공하시는 모든 무기가 필요하다. 물론, 이러한 무기의 궁극은 부활의 능력이다. 이것을 가진 자는 죽음을 감수할 수 있으며, 목숨을 내어놓기도 한다. 그러나 그들은 패배하지 않는다. 사랑의 하나님이 그를 그곳에서 다시 일으키실 것이기 때문이다. 바울은 이 모든 사실을 알고 있었다.

> 우리의 처지는, "우리는 종일토록 당신을 위하여 죽어갑니다. 도살당할 양처럼 천대받습니다."라는 성서의 말씀대로입니다. 그러나 우리는 우리를 사랑하시는 그분의 도움으로 이 모든 시련을 이겨내고도 남습니다. 나는 확신합니다. 죽음도 생명도 천사들도 권세의 천신들도 현재의 것도 미래의 것도 능력의 천신들도 높음도 깊음도 그 밖의 어떤 피조물도 우리 주 그리스도 예수를 통하여 나타날 하나님의 사랑에서 우리를 떼어놓을 수 없습니다. 〈로마서 8:36-39〉

6

왕이신 예수

예수께서 군중과 제자들을 한 자리에 불러놓고 이렇게 말씀하셨다. "나를 따르려는 사람은 누구든지 자기를 버리고 제 십자가를 지고 따라야 한다. 제 목숨을 살리려는 사람은 잃을 것이며, 나 때문에 또 복음 때문에 제 목숨을 잃는 사람은 살릴 것이다."

〈마가복음 8:34-35〉

엄밀하게 말하면, 이 책이 말하려는 핵심인 왕이신 예수의 가르침이 본격적으로 등장하는 것은 지금부터라고 할 수 있다. 마침내 6장에서 왕으로 오신 예수가 우리에게 준 가르침이 등장한다. 왕이신 예수가 누구며, 어떤 결말을 위해 싸웠고, 누구와 싸웠는지, 또 무슨 권세로 군사를 모집하고, 징집 조건이 무엇이며, 재향 군인의 혜택은 무엇인가 하는 문제와 관련해서는 앞의 1-5장도 적절하고 필요한 자료다. 하지만, 예수의 가르침과 훈련 강령들은 짧은 명령이지만 훨씬 더 나은 의미가 있다.

사실, 여기서 우리를 끌어들이는 질문은 "예수의 가르침이 그의 명령 아래서 자신을 본받으며 싸울 자들을 가르치는 '종 메시아'라는 우리의 그림에 적합한가?" "본서의 취지에 부합하는가?" 하는 것이다. 이 문제에 답하려고 전쟁과 평화에 관한 모든 성경 구절을 모을 필요는 없다. 이 문제를 다루는 가장 좋은 책은 맥그레거의 『평화주의의 신약적 기초New Testaments Basic of

Pacifism』이거나 존 퍼거슨John Ferguson의 『사랑의 정치*Politics of Love*』이다. 우리의 관심사는 예수의 가르침이 중요하다고 강조하는 것을 찾아내고, 이를 우리가 여태껏 발전시켜온 것과 어떻게 조화시키는가를 결정하는 것이다.

예수의 교훈이 강조한 것을 찾아내는 가장 좋은 방법은 아마도 가능한 가장 간결하게 시작해서 그 뜻을 드러내고 확장하는 것이겠다. 예수의 가르침을 간결하게 2개의 단어로 줄이면, "나를 따르라"이다. 이것은 가르침이라고 할 수도 없다. 단지 명령일 뿐이다. 이 명령이 복음서에서 얼마나 많이 변형되어 나타나는지 모른다. 그렇다 해도 그것은 그리 중요한 문제가 아니다. 예수의 가르침이 "나를 따르라"라는 구절로 시작하고, 그 구절이 핵심이며, 그 구절로 끝나고, 그 구절에 초점이 있다는 사실은 조금도 의심할 여지가 없다.

예수는 철학자나 윤리 선생이 아니다. 그런 암시는 절대 없다. 철학자와 윤리 선생은 선한 사람이 어떻게 살아야 하는지에 대한 보석 같은 지혜를 남기기도 했다. 하지만 그 가르침들이 얼마나 위대하며 그것을 어디까지 지켜야 하는지는 각 사람의 결정에 맡겨두고 사라졌다. 그러나 예수는 그렇게 하지 않았으며 그런 가르침을 직접적으로 남겼다. 한순간도 돌려 말하지 않았다. 우리는 예수를 왕으로 만날 수 있다. 이 왕은 군대를 훈련하고 백성들의 헌신을 요구하며, 백성들의 섬김을 받기에 충분하다. 그 왕이 말한다. "나를 따르라."

거룩한 전쟁의 패턴은 적어도 "나를 따르라"라는 지점까지 적용된다. 이 명령 때문에 야훼의 옛 선별 징병제도가 다시 효력을 발휘하게 된다. 이 명령을 내린 왕은 "국민들이여, 나가서 싸우라! 내가 뒤백악관이나 방공호에서 당신들을 응원하고 있다."라고 말하는 미국의 대통령과는 다르다. 이전에 야훼께서 하신 것처럼 예수는 앞에서 싸운다. "나를 따르라. 서두르지 않으면, 너희가 도착하기도 전에 전쟁은 끝날 것이다. 또한, 너희가 혼자라는 생각이 들지 않도록 할 것이다!"

"나를 따르라"라는 명령은 "내가 싸우는 것과 같은 방식으로 너희도 싸우라"라는 뜻으로 이전에 야훼께서 말씀하신 것이다. 이는 오직 발레리나의 태도만이 하나님 앞에서 올바르다는 것이다. 왕 자신이 발레리나처럼 행했으므로 왕예수의 일생은 따르는 자들에게도 똑같이 겸손을 촉구한다. 즉 왕은 어떤 상황에서건 다른 사람이 고통을 받게 하지 않고 기꺼이 자신이 고난을 받았다. 왕은 만물을 바로 잡는 데 필요하다면 하나님이 부활시키실 것이라는 믿음으로 기꺼이 죽음까지도 받아들인다. 이러한 왕이 "나를 따르라!"라고 명령한다.

끝으로 예수가 가르쳐준 가르침이나 권고는 모두 "나를 따르라"라는 말에서 나오며 그 말을 떠나서는 이해하기 어렵다. 이 말에는 성공과 행복을 확신하면서 인간이 스스로 행하겠다고 결심할 일반적인 교훈이나 인간의 지혜, 보편적인 지침 같은 것은 전혀 없다. 예수의 가르침이 실제로 가능해지려면, 예수의 모든 가르침은 제자의 관계를 가정하고 사실상 요구해야만 한다. 이 관계는 '그리스도와의 연합'과 부활의 가능성까지 포함한다. "나를 따르라!"

이 모든 것은 우리가 앞 장에서 다룬 내용이 다음의 한 가지로 넘어왔다는 것을 의미한다. 즉, 예수가 누구며 그의 역사가 무엇이었나 하는 것이 그의 가르침 일부분이며, 어쩌면 예수의 말씀보다 더 중요한 부분일 수 있다는 것이다. 이것은 예수의 가르침을 종합했을 때, 그 내용이 반드시 "왕이신 예수께서 당신을 불렀고 자신을 따르라고 말씀하신다."인 경우일 것이다.

"나를 따르라!"를 이해하기 위해 앞에서 인용한 마가복음 8장의 말씀에서부터 시작할 것이다. 이 말씀은 우리의 방향이 옳다는 것을 보여준다. 이 말씀은 "다른 방식의 싸움"에 대한 근본적인 진술이다. 우리가 창세기에서 명확하게 파악한 것처럼, 싸움과 분쟁은 일반적으로 인간이 스스로 안전을 이루려는 시도에서 생긴다. 예수께서 명확하게 말했다. "누구든지 제 목숨을 살리려는 사람은 잃을 것이며…."누가복음 17:33 그의 방식은 세상의 방식과 완전히 다르다. 또한, 우리는 주목해야 한다. 목숨을 잃는 것이 안전해지는 것이라는 생각이 의미 있으려면, 부활 사건처럼 외부의 힘이 개입한다는 것을 가정해야 한다. 왜냐하면 "자기 목숨을 잃는다"라는 것이 근본적으로 "안전해지는 것"과 같을 수 없기 때문이다.

마가복음의 다른 곳에는 "나를 따르라"라는 말씀과 연결된 또 하나의 열쇠도 있다.

> 그래서 예수께서는 그들을 가까이 불러놓고 "너희도 알다시피 이방인들의 통치자로 자처하는 사람들은 백성을 강제로 지배하고 또 높은 사람들은 백성을 권력으로 내리누른다. 그러나 너희는 그래서는 안 된다. 너희 사이에서 누구든지 높은 사람이 되고자 하는 사람은 남을 섬기는 사람이 되어야 하고 으뜸이 되고자 하는 사람은 모든 사람의 종이 되어야 한다. 사람의 아들도 섬김을 받으러 온 것이 아니라 섬기러 왔고, 또 많은 사람들을 위하여 목숨을 바쳐 몸값을 치르러 온 것이다" 하셨다. 〈마가복음 10:42-45〉

이 본문에서 예수는 자신이 가르친 것의 모범을 보였기 때문에 "나를 따르라"라고 적절히 명령했다는 것을 분명하게 알 수 있다. 그렇지만 우리는 여기서 "자기 목숨을 바침"을 넘어서 "섬김으로 자신을 드리는 사람"에 대해 살펴보려 한다. "섬기는 사람"은 약간 다른 개념이지만, 여전히 세상의 싸움, 분쟁의 방법과는 정반대이다. '고난받는 종'이라는 단어는 두 요소를 동등하게 강조하고 있다. 종은 섬기면서 고난도 겪고 있다. 그의 섬김은 고난으로 이어지고, 그 고난 자체가 종이 행하는 가장 큰 섬김인 것이다.

예수의 각별한 가르침과 교훈은 우리가 발전시켜온 것들과 잘 어울린다. 그의 가르침과 교훈을 이해하려면 마태복음의 주요 본문 두 곳을 살펴보라. 하나는 산상수훈이고 또 하나는 예수가 제자들을 세상으로, 그들의 사역으로 파송한 부분이다. 비록 다른 곳에서 더 많은 것을 찾을 수도 있지만, 마태가 설명한 것이 예수의 교훈을 가장 잘 설명하고 있고 그것으로 충분한 자료가 된다.

우선 산상수훈을 살펴보자. 산상수훈이 고난받는 종을 묘사하고 있다고 생각해본 적이 있는가?

"마음이 가난한 사람은 행복하다. 하늘 나라가 그들의 것이다. 슬퍼하는 사람은 행복하다. 그들은 위로를 받을 것이다. 온유한 사람은 행복하다. 그들은 땅을 차지할 것이다. 옳은 일에 주리고 목마른 사람은 행복하다. 그들은 만족할 것이다. 자비를 베푸는 사람은 행복하다. 그들은 자비를 입을 것이다. 마음이 깨끗한 사람은 행복하다. 그들은 하나님을 뵙게 될 것이다. 평화를 위하여 일하는 사람은 행복하다. 그들은 하나님의 아들이 될 것이다. 옳은 일을 하다가 박해를 받는 사람은 행복하다. 하늘 나라가 그들의 것이다." 〈마태복음 5:3-10〉

"'살인하지 마라. 살인하는 자는 누구든지 재판을 받아야 한다.' 하고 옛 사람들에게 하신 말씀을 너희는 들었다. 그러나 나는 이렇게 말한다. 자기 형제에게 성을 내는 사람은 누구나 재판을 받아야 하며 자기 형제를 가리켜 바보라고 욕하는 사람은 중앙 법정에 넘겨질 것이다. 또 자기 형제더러 미친놈이라고 하는 사람은 불붙는 지옥에 던져질 것이다."〈마태복음 5:21-22〉

"'눈은 눈으로, 이는 이로.' 하신 말씀을 너희는 들었다. 그러나 나는 이렇게 말한다. 앙갚음하지 마라. 누가 오른뺨을 치거든 왼뺨마저 돌려 대고 또 재판에 걸어 속옷을 가지려고 하거든 겉옷까지도 내주어라. 누가 억지로 오 리를 가자고 하거든 십 리를 같이 가주어라. 달라는 사람에게 주고 꾸려는 사람의 청을 물리치지 마라." "'네 이웃을 사랑하고 원수를 미워하여라.' 하신 말씀을 너희는 들었다. 그러나 나는 이렇게 말한다. 원수를 사랑하고 너희를 박해하는 사람들을 위하여 기도하여라. … 하늘에 계신 아버지께서 완전하신 것같이 너희도 완전한 사람이 되어라."〈마태복음 5:38-44,48〉

"남을 판단하지 마라. 그러면 너희도 판단받지 않을 것이다. 남을 판단하는 대로 너희도 하나님의 심판을 받을 것이고 남을 저울질하는 대로 너희도 저울질을 당할 것이다. 어찌하여 너는 형제의 눈 속에 있는 티는 보면서 제 눈 속에 들어 있는 들보는 깨닫지 못하느냐?"〈마태복음 7:1-3〉

"너희는 남에게서 바라는 대로 남에게 해주어라. 이것이 율법과 예언서의 정신이다."〈마태복음 7:12〉

"나더러 '주님, 주님!' 하고 부른다고 다 하늘 나라에 들어가는 것이 아니다. 하늘에 계신 내 아버지의 뜻을 실천하는 사람이라야 들어간다."〈마

태복음 7:21〉

산상수훈의 이러한 가르침은 너무 명확하고 단순해서 그 이상 주석을 할 필요가 없다. 그렇지만 이 가르침들을 고난받는 종 메시아가 자신을 따르는 군사에게 따르라고 요구하는 것으로 이해할 수 있을까?

마태복음 10장에서 예수는 그의 제자들에게 어떻게 행동해야 하는지에 관한 특별한 지침을 준다. 10장에서는 고난받는 종이라는 주제와 확장된 시온 전승이 산상수훈보다 더 강하게 울려 퍼진다.

예수께서는 모든 도시와 마을을 두루 다니시며 가시는 곳마다 회당에서 가르치시고 하늘 나라의 복음을 선포하셨다. 그리고 병자와 허약한 사람들을 모두 고쳐주셨다. 또 목자 없는 양과 같이 시달리며 허덕이는 군중을 보시고 불쌍한 마음이 들어 제자들에게 이렇게 말씀하셨다. "추수할 것은 많은데 일꾼이 적으니 그 주인에게 추수할 일꾼들을 보내달라고 청하여라." 예수께서 열두 제자를 불러 악령들을 제어하는 권능을 주시어 그것들을 쫓아내고 병자와 허약한 사람들을 모두 고쳐주게 하셨다. … "가서 하늘 나라가 다가왔다고 선포하여라. … 앓는 사람은 고쳐주고 죽은 사람은 살려주어라. 나병환자는 깨끗이 낫게 해주고 마귀는 쫓아내어라. 너희가 거저 받았으니 거저 주어라."〈마태복음 9:35-10:1,7,8〉

이 본문 연결은 아주 분명하다. '개인 종'은 사람들의 필요를 채워주고 그들의 행복을 위해 최선을 다하는 일에 완전히 자신을 헌신했다.

그 종은 '이스라엘 종'에게도 똑같은 일을 위임한다. 이것은 인간의 대적인 권세와 능력에 대항하는 그의 싸움의 중요한 일면이다.

"이제 내가 너희를 보내는 것은 마치 양을 이리떼 가운데 보내는 것과 같다. 그러므로 너희는 뱀같이 슬기롭고 비둘기같이 양순해야 한다. 너희를 법정에 넘겨주고 회당에서 매질할 사람들이 있을 터인데 그들을 조심하여라. 또 너희는 나 때문에 총독들과 왕들에게 끌려가 재판을 받으며 그들과 이방인들 앞에서 나를 증언하게 될 것이다. … 그리고 너희는 나 때문에 모든 사람에게 미움을 받을 것이다. 그러나 끝까지 참는 사람은 구원을 받을 것이다. … 제자가 스승만해지고 종이 주인만해지면 그것으로 넉넉하다. 집 주인을 가리켜 베엘제불이라고 부른 사람들이 그 집 식구들에게야 무슨 욕인들 못하겠느냐?" … "그러므로 그런 사람들을 두려워하지 마라. 감추인 것은 드러나게 마련이고 비밀은 알려지게 마련이다." 〈마태복음 10:16-18,22,25,26〉

예수를 따르는 이들은 자기의 섬김을 통해 사회와 국가와 세상 권력과 갈등을 겪고, 심지어 가족과도 갈등을 겪게 될 것이다. 그들은 고난을 받을 것이다. 누가는 바로 이런 내용으로 종말을 설명한다.

그렇지만 모든 일에서 그들은 자신들의 지도자이자 왕이신 분의 분깃을 나누어 가지고 있다. 예수가 한 것처럼 그들은 이 세상에서 늑대가 아닌 양이며 순결한 비둘기로서 고난을 겪어야 한다. 이 역시 그들이 세상 권세에 대항하여 싸우는 방식 중의 하나다.

"그리고 육신은 죽여도 영혼은 죽이지 못하는 사람들을 두려워하지 말고 영혼과 육신을 아울러 지옥에 던져 멸망시킬 수 있는 분을 두려워하여라. 참새 두 마리가 단돈 한 닢에 팔리지 않느냐? 그러나 그런 참새 한 마리도 너희의 아버지께서 허락하지 않으시면 땅에 떨어지지 않는다.

아버지께서는 너희의 머리카락까지도 낱낱이 다 세어두셨다. 그러니 두려워하지 마라. 너희는 수많은 참새보다 훨씬 더 귀하다."〈마태복음 10:28-31〉

예수의 제자들은 도대체 어떻게 완전한 무방비defenselessness 상태에서 고난을 감당할 수 있었을까? 자기가 생존할 수 있을지, 목적이 성공할 것인지에 대한 두려움조차 없이 말이다. 그것은 그들이 하는 싸움은 하나님이 하는 싸움이고, 하나님이 그들 자신과 그들의 목적을 보살피고, 마침내 그들을 부활회복시킬 것이라는 점을 알았기 때문이다. 이런 생각은 원래 거룩한 전쟁 전승에서 보았던 것과 거의 차이가 없다.

그러나 위 본문은 "너희의 사심 없는 사역, 고결한 의도, 아름다운 사랑의 표현으로 대적을 이기고, 그들을 너희처럼 훌륭하게 할 것이며, 그 때문에 너희와 너희의 목적이 보전될 것이니 두려워 말라"라고 말하지 않는다. 왕이신 예수와 상관없거나 왕과 연합되지 않았거나 예수의 부활을 공유하지 않은 채, 스스로 무방비를 선택한 사람은 차라리 두려움을 조금이라도 느끼는 편이 더 나을 것이다.

"내가 세상에 평화를 주러 온 줄로 생각하지 마라. 평화가 아니라 칼을 주러 왔다. 나는 아들은 아버지와 맞서고 딸은 어머니와, 며느리는 시어머니와 서로 맞서게 하려고 왔다. 집안 식구가 바로 자기 원수다. 아버지나 어머니를 나보다 더 사랑하는 사람은 내 사람이 될 자격이 없고 아들이나 딸을 나보다 더 사랑하는 사람도 내 사람이 될 자격이 없다. 또 자기 십자가를 지고 나를 따라오지 않는 사람도 내 사람이 될 자격이 없다. 자기 목숨을 얻으려는 사람은 잃을 것이며 나를 위하여 자기 목숨을 잃는 사람은 얻을 것이다." 〈마태복음 10:34-39〉

종의 길, 즉 '개인 종'의 길과 '이스라엘 종'의 길은 모두 사랑으로 섬기면서 무방비하게 고난을 받는 길이다. 의심할 여지 없이 그렇다. 그 방법은 명확하게 세상이 말하는 "싸움"과 정반대이다. 그렇지만 그것은 전쟁이다. 왕이신 예수는 이를 거룩한 전쟁이라고 불렀다. 하나님과 함께 싸우거나 그분의 방법대로 싸우려면 다른 어떤 전쟁보다도 온전한 노력, 용기, 인내, 모험, 위험 감수, 담대, 수고와 피[흘림]을 요구한다. 이러한 요구들은 세상에서의 전쟁과는 다르게 적용된다. 즉 십자가를 지고 종 메시아가 걸어가신 길을 따르며 생명을 얻으려고 자신의 목숨을 내어놓는 것이다. 구약의 야훼처럼 왕이신 예수도 전쟁을 한다. 이때 예수의 요청도 야훼의 그것과 마찬가지로 "나를 따르라"이다.

특히 무방비와 관련해서, 예수의 가르침은 독립적이고 자명한 진리로서 홀로 서려는 의도가 전혀 아니었다. 그렇지만 그 가르침들은 적절한 환경에서, 예수가 자신을 따르라고 한 제자들에게 준 명령으로서, 우리가 성경을 통해 추적해 온 패턴에 완벽하게 들어맞는 것을 발견했다. 이런 관점에서 보면, 어떻게 우리 기독교인들이 성경을 읽고서 세상 전쟁과 싸움에 기독교인들이 참여하는 것을 성경이 인정할 뿐만 아니라 그것을 허락했다고 생각하는지 도무지 이해할 수 없다. 기독교인 대부분은 아직도 아무런 문제의식을 느끼지 않으며 성경을 읽는다. 기독교인들은 그간 이 문제를 어떻게 대해왔는가?

누군가는 수많은 성경 구절을 조사하고 몇몇 성구의 해석을 조작왜곡해서 우리가 알고 있는 것과 다른 결론을 내리려고 할 수도 있다. 그렇게 하려면 그는 지금까지 우리가 찾아낸 중요한 논제를 무시하거나 외면해야만 한다. 우리는 누구나 각자가 생각하는 대로 성경도 말한다고 하려는 경향이 있다.

하지만 우리는 다른 관점을 지적해주는 성경 구절들과 왜곡된 해석들을 논박하는 데 시간을 낭비할 필요가 없다. 만일 우리의 중요한 논제를 인정할 만한 증거를 확신하지 못한다면 어떤 자료도 소용이 없을 것이다.

전쟁을 지지하는 기독교인 대부분은 예수의 가르침에 대한 우리의 해석을 반박하지 않는다. 이 해석이 너무 명백하기 때문이다. 그렇지만 그들은 우리가 그 가르침을 적용할 때에 의문을 제기한다. 그들이 말하는 것은 이렇다. 예수는 시종일관 개인 대 개인의 행동에 대해 말씀하시며, 그리스도인이 개인적으로 만나는 상대에 대해 어떻게 처신할 것인가를 말씀하신다. 따라서 예수는 국가 정책, 사회활동, 기관 활동, 심지어 정부의 대표로 일하거나 정치 사회적인 기능으로서 역할을 하는 사람의 삶에까지 똑같은 방식을 적용해야 한다는 말씀은 어디서도 하지 않으신다.

이런 관찰은 정확하다. 그렇지만 내가 믿기로는 기독교인이 종 메시아 군대로 징집된 것의 개인적 책임을 등한시할 수 있다는 가능성을 예수는 말하지 않는다. 메시아 군대로의 부름은 다른 어떤 의무보다 우선한다. 따라서 이 의무를 위배하는 어떤 사회적 역할도 금지된다. "아무도 두 주인을 섬길 수는 없다. 그러므로 누구를 섬길지 선택하라." 그래서 예수는 오직 개인 대 개인의 행동이라는 관점에서 말할 필요가 있다. 기독교인이 무엇을 하건 이런 선택이 행동을 주도해야 한다고 의도하고 있기 때문이다.

반대로, 만약 예수가 고난받는 종의 모습이 어떤 상황에서건 적용되어야 한다고 하지 않았다면, 기독교의 복음에는 심각한 결함이 있는 것이다. 우리는 이 부분 앞에서 정직해야 한다. 만약 고난받는 종의 윤리를 사회적인 환경에 적용할 수 없다면, 어떤 윤리를 적용해야 하는가에 대해 복음은 어떤 암시도 하지 않는다. 신약성경에 다른 윤리는 없다. 만약 복음이 삶의 중요한 문제에 대해서 어떤 도움이나 가르침을 주지 못한다면, 그 복음은 매우 부적절하다.

그러나 우리가 알고 있는 시온 전승의 지식은 이러한 생각들을 일축한다. 예수의 가르침은 시온 전승의 일부로 이해되어야 한다. 시온 전승은 거룩한 전쟁에 대한 이론에서 시작하여 종 메시아의 십자가와 부활에 이르기까지 세계사적 대행자의 관점에서 말하며, 열방 가운데서 정치 사회적 평화를 지향한다. 이 방법은 세상이 사용하는 방법은 아니지만, 그 행위는 세상에서 일어나며 그 목적은 세상을 구원하려는 것이다. 시온 전승의 유산은 그것을 단순하게 내적 영적 경험으로 내면화하거나 개인적 사역으로 한정하려는 노력을 부정한다. 시온 전승은 세상을 위해 싸우시는 하나님의 경륜이다. 성경에 따르면 이는 고난받는 종의 윤리이지 다른 어떤 것도 아니다.

"그런데 왜 기독교인들은 그것을 깨닫지 못하고, 인정하지도 따르지도 않는 걸까?"

기독교인들은 가르침을 따른 효과가 없을까 두려워한다. 그러나 그들은 개인적인 차원, 즉 일대일 관계의 많은 상황 속에서 그 윤리가 어떻게 작동하는지 볼 수 있다. 만약 마음에 들지 않는 이웃을 기꺼이 사랑으로 섬기며 행여 이웃이 비겁한 짓을 해도 그를 공격하지 않는다면, 마침내 그를 이기고 곤경을 이겨낼 수 있다. 만약 실패한다고 해도 그 피해는 하찮은 정도에 불과할 것이다. 이웃이 저지른 가장 못된 짓이라고 해도 그것은 유리창에 돌을 던지는 정도에 불과할 것이기 때문이다. 그러므로 나는 예수가 가르치신 방법을 적어도 한번은 시도해볼 것이다.

그렇지만 당신이 러시아 공산주의자들이 우리가 사는 도시에 핵무기를 발사하는 경우에 대해 말한다면, 기독교의 사랑과 무방비defenselessness로는 그들을 멈출 수 없다. 이 경우 만약 고난받는 종이 실패한다면, 이 피해는 유리창이 깨지는 정도로 끝나지 않을 것이다. 우리의 이해와 미국 전체의 모든 전망이 영원히 사라질 것이기 때문이다. 이런 상황에서 당신은 예수의 방법을 따를 수 없을 것이고, 그 방법은 효과도 없을 것이다.

사실 나는 사람들의 이런 말을 논박하기를 더 좋아한다.

"그러나 당신이 말하는 그런 상황에서도 사랑의 방법은 효과가 있을 거요. 우리가 그들을 사랑한다는 것을 공산주의자들이 알게 할 수 있다면 말이죠. 우리가 실천하는 모든 행위는 전쟁이 아니라 사랑이어야 하니까요. 평화에게 기회를 줍시다. …. 그렇다면 평화가 자기 방식으로 승리하지 않겠습니까?"

평화가 효과가 있다고 생각하는 사람이나 효과가 없다고 생각하는 사람 모두에게 중대한 오류가 있다. 그들은 예수를 비롯한 어떤 시온 전승의 기자들도 고난받는 종의 방법이 효과가 있다거나 장차 효과가 생기리라고 말하지 않았다는 것을 놓치고 있기 때문이다. 논쟁을 넘어서, 예수가 평화의 가장 위대한 실천가라는 것은 명백한 사실이다. 그렇다면 어느 지점에서 효과가 있었는가? 예수는 평화를 위해 노력했지만, 그 노력은 개인 대 개인의 차원에서조차 효과를 거둘 수 없었다. 예수의 대적들은 예수의 무방비한 사랑을 마치 그것이 존재하지 않는 양 깔아뭉개고, 자신들이 하고 싶은 대로 예수를 대했고, 결국 예수를 십자가에 매달아 죽였다. 예수는 생명과 명분을 모두 잃어버렸다. 예수의 제자들은 예수를 배신하고 부인했으며 예수를 내동댕이쳤다. 만약 하나님의 개입이 없었다면, 그 사건은 기독교가 소멸하는 계기가 되었을 것이다. 따라서 예수께서 선한 명분이라는 목적을 위해 사회 정치적 전략으로 비폭력적인 고난받는 사랑을 가르치고자 하신 것이라면, 예수께서 보여준 모범은 분명 함부로 추천할 만한 것이 아니다.

이는 무방비로는 적을 결코 이길 수 없다거나 그 목적을 이루지 못한다는 뜻은 아니다. 최근의 사건들에서 사랑의 방법이 효과를 발휘하는 매우 극적인 사례가 있었기 때문이다. 그렇지만 저절로 작동하는 기술인 사랑의 방법은 신뢰하기 어렵고, 많은 상황에서 완전히 비효과적인 것으로 드러났다. 이는 폭력이 더 좋은 방법이라는 뜻이 아니다. 폭력은 선한 명분을 추구하는 데 유익하다는 것을 입증할 기회조차도 없다. 우리가 비폭력을 비판하는 것은 결코 폭력을 권장하려는 의도가 아니다.

그러나 만일 무방비가 단지 하나의 전략으로만 사용된다면, 그것이 효과가 없다는 것이 드러나자마자 우리는 그것을 포기하고 다른 방법을 추구할 권리사실상 책임가 있다. 전략을 입증할 유일한 길이자 유일한 존재 이유는 "효과가 있는가"라는 것이다.

그런데 예수의 명령과 모범은 무방비한 사랑이 시대적 요구라는 것을 분명히 한다. 비록 그 효과 유무가 어떻든지 간에, 그 결과가 십자가 죽음뿐일지라도 말이다. 그 이유는 무엇인가? 그것은 이 종이 권장 절차를 시도해보는 사회 공학자가 아니기 때문이다. 그는 왕의 명령에 복종하는 군사다. 여기서 검증의 대상은 그의 기술이 아니라 그의 믿음과 충성이다. 사랑의 기술이 실패하고 그 방법 끝에 패배와 죽음이 기다리고 있다 할지라도 그것이 이야기의 결말은 아니다. 승리의 능력은 전략의 효력에 있는 것이 아니라, 처음에 그런 모험을 지시하고 그것이 성공하는 데 필요한 것은 무엇이든 하겠다고 약속하신 하나님의 뜻 안에 있기 때문이다. 부활조차도 이 성공을 위해서는 필연적이다.

이 모든 것은 기독교의 종은 사랑보다 믿음의 질에 먼저 주의를 기울여야 한다는 것을 뜻한다. 단순한 인간의 사랑은 어떤 경우에서건 우리의 싸움과 분쟁을 멈출 능력이 없다. 인류를 돌이키기에는 사랑하는 사람들 자신 안에도 이미 가인과 니므롯이 너무 많다. 오직 부활의 능력으로만 싸움을 멈출 수 있다. 오직 부활 신앙만이 종이 십자가의 길을 사랑하게 하며 십자가를 초월할 수 있게 한다. 그래서 종의 사랑은 자신의 믿음을 표현하는 것이 된다. 이는 하나님께서 세상의 소망으로 사용하실 수 있는 믿음이며 사랑이다. 그저 싸움을 멈추고 사랑을 시작하라며 우리를 재촉하는 구호들에는 믿음과 사랑이 빠져있다. 쉽고 이상적인 구호일 뿐이다. 종은 특정한 하나님의 권능에 의존하는 특정한 부활 신앙, 그 표현으로만 오는 사랑의 특정한 속성을 보여주기 위해 부름을 받았다.

그렇다면 결국 모든 상황에서 기독교인들이 고난받는 종의 길을 따르는데 실패하는 것은 하나님이 부활시키는 능력과 하나님의 약속, 즉 신자 개인뿐 아니라 시온 공동체와 세상까지도 부활시킬 것을 믿는 데 실패했기 때문이 아닐까?

내가 확신하는 것은 많은 기독교인이 그저 개인적인 기반에서 종의 고난을 기꺼이 감당하고 있다는 것이다. 그들은 사랑으로 역사하는 믿음의 방법으로 무방비 상태로 자신의 삶을 내려놓을 것이다. 그들은 하나님이 자신을 돌보아주실 수 있으며 또 그렇게 하실 것으로 믿는다. 하지만 그들은 더 많은 사람, 민족, 나라들을 사랑하게 되면서 하나님을 의심하게 되고 '다른 방식의 싸움'이 적절한 것인지 의문을 갖기까지 한다. 하나의 전략으로서 사랑이 효과를 발휘하지 않게 되면서 부활의 약속은 모호해진다. 또한, 세상이 얻으려고 다투는 것에 가까운 뭔가를 얻으려고 고난받는 종의 역할을 포기하게 된다.

기독교인 대부분은 이사야가 비기독교인인 그의 형제들에게 야훼께서 앗수르에서 시온을 구원하실 것을 믿도록 했다는 사실은 빨리 믿는다. 그렇지만 우리는 예수 그리스도를 부활시킨 하나님께서 우리를 히틀러의 손에서 구하실 것이라는 사실은 믿지 않았다. 그 당시에, 우리는 고난받는 종의 하나님이 우리가 무력에 의지하기를 원한다고 생각했다. 알 수 없는 일이다.

우리는 믿음 때문에 주저하지 않고 개인의 생명을 건다. 그렇지만 국가의 생명을 걸지는 않는다. 하나님이 개인을 부활시킬 수 있다면 나라도 부활시킬 수 있다. 미국이 존재한다는 것이 인류를 위한 하나님의 계획에 이바지한다면 말이다. 성경 어디에서도 고난받는 종의 길이 특정한 시대에만 부합하고 그 길이 성공할 것처럼 보이는 특정 상황에서만 일어날 것이라고 말하지 않는다. 이런 사상은 하나님처럼 되려는 우리의 욕구에서 나오며, 자기충족적 지식을 추구하고, 자신의 안전을 위한 수단을 통제한다. 그와는 반대로, 시온 전승의 맥락에서 고난받는 종의 길은 매우 폭넓게 적용할 가능성을 보여준다. 그 길은 세상의 평화와 정의를 세우시고 만물을 자신과 화해시키려고 하나님께서 의도한 수단으로서 표현된다.

또한, 이 믿음이 실패한 것에 대한 비난이 기독교의 전사들뿐 아니라 기독교 평화옹호자에게도 해당한다는 사실도 짚고 넘어가야 하겠다. 평화주의자들의 말과 행동과 글을 보면, 그들의 믿음은 부활의 능력을 나타내신 하나님보다는 선악을 분별하려는 인간의 잠재적인 사회적 기술에 집중되어 있다. 따라서, 평화주의자들이 당연하다고 여긴 그 기술에 세상이 반응하지 않을 때 그들은 낙심하고 노력을 중단하거나 절망한다. 그리고 폭력, 폭력과 비슷한 것, 정치적 수완의 방향으로 노력을 기울인다. 그러나 무장전쟁도, 인간이 자기 힘으로 평화를 이루려는 노력도, 왕이신 예수님을 섬기는 데 적합하지 않다. 그렇다고 해도 어떤 평화적 노력도 전쟁을 하려는 것보다는 낫다.

우리는 고난받는 종의 방식이 저절로 효과가 나타나는 그 자체로 완벽한 기술이 아니라고 주장하고 있다. 그렇지만 이러한 전략이 하나님의 도우심을 받으면, 하나님의 목적과 목적을 위해 사용된다면 효력을 발휘할 수 있다는 것이 성경의 입장이다. 아니, 성경은 그것이 유일한 방법이라고 말한다. 그렇다면 우리는 이 전략이 어떻게 효과를 드러내는지 말할 수 있는가? 이 문제에 대해 구체적으로 살펴보자.

싸움과 분쟁이 어떻게 일어나며 그 악한 것들이 스스로 어떤 행동을 하는지를 밝히는 것은 어렵지 않다. 창세기에서 본 것처럼 핵심 개념은 '증폭'이거나 좀 더 근접한 표현으로 '연쇄반응'일 수 있다.

첫 번째 전사가 두 번째 사람에게 원한을 품고 해를 끼친다. 이 때문에 두 번째 사람은 불행해진다. 두 번째 사람은 보복하면서 두 번째 전사가 된다. 첫 번째와 두 번째 전사가 싸움을 멈추지 않기 때문에, 세 번째 사람이 관여해서 그 다툼을 멈추려고 한다. 하지만 그 과정에서 세 번째 사람은 공격을 받고 반격하면서 세 번째 전사가 된다. 네 번째 사람이 와서 첫 번째 전사 편을 들면서 네 번째 전사가 된다. 순식간에 1666번째 사람의 정원이 익명의 탱크에 의해 짓밟힌다. 그러자 그는 달려와 1666번째 전사가 된다. 우리가 주장을 펼치길 바랐다면, 로마 숫자가 아닌 다른 것으로 시작했어야만 했다는 것이 금방 명백해진다. 하지만 이는 아마도 어떤 상황이었어도 이루어졌을 것이다. 악은 대성공을 한다. ['괄목할만하게 성장한다'고 쓰려고 했지만, '대성공을 한다'는 표현이 더 적절한 것 같다.] 본질적으로 폭력은 매우 선동적이어서 바로 그 존재만으로도 너무 빨리 퍼진다. 폭력은 새로운 희생자를 빨아들이며 기하급수적으로 성장한다.

이런 놀라운 성장을 멈추기 위해 인간이 할 수 있는 것은 1666명을 전부를 한 번에 쓰러뜨리고도 남을 만한 힘을 가지고 대응하는 것이다. 그러나 대부분, 이런 영향력은 모든 세력을 더 강화하고, 점점 더 큰 영향력을 현장에 가져온다. 혹여나 한 정당이 이 일을 위해 강력한 세력을 규합했다고 하더라도, 그 결과는 평화가 아니라 그저 복수심을 참는 것일 뿐이다. 어떤 폭력을 멈추기 위해 다른 폭력을 동원하는 것은 자동으로 폭력을 배가시킨다. 폭력 동원은 소위 생각 있는 사람들이 현명한 행동이라고 하는 것 중에 최악의 변명이다. 그런데도 그런 주장을 계속하는 것은 그들이 폭력을 동원하는 것 외에 다른 것으로는 효과를 낼 수 없는 상황에 뛰어들기 때문이다.

그곳에는 폭탄이 기다리고 있을 뿐이다. 만약 인간이 하나님의 부활시키는 능력을 무시한다면, 이런 분석은 정확하고 올바르다고 할 수 있다. 누구나 그렇게 분석할 것이다. 그리고 스스로 폭력 외에는 어떤 것도 있을 수 없는 상황에 빠질 수 있다.

그러나 고난받는 종은 하나님의 실존을 믿기 때문에 언제나 폭력이 아닌 다른 대안을 추구한다. 폭력으로 폭력에 대항해 싸우는 세상의 방법은 정반대의 결과를 가져온다. 따라서 고난받는 종이 취하는 방법은 '다른 방식의 싸움'이 되어야 한다. 그 종이 자기의 새로운 폭력으로 맞서거나 원래의 폭력을 세상을 되돌려 놓는 방법으로 스스로 강화하지 않고 오히려 그 폭력을 받아들일 수 있다면, 그는 폭력을 흡수하고 다툼을 없앨 수 있는 수단을 소유한 것이다. 하지만 일어날 법한 일이 실제로 일어나고, 그가 인내할 수 있는 것보다 더 많은 폭력을 당한다면, 전사로서의 그의 영향력은 끝이 나고, 그에게도 좋지 않다. 그때 그의 방식이 효과를 발휘했다고 말할 수는 없다.

따라서 하나님의 부활은 이 과정에서 필수적이다. 우리는 부활을 너무 특별한 어떤 것으로 규정하지 않는다. 우리가 염두에 두고 있는 것에 대한 가장 적절한 용어가 부활이 아닐 수도 있다. 부활이 어떤 형태로 언제 어떻게 일어날지를 말할 수 있는 분은 오직 하나님 한 분이다. 성경의 묘사 자체가 유동적이어서 최후 순간에 구원받은 시온, 시온으로의 복귀, 시온의 회복, 죽음으로부터의 부활 등 모든 요소를 같은 의미로 제시한다.

하나님은 부활하신 예수님을 통해 어떤 상황에서라도 그분의 뜻대로 할 수 있다는 것을 보여주셨다. 믿음은 이 모든 것을 확증한다. 그렇지만 신자는 하나님이 언제 어떤 방법으로 그 방법을 사용할지 묻지 않는다. 신자의 단 하나의 책임은 하나님의 명령에 순종하는 종의 자세다. 하나님께서 사용할 수 있게 자신을 열어 놓는 것이다.

비유하자면 고난받는 종은 펀치백부풀릴 수 있는 펀치를 가진 장난감과 유사하다. 고난받는 종은 엄청난 타격을 받으므로, 그를 때려눕히는 것은 그리 어렵지 않다. 그러나 그는 하나님에 대한 큰 믿음으로 중심을 육중하게 잡고 있어서 항상 오뚜기처럼 다시 일어난다. 악은 처음과 같은 연쇄반응 효과를 더는 얻을 수 없어 제지받는다. 악이 자기들끼리 난타전을 벌인다. 이윽고 제2이사야가 묘사한 고난받는 종 이야기 같은 상황이 일어난다. 마침내 열왕은 자신들이 고난받는 종을 처벌한 것이 아니라, 자신들의 유익을 위해 종이 고난을 받고 있다는 것을 깨닫게 된다. 이때 회개와 죄사함이 일어난다. 물론 그 종의 고난과 이스라엘의 고난은 차이가 있다. '이스라엘 종'의 고난은 그 자체에 구속 효과가 있는 것이 아니라, 그 몸에 채찍을 맞음으로 우리를 성하게 해주시는 종의 고난을 가리키고 증거하는 것이다.

쇠렌 키에르케고르는 우리가 더 깊게 사고할 수 있게 설명했다. 그는 우리가 "연쇄반응 효과"로 부르는 것을 발견하고 이를 소용돌이나 나선형에 비유했다. 각각의 새로운 행동은 반응을 일으키는데, 이 반응은 소용돌이가 폭발해서 원자로 쪼개질 때까지 더 빨리 회전하도록 박차를 가하게 만든다.

키에르케고르의 관찰에 따르면, 이러한 상황에 영향을 주는 일반적인 방법은 새로운 힘을 공급해서 가야 한다고 생각하는 쪽으로 그 힘의 흐름을 바꾸는 것이다. 다시 말해 우리는 간절히 원하는 것이 이루어질 수 있는 방향으로 그 흐름을 조종하려고 한다. 하지만 새로운 힘이 보태지면, 그와는 다른 방향을 원하는 상대는 더 큰 반응을 보인다. 따라서 키에르케고르는 그 소용돌이의 흐름에 또 다른 박차를 가하는 의도하지 않았던 결과가 발생한다고 주장한다.

키에르케고르의 이 주장은 전쟁을 반대해온 단체들이 사용해온 수많은 기술의 결과를 설명해주는 것 같다. 체제를 파괴하는 것 그 자체가 평화와 동등하다는 이론 아래, 그 소용돌이를 의도적으로 가속하는 것처럼 보이는 경우들이 있다. 비록 그 평화가 성경이 보는 평화 즉, 사랑, 화목, 죄사함의 열매로 나타나는 평화가 거의 아닐지라도 말이다. 하지만 우리는 우리가 옳다고 생각하는 방향으로 바꾸게 할 정치적 압력을 행사하기만 하면 평화를 만들어 낼 수 있다고 거의 매번 가정하고 있다. 키에르케고르는 성공을 조작하려는 시도들이 거의 매번 적개심을 강화하고 분열을 극대화했을 뿐이라고 주장하는데, 이 주장은 옳다.

키에르케고르는 통제할 수 없는 소용돌이를 멈추는 유용한 방법은 새로운 방향의 힘이 아니고, 하나의 고정된 관점축을 제시하는 것이라고 한다. 소용돌이는 회전하기를 거부하는 바위에 부딪히면 순식간에 사라진다. 바위는 자기 목적을 위해서 소용돌이를 이용하지 않는다. 바위는 하나의 분명한 방법, 즉 자체의 수단으로 목적을 증명하는 방식으로 자신의 목적을 이루려고 한다. 바위는 하나님께서 지정한 곳에 굳게 서 있는 것 말고는 어떤 것도 하지 않는다. 소용돌이가 도는 방향의 정반대의 방향으로 돌기를 거부하고, 다만 가만히 있음으로써 소용돌이를 흡수하고 스스로 그 충격을 받아들인다. 그렇게 난폭한 소용돌이를 멈춘다.

이는 고난받는 종의 사역에 대한 적절한 비유로 보인다. 이 종은 단순히 또 다른 정치인이 아니다. 조금 다른 목표를 위해서 일할 뿐, 다른 정치인들만큼 계략, 계획, 힘을 갖추려 하는 그런 사람이 아니다. 종은 고정된 관점축에서 자신이 섬기는 하나님에게 복종하면서 흔들리지 않으려고 투쟁한다. 또한, 이 반석과 같은 축의 배후에는 부활의 능력이 작용한다. 누구도 세상이 빨아들이고 파괴하려고 소용돌이치는 것을 자신의 힘으로 막을 수 있을만큼 충분히 강한 바위는 아니다. 인간이 성공하려면, 그가 성공을 보장한다면, 영원한 반석이신 그분과 연합하는 것만이 유일한 희망이다. 강력한 한 방을 맞고 나가떨어지는 것은 희망이 아니기 때문이다.

고난받는 종이라는 개념에 대해 자주 일어나는 반론은 이 개념이 줏대가 없고, 약하며, 감상적이고, 미온적인 것처럼 느껴진다는 것이다. 마치 우리더러 약해빠진 사람이 되라고 하는 것 같다.

하지만 아니다. 그런 비난에는 진리가 있을 수 없다. 우리가 따를 모범은 나사렛 예수뿐이다. 어떤 사람이 예수를 나약한 사람이라고 부른다면 그냥 그렇게 부르게 놔둘 수밖에….

예수와 약한 사람은 완전히 다르다. 약한 사람은 상대에 용감하게 맞서지 못하고, 항상 다른 사람이 자신을 밟고 지나가며, 신발에 묻은 흙이나 터는 동네북 정도로 취급당하는 자다! 약한 사람은 반대에 맞닥뜨리면 의기소침해진다. 실제로 그는 누가 자신에게 다가오는 것을 보고도 서슴없이 바닥에 누워서 밟고 가는 계단이 될 것을 자처하기도 한다. 이 모든 현상은 자존감이나 자신에 대한 가치의 결핍이 그 원인일 수 있다.

고난받는 종은 그와 반대다. 종은 스스로 자랑하지는 않더라도, 자신이 누군지 잘 알고 자신을 매우 존중한다. 그는 자신이 왕 예수를 섬기도록 초청받은 것과 예수께서 자신을 알고 도와주실 것을 알고 있다. 또한, 자신이 세상을 이기는 대의의 동반자가 되었음을 잘 안다. 고난받는 종보다 더 확실하게 자기 존중의 근거를 가진 이가 어디 있겠는가?

그 종은 신발의 흙을 터는 매트동네북가 아니다. 종과 동네북 둘 다 세상이 하는 방식대로 싸우지 않는 것은 맞다. 그렇지만 그 종의 과제는 맹렬하게 공격하는 악에 굴복하지 않고 맞서는 것이다. 사실 우리가 그토록 강력하게 주장해온 부활의 요점은 종이 형편없이 패배하거나 게임에서 밀려나기 보다는 그 임무를 굳게 지키며 수행할 수 있다는 것이다. 형벌을 기꺼이 받아들이는 종의 소명은 형벌에 굴복하는 것과는 다르다.

게하르트 글로지Gehard Gloege는 예수에 대한 저서 The Day of His Coming에서 우리가 살펴본 것 중 많은 것을 강하게 지지한다. 그에 따르면, 예수는 그의 사역에서 우리가 모순되는 것이라고 여기는 두 속성을 하나로 묶었다. 그 둘은 다름 아닌 저항과 순응굴복이다. 글로지의 생각은 바위와 소용돌이 이야기로 설명된다. 바위는 씻겨 밀려 나가는 것을 거부한다는 점에서 소용돌이에 저항한다. 하지만 소용돌이에 대해 행동하거나, 그것의 흐름을 조종하거나, 진행 방향을 바꾸려고 노력하지 않는다는 점에서 소용돌이에 순응한다. 그 바위는 그저 고난을 받는 것에 만족한다.

마찬가지로, 예수는 세상의 법을 따르기를 거부한다는 점에서 저항했다. 예수는 자신의 자리를 지키면서 미동도 하지 않았다. 하지만, 동시에 예수는 전적으로 순응적이었다. 다시 말해, 예수는 자신의 권세가 다른 사람의 권세 위에 있다고 주장하지 않았고, 세상에 동조하지 않는다고 예수를 벌하려는 사람들에 저항하지 않았다. 자신을 지키고 방어하는 일에는 완전히 순응했다. 다른 사람이 예수의 자리와 태도를 명령하는 일에는 그는 꿈적도 하지 않았다. 그리고 이것은 예수의 제자는 예수가 걸었던 길을 가야 한다는 뜻이다.

우리는 예수의 길을 '다른 방식의 싸움'이라고 했다. 문자 그대로의 의미다. 이 개념이 거룩한 전쟁에서 기인한다는 것은 여전히 유효하다. 폭력에 굴복하거나 비슷한 폭력으로 반격하지 않으면서 폭력을 받아들이는 태도를 계속 유지하는 것은 매우 어렵고, 가장 높은 수준의 힘을 요구한다. 고통받는 종에게는 전사들이 전통적으로 영광스럽게 여기던 자질이 필요하고, 본질상 전사들의 특징이 아닌 끈기, 인내, 자기 훈련, 믿음, 소망, 사랑 같은 것도 더해져야 하는 것 같다. 일단 그 종이 십자가를 지는 길을 간다면, 그를 다시 약한 사람이라고 부르는 것은 불가능하다.

앞에서 언급했던 것 중에 좀 더 생각할 것이 있다. 종은 고난받기 전에, 고난을 받는 중에, 고난을 통해 자신의 동료들을 더 적극적으로 섬기라는 의무를 받았다. 자진해서 자신을 공격해 줄 사람을 물색하는 것은 그의 첫 번째 소명이 아니다. 고난 그 자체가 목적은 아니기 때문이다. 그의 첫 번째 소명은 이웃을 섬기는 것이다. 그러나 만약 싸울 수밖에 없는 상황이 오면, 종은 자신만의 방법으로 맞서 싸울 준비가 되어있다.

이런 점에서 종이 스스로 고난을 선택했다고 보는 것이 옳다. 원수가 하고 싶은 대로 자기에게 하라는 것이 종의 방법이더라도, 하나님의 인도 아래에서 어떤 고난이 가장 훌륭하게 섬기는 행동인지 자신이 결정한다는 점에서는 자주적이라고 할 수 있다. 이는 폭력자들이 그 종을 자신들의 권력 아래 둔 것이 아니라, 종이 의도하여 스스로 폭력자들 아래에 처한 것이다. 이는 폭력자들이 종을 이긴 것이 아니다. 종이 원수의 폭력을 받아들여서 폭력자들의 힘을 무력화하는 것이다.

따라서, 신약이 언제나 '종'이라고 번역하는사실 '노예'로 옮기는 것이 더 정확하지만 단어는 모든 것을 다 설명하는 데 한계가 있다. 노예는 주인을 섬겨야 할 의무가 있으므로 복종한다. 노예에게 선택의 여지는 없다. 상황을 통제하는 것은 온전히 주인에게 달렸다. 하지만 제2이사야서의 고난받는 종은 결코 그런 류가 아니다. 예수께서는 '종의 신분'빌립보서 2:7을 취하셨다. 예수는 섬기는 사람으로 우리 중에 계셨다.누가복음 22:27 예수는 제자들의 발을 닦았는데 이는 노예가 하는 일이었다.요한복음 13장 세족식 그러나 이것은 그가 완벽한 자유인이라는 사실에 어떤 영향도 주지 않는다. 그는 자신이 섬겼던 이들이나 자신에게 고통을 준 자들의 손에 스스로를 맡기는 것을 허락했고, 자신이 고난받는 것을 거부하지 않았다. 그는 자신의 생명을 내놓았다. 빼앗긴 것이 아니고 내놓았다.요한복음 10:17,18

왕이신 예수께서 징집한 고난받는 모든 종은 왕이 자유로운 것처럼 자유롭다. 왕이 종들의 자유를 보장하기 때문이다. 고난받는 종은 노예의 모습으로 노예처럼 고난을 받는다. 이는 종이 고난을 선택했기 때문이며, 이 고난이 바로 그가 왕이신 예수와 자신의 형제와 세상을 위해 하고자 했던 섬김이기 때문이다.

심판의 왕

'나는 네가 겪은 환난과 궁핍을 잘 알고 있다. 그러나 사실 너는 부요하다. 네가 유다인으로 자칭하는 자들에게 비방을 당하고 있는 것도 나는 잘 알고 있다. 그러나 그들은 유다인이 아니라 사탄의 무리이다. 네가 장차 당할 고통을 조금도 두려워하지 마라. 이제 악마가 너희를 시험하기 위하여 너희 중 몇 사람을 감옥에 가두려 하고 있다. 너희는 열흘 동안 환난을 당하게 될 것이다. 그러나 너는 죽기까지 충성을 다하여라. 그러면 내가 생명의 월계관을 너에게 씌워주겠다. 귀 있는 자는 성령께서 여러 교회에 하시는 말씀을 들어야 한다. 승리하는 자는 결코 두 번째 죽음의 화를 입지 않을 것이다.'

〈요한계시록 2:9-11〉

이제 결론에 이르렀다. 성경은 우리에게 딱 필요한 것을 제공하는데, 그것은 바로 요한계시록이다.

여기서 요한계시록을 철저히 분석하는 작업은 하지 않을 것이다. [이에 대해서는 나의 책 The Most Revealing Book of The Bible을 보라.] 여기서는 중요한 개념을 몇 가지 뽑아 우리의 관심에 도움을 줄 만한 사상적 흐름이 이어졌는지 살펴볼 것이다. 우리는 이 과정에서 환상과 관련한 일부 구절과 설명이 필요한 많은 구절을 건너뛰고 원하는 구절들을 가려서 뽑을 것이다. 우리가 건너뛰는 이유는 그 구절이 무서워서가 아니라 이 책의 주요 목적을 혼란스럽게 하는 것을 막으려는 것이다. 요한계시록 전부가 우리의 해석을 지지한다는 것을 증명하려고 애쓰지는 않을 것이지만, 어쨌든 우리의 해석을 밝힐 것이다.

짐작할지 모르지만, 우리가 요한계시록에서 발견하려는 것은 익숙하게 알고 있는 '시온 계획'이다. 그렇지만 이 제시 방법은 온전하지 못하다. 기본적인 이상적 패턴은 꽤 익숙할 것이다. 하지만 그 단어와 관점은 물론 설명하는 방식은 새로울 것이다. 따라서 우리는 다른 형태의 시온 전승을 가지게 된 것이다. 그것은 아마도 옛날 시온 전승의 또 다른 파생일 수도 있다. 우리가 출발지점으로부터 꽤 오랜 시간 걸어왔기 때문이다.

우리는 어떤 면에서는 우리가 원점으로 돌아왔음을 보게 될 것이다. 따라서 우리가 결론을 내리는 데 요한계시록은 매우 적절하다. 예를 들어, 우리는 여호수아, 드보라, 기드온 이후로 우리가 보았던 어떤 것보다 더 강하고 군사적인 거룩한 전쟁 이미지를 보게 될 것이다. 그러나 이것은 여호수아-사사기로의 회기가 아니라, 신약성경이다. 이렇게 요한계시록은 성경 전체가 하나의 통일성을 갖추고 있음을 보여준다.

하지만 요한계시록이 가장 새롭고 그럴듯한 결론이 되는 이유는 그 관점에 있다. 시온 전승은 처음부터 종말의 상태를 지향한다. 즉, 이전의 모든 단계는 최종적 결과에 모든 의미를 두고 그것을 향해 달려왔다는 것이다. 요한계시록에서 제시하는 최종 성취는 하나님이 왕으로서 공의와 평화로 다스리시는 것이다. 이 종말의 상태는 연속되는 전체 단계의 전부이며 가장 중요하다.

구약의 예언자들은 다소 거리를 두고 종말의 상황을 관망하고 있었다. 그들은 일련의 사건들의 가까운 끝 앞에 서서 전체 그림을 조망했다. 복음서와 서신들은 이보다 훨씬 더 가까워졌다. 그것들은 일련의 사건 안으로 더 멀리 내려와서 골고다 언덕에서의 승리를 성취된 사건으로 선포할 수 있었다. 그러나 요한계시록은 상상력이나 영적인 측면을 통해 우리를 종말 자체로 인도하고 그 지점에서 거꾸로 돌아보게 한다. 따라서 일련의 사건 단계가 요한계시록에서 적당한 분량으로 압축된 채 분명하게 나타난다. 이는 실제로 매우 적절한 결론이다.

우리는 요한계시록 전체에 대한 분석을 생략한 채 우리의 관심을 지지하고 우리의 목적으로 인도해주는 구절을 선택적으로 살펴볼 것이다.

> 이 책은 예수 그리스도께서 계시하신 일들을 기록한 책입니다. 하나님께서 곧 일어날 일들을 당신의 종들에게 보이시려고 그리스도에게 계시하셨고 그리스도께서는 당신의 천사를 당신의 종 요한에게 보내어 알려주셨습니다. 나 요한은 하나님의 말씀과 예수 그리스도께서 증언하신 것, 곧 내가 본 모든 것을 그대로 증언합니다. … 나 요한은 아시아에 있는 일곱 교회에 이 편지를 씁니다. 지금 계시고 전에도 계셨고 또 장차 오실 그분과 그분의 옥좌 앞에 있는 일곱 영신께서, 그리고 진실한 증인이시며, 죽음으로부터 제일 먼저 살아나신 분이시며, 땅 위의 모든 왕들의 지배자이신 예수 그리스도께서 여러분에게 은총과 평화를 내려주시기를 빕니다. 우리를 사랑하신 나머지 당신의 피로써 우리를 죄에서 해방시켜 주시고…〈요한계시록 1:1,2,4,5〉

요한계시록의 앞 구절들은 요한계시록 전체를 뒷받침하는 근원적인 개념을 소개하기 때문에 매우 중요하다.

첫째, 요한계시록의 수신자인 기독교인들과 저자인 요한 둘 다를 "그리스도의 종"이라고 말하고 있다는 점에 주목해야 한다. 이는 요한계시록 전반에 걸쳐 등장한다. 일차적으로 이 구절이 제시하는 것은 기독교인이 그리스도를 섬기는 종이라는 점이다. 그러나 이것은 기독교인이 그리스도의 이름으로 세상을 섬기는 종이라는 의미일 수도 있다. 이는 그분이 우리에게 가르치신 그리스도를 섬기는 방법이다. 어찌 되었건, 요한계시록의 전체 관점과 강조하는 바는 기독교인을 하나의 '종'으로 그리고 있다는 점이다. 이 종은 운명적으로 고난을 받을 수밖에 없다는 점도 이어서 발견할 것이다. 우리는 '종'이라는 단어만 살펴봐도 우리의 사상이 시온 전승과 일맥상통하는 것을 볼 수 있다.

하지만 더 중요한 단어가 있다. 본문의 세 가지 문구 "예수 그리스도께서 증언하신testimony", "증언합니다testify:witness", "진실한 증인witness" 각각은 그 어근이 헬라어다. 이 어근에서 '순교자martyr'라는 단어가 파생했다. 어근의 원래 의미는 증언증거 testimony/witness이다. "예수를 증언하는 것"은 "예수에 대해서 말하는 것"이라기보다는 "자신의 총체적인 태도에서 다른 사람들이 예수를 떠올리고, 나아가 그들을 예수께로 향하게 하는 삶"을 뜻한다. 요한이 증언이라는 단어를 사용하는 방식을 보면 이렇게 이해했다는 것이 명확하게 드러난다.

그러나 우리는 영어 'martyr'가 '믿음 때문에 죽임을 당하는 사람'을 뜻한다는 것을 안다. 그렇다면 어떻게 이런 의미로 바뀌었을까? 이에 대한 답은 분명하다. 초기 기독교 시대에는 세상의 반대가 너무 심했다. 따라서 참되고 진실하게 증언martyr, witness하는 자가 된다는 것은 죽임martyred, killed을 각오해야 하는 행동이었다. 증언자가 되는 일과 죽임을 당하는 상황이 일치되었기 때문에 'martyr'의 뜻이 두 의미를 다 품은 단어가 된 것이다. 요한이 요한계시록을 쓸 때도 이 단어는 둘 중 하나의 뜻이거나 둘 다의 뜻이었을 것이다. 실제로 사람이 죽임을 당하는지 아닌지에 대한 사실은 중요한 점이 아닐 뿐더러 증인 자신이 통제할 수 있는 것이 아니므로 요한이 사용한 단어의 뜻을 다음과 같이 정의하는 것이 최선일 것이다. "자기의 평생을 바치고 그것을 위해 기꺼이 죽음까지도 받아들이는 특징을 가진 증언"이라고.

마지막에 그 단어가 2회나 등장하는 것은 특별한 의미가 있다. 마지막에 사용된 이 단어는 요한계시록에서 예수님을 부르는 첫 호칭이라는 점에서 중요하다. 그의 이름은 "진실한 증인martyr-witness"이다. 이 단어는 두 가지 내용에 적용된다. 예수는 자신의 대의 때문에 생명을 내놓았다. 그는 확실히 순교자다. 그러나 그를 증인이라고 부를 수 있는가? 만약 예수가 증인이라면, 도대체 무엇을 증거했단 말인가? 예수는 온 존재로 장차 올 하나님나라, 새로운 시대, 새로운 생명, 우주적 평화의 가능성, 공의, 사랑을 증거했다. 이런 것은 하나님께서 인간을 위해 의도했던 것이고 지금도 인류에게 주어지고 있다. 요한이 부른 이름은 예수를 가리키는 평범한 이름들 가운데 하나가 아니다. 예수의 삶과 그가 했던 일 전체를 볼 때 이보다 더 좋은 호칭은 없다.

"진실한 증인"보다 먼저 "증언"이라는 단어가 나오는데, 이것은 요한이 사용하는 특별한 용어, "예수의 증언martyria Jesu"이 된다. 이 단어는 "예수의 증언the testimony/witness of Jesus"이나 "예수에 대한 증언the testimony/witness to Jesus"으로 번역할 수 있다. 이때 증언하는 이가 예수라고 한다면, 첫째 의미를 염두에 둔 것이다. 즉 장차 임할 사랑과 평화의 나라를 증언하신 분이 예수라는 것이다. 그렇지만 요한이 불렀던 것처럼 "그리스도의 종"에 대한 언급이라면 두 가지 의미가 같이 적용된다. 기독교인이 예수에 대해 증언하는 것은 당연하다. 다시 말해 기독교인은 사람들의 관심을 예수께로 향하게 하는 방식으로 살아가며 행동한다. 그러나 그렇게 함으로써 기독교인은 예수의 증언에 참여하며, 예수께서 직접 목격한 실재를 지지하고, 그것에 주의를 기울인다. "예수의 증언"은 두 가지 의미를 다 전달할 수 있고 또 그래야 한다.

기독교인들은 우선 "그리스도의 종"이며 다음으로 예수와 예수의 증언을 모두 증언하는 "증인"이다. 이 두 호칭은 고난받는 종에 대해서 성서가 발전시켜온 개념에 대한 압축일뿐만 아니라, 이전에는 불확실했던 부분들을 추가한 것이다. 증인인 종은 고난받는 종이 분명하다. 우리는 이제 고난받는 종의 근본적인 의미를 증인의 모습으로 이해할 수 있다.

왕이신 예수는 자신을 따라서 폭력과 투쟁의 세력 앞에서 어떤 방어도 없이 고난받으며 전혀 다른 방식으로 투쟁하는 군사들을 모집한다. 그렇지만 세상을 이기는 것은 그들의 행동보다는 그들의 증언이다. 그들의 증언은 곧 왕이신 예수를 증거하는 것과 예수를 통해 직접 목격한 것, 즉 하나님께서 만물을 자신과 화해시키신 것을 증거하는 것이다. 그래서 참으로, 예수의 증언과 사람의 증언은 하나님께서 하시는 일에 있어 각자의 역할을 담당하게 된다.

앞에서 언급한 세 개의 호칭은 본문의 결론이면서, 요한이 예수를 소개하려고 심사숙고한 방법이다. 이는 시온 전승에 대한 우리 생각의 방향과 더할 나위 없이 잘 연결된다. 무엇보다 예수는 "죽음으로 증언한 진실한 증인"이다. 이 호칭은 십자가에서 죽기까지 한 예수의 역할과 사역에 대한 요약이다. 비록 이 시점에서는 확실히 드러나지 않았지만, 이 용어는 예수의 증인이자 종들에게 그들의 차례에 증언하는 길을 열어준다.

둘째, 예수는 "죽음으로부터 제일 먼저 살아나신 분"이다. 예수의 신실한 증언 덕에 예수는 죽음을 이기고 부활하셨다. 여기서 "먼저 살아나신"이라는 단어는 부활의 경험이 예수에만 한정하는 것이 아니라 예수의 증인인 종들에게까지 확장한다는 사실을 확실하게 보여준다.

셋째, 예수는 "땅 위의 모든 왕들의 지배자"이다. 죽음을 이긴 예수의 승리 때문에 예수는 우주를 다스리는 자이고 주권자라고 높임을 받았다. 여기서는 명백하게 드러나지 않더라도 이어지는 구절들은 예수의 증인인 종들도 예수의 주권을 가지고 있다는 사실을 명백하게 보여준다. 특히 "땅 위의 모든 왕들"이라는 말은 제2이사야의 고난받는 종 구절을 떠오르게 한다. 제2이사야에는 종에게 고난을 가한 뭇 왕들은 그 종이 다시 그들보다 높여지는 것을 목도한다는 이야기가 나온다.

제2이사야나 요한에게 이 땅의 왕들이 어떤 특별한 의미인지는 분명하게 드러날 것이다. 왕들은 각자가 지휘하는 군대의 총사령관이고, 군사 행동의 지도자면서 후원자이다. 그들은 전쟁과 투쟁의 상징이며 이것은 우리의 연구의 주요 관심사이다. 요한이 요한계시록에서 그 왕들을 통해 말하려는 것을 찾고 추적하는 작업은 매우 흥미로우면서 유익할 것이다. 그가 이것을 일찍부터, 특정한 방식으로 소개하는 것은 의미심장하다.

저자인 요한이 자신을 소개하는 형식은 흥미롭게도 예수를 소개하는 것과 형식이 비슷하거나 그것을 보충하는 형태다.

> 여러분의 형제이며 함께 예수를 믿는 사람으로서 환난을 같이 겪고 한 나라의 백성으로서 같이 견디어온 나 요한은 하나님의 말씀을 전파하고 예수를 증언한 탓으로 파트모스밧모라는 섬에 갇혀 있었습니다.〈요한계시록 1:9〉

먼저 요한은 자신을 동료 그리스도인들과 형제이며 함께 하는 자라고 말한다. 이 말은 결코 자신의 경험이 특별하다고 말하는 것이 아니라, 왕이신 예수님과 함께 싸우는 자들을 통상적인 말투로 표현한 것이다. 그러므로 요한은 자신의 특별한 경험을 예수님의 생애history와 독립된 것이거나 예수님의 역사를 되풀이하는 것으로 묘사하지 않았다. 오히려 예수님의 역사에 실제로 참여하는 것으로 그리고 있다. 둘은 흥미로울 만큼 현격한 차이를 보이지만, 그 참여는 앞서 예수께 부여된 3개의 명칭을 생각나게 하는 3개의 표제에서 다뤄진다.

'환난'은 예수의 '진실한 증인' 되심에 대응하고, '나라'는 예수께서 '땅 위의 모든 왕들의 지배자'이심에 대응한다. 요한은 예수님의 '죽음으로부터 제일 먼저 살아나신 분'에 대응하는 단어는 사용하지 않았다. 하지만 부활 없이 '환난'이나 '나라'를 이해하는 것은 불가능하며, 부활은 성도들의 소망 중 하나이다. 요한계시록은 곳곳에서 그러한 사실을 분명하게 보여준다.

그럼에도 요한이 사용하는 세 번째 용어견디어온/endurance는 그의 사상에 중요하게 공헌한다. '예수의 인내'굳건함과 강인함는 그를 따르는 종들에게 꼭 필요한 자질 중 하나이며, 요한은 인내에 관심을 집중하고 있다. 인내는 예수가 살아온 과정의 한 측면이며, 현대에서 평화를 증언하는 것과 관련이 깊다. 현대의 여러 평화주의자는 자신들의 목적 때문에 기꺼이 종의 길을 가며 고난을 자처하려고 한다. 그러나 잠깐은 그렇게 한다고 해도 별 성취도 없고 평화도 얻지 못하면 좌절하며 인내하지 못한다. 그렇게 되면 그들은 그 길에서 소리 없이 사라지거나 힘을 쓰고 그 혼란을 조작할 수 있는 계략 등을 조금씩 사용함으로써 더 빨리 진행하려고 한다. 이들에게는 요한이 그리스도인들의 경험에서 매우 중요한 요소로 이해한 '예수의 인내'가 필요하다.

마지막으로 요한은 자신이 밧모섬파트모스 섬으로 추방된 고난이 하나님의 말씀과 예수예수의 증언, martyria Jesu를 증거하기 위한 것이라고 한다. 이 마지막 단어인 예수의 증언은 예수에 대해 증언하는 것과 예수의 증언에 참여하는 것 두 가지 모두를 의미하는 것이 분명하다.

자신에 대한 소개에 이어, 요한은 하늘에 계신 그리스도를 보는 환상으로 본문을 시작한다. 요한은 "오른손에는 일곱 별을 쥐고 계셨으며 입에서는 날카로운 쌍날칼이 나왔고 얼굴은 대낮의 태양처럼 빛났습니다"계1:16에서 예수의 모습을 인상적으로 설명했다. 요한은 그리스도께서 싸우는 방식에 대한 다른 상징들도 소개하지만, 주저하지 않고 그리스도를 한 명의 전사로 규정한다.

환상을 본 요한의 말은 우리의 연구와 직접적인 관련이 있다.

> 나는 그분을 뵙자 마치 죽은 사람처럼 그분의 발 앞에 쓰러졌습니다. 그러자 그분은 나에게 오른손을 얹으시고 이렇게 말씀하셨습니다. "두려워하지 마라. 나는 처음과 마지막이고 살아 있는 존재이다. 나는 죽었었지만 이렇게 살아 있고 영원무궁토록 살 것이다. 그리고 죽음과 지옥의 열쇠를 내 손에 쥐고 있다."〈요한계시록 1:17-18〉

"두려워하지 마라"는 원래 우리가 구약의 거룩한 전쟁 전승에서 보았던 특징 중 하나다. 예수께서 "처음과 마지막"이라고 한 것은 예수께서 역사의 전 과정을 통제하신다는 뜻이다. "살아 있는 존재"라는 말은 아마도 예수께서 단지 살아 있다는 것 이상을 말하려는 의도일 수 있다. 예수 자신이 생명의 수여자이며 예수를 대적하는 자나 반대하는 모든 것은 소멸하고 죽게 된다. "살아 있는 존재"라는 예수의 신분은 십자가와 부활로 성취된다. 예수는 십자가와 부활을 통해 죽음을 직면하고 경험했다. 게다가 사실상 죽음을 받아들이고 다른 의미에서 승리했다. 그 결과 예수는 "죽음과 지옥의 열쇠"를 가지게 된다. 다시 말해, 아직 죽음과 지옥이 역사의 무대에서 완전히 없어지지는 않았지만, 예수께서는 그것들을 단번에 영원히 가둘 수 있는 수단을 가지신 것이다. "지옥"은 죽음의 영역이고 모든 것이 죽음의 질서에 속했다. 우리가 "전쟁과 투쟁"이라고 불러온 것은 전부 지옥에 속해있다. 따라서 이 성구는 우리가 다루려는 주제를 직접 다루고 있는 셈이다.

이 성구가 뜻하는 것은 예수께서 승리자라는 사실이다. 승리는 요한계시록의 중요한 주제 중 하나다. 예수는 어김없이 진짜 승리하신 분으로 그려진다. 예수를 따르는 종들도 예수와 더불어 승리할 것이다. 환상이 시작되면서 하늘에 계신 그리스도께서는 요한에게 소아시아 일곱 교회에 편지를 쓰게 하신다. 각 편지는 충성하는 이들에게 승리를 약속한다. 라오디게아 교회에 보내는 마지막 편지는 그 내용이 더 그렇다. "승리하는 자는 마치 내가 승리한 후에 내 아버지와 함께 아버지의 옥좌에 앉은 것같이 나와 함께 내 옥좌에 앉게 하여주겠다." 요한계시록 3:21

왕이신 예수와 그를 따르는 자들이 모두 승리자가 되고 똑같은 승리에 동참한다. 그러나 거기에는 중요한 차이가 있다. 예수를 따르는 이들의 승리는 일관되게 미래에 실현되어야 할 약속이다. 하지만 예수의 승리는 일관되게 이미 이루어진 실재라고 설명된다. 요한에게 죽음과 부활은 분명 예수의 승리다. 그 승리의 결과들이 아직 효력을 전부 나타내진 않았지만, 예수께서 더 싸워야 할 전쟁이나 예수께서 추가로 쟁취할 승리 같은 것은 없다. 물론 그런 것들을 기대할만한 여지도 전혀 없다. 이미 얻은 승리로도 그 목적을 이루기에 충분하다.

이런 해석은 사람들 대부분이 요한계시록에 대해 알고 있다고 생각하는 것과는 상반되며, 우리는 연구를 통해 이 전제를 더 살펴봐야 할 것이다. 그 전제는 우리의 특별한 관심과 관련해서 중요한 의미가 있다. 요한은 전쟁과 싸움을 소멸하는 데에 꼭 필요한 모든 것과 오래 갈망해 온 평화와 공의의 시대가 이미 왔다고 했다. 예수의 죽음과 부활이 바로 그 일을 해낸 것이다. 바꿔 말하면, 우리가 지금 시온의 주기 속에 멈춘 지점은 과거도 아니고 이제 막 생기는 지점도 아니다. 그것은 확실하게 구원하고 자유하게 하시는 현재의 하나님이 행하는 지점이다. 우리는 절대 그 승리의 다른 면에 서 있는 것이 아니다. 우리는 완전하게 이루어진 승리 앞에 서 있다.

이는 왕이신 예수를 따르며 '다른 방식의 싸움'으로 싸우는 이들이 이미 승리한 전쟁을 치르고 있다는 뜻이다. 이는 그들의 싸움이 무의미하다고 말하는 것이 아니다. 이 말의 뜻은 절대적으로 승리가 확실하다는 것이다. "야훼께서 대적을 네 손에 부치셨다!" 축구나 다른 운동 경기를 한다고 생각해 보라. 아직 경기가 끝나지 않았더라도 승리가 확실할 때는 싸움이 정말 재미있어진다. 그들의 싸움도 그렇다. 군산복합체가 타협하지 않는 것처럼 보이고 세상이 감지할 수 있는 그 어떤 것도 만드는 것이 불가능해 보여서 근심하고 좌절하기는커녕, 그리스도인들은 마귀가 벌써 예수의 날카로운 양날 검에 참수당했다는 것을 알고 있다.

예수가 사망과 부활이라는 보검을 "휘익~"하고 휘둘렀다.

"이런, 허공에 휘두르다니… ㅋㅋ" 마귀가 조롱했다.

"그렇게 생각하는군." 예수가 미소를 지으며 말했다. "네 고개가 떨어질 때까지 잠시만 기다려라."

이 상황이 현재 우리의 자리다. 충성스러운 증인인 예수의 종들은 마귀의 머리가 땅에 떨어지기 전까지 약간의 압력을 주고 있을 뿐이다. 이것은 자신들이 감당해야 할 고난을 받아들이지 않고, 예수의 인내가 필요하지 않다는 뜻은 아니다. 이것은 어떤 상황이건 전쟁은 끝난 것과 마찬가지라는 것이다. 이는 하늘에 계신 그리스도께서 서머나 교회에 보낸 편지에서 본질적으로 말씀하시는 내용이다.

또 스미르십부름꾼나 교회의 천사에게 이 글을 써서 보내어라. 처음이고 마지막이며 죽었었지만 살아 계신 분이 말씀하신다. '나는 네가 겪은 환난과 궁핍을 잘 알고 있다. 그러나 사실 너는 부요하다. 네가 유다인으로 자칭하는 자들에게 비방을 당하고 있는 것도 나는 잘 알고 있다. 그러나 그들은 유다인이 아니라 사탄의 무리이다.'〈요한계시록 2:8-10〉

교회들에게 보내는 이 편지들은 그 자체로 매우 익숙한 전통적인 순환패턴을 보여준다. 여기서 증언하는 것은 시온을 깨끗하게 하시는 메시아다.

'그러나 너에게 나무랄 것이 한 가지 있다. 그것은 네가 처음에 지녔던 사랑을 버린 것이다. 그러므로 네가 어디에서 빗나갔는지를 생각하여 뉘우치고, 처음에 하던 일들을 다시 하여라. 만일 그렇지 않고 뉘우치지 않으면 내가 가서 너의 등경을 그 자리에서 치워버리겠다.' … '그러므로 뉘우쳐라. 만일 뉘우치지 않으면 내가 속히 너에게 가서 내 입에서 나오는 칼을 가지고 그들과 싸우겠다.' … '그리고 그 여자의 자녀들을 죽여버리겠다. 그러면 모든 교회는 내가 사람의 생각과 마음을 꿰뚫어 보고 있다는 것을 알게 될 것이다. 나는 너희가 각각 행한 대로 갚아주겠다.' … 사르디스사데 교회의 천사에게 이 글을 써서 보내어라. 하나님의 일곱 영신과 일곱 별을 가지신 분이 말씀하신다. '나는 네가 한 일을 잘 알고 있다. 네가 살아 있다는 말이 있지만 실상 너는 죽었다. 그러므로 깨어나거라. 너에게 아직 남아 있는 것이 완전히 숨지기 전에 힘을 북돋아 주어라. 나는 네가 하는 일이 내 하나님께서 보시기에 완전하다고 생각하지는 않는다.' … '나는 내가 사랑하는 자일수록 책망도 하고 징계도 한다. 그러므로 너는 열심히 노력하고 네 잘못을 뉘우쳐라.'〈요한계시록 2:4,5,16,23,

3:1,2,19〉

하늘의 그리스도께서 교회들에 보내는 편지를 받아쓰게 하신 다음, 장면
이 하늘의 보좌천상의 관제센터로 바뀐다. 요한은 이 환상을 보고 매우 놀란다.
하나님께서 일곱 인으로 봉한 두루마리를 쥐고 계신데, 그 인을 떼고 두루마
리의 내용을 볼 자격이 있는 이가 없기 때문이다. 그 두루마리는 당연히 알려
지지 않은 세계의 미래를 의미한다. 그래서 이런 문제가 생긴다. 인류의 종착
지를 결정하도록 역사를 좌우지하는 것은 누구무엇인가? 무엇이 역사의
마지막을 바꿀 것이며, 누가 그 결과를 말할 수 있는가?

요한을 인도한 한 원로장로가 말했다. "울지 마시오. 유다 지파에서 난 사
자, 곧 다윗의 뿌리가 승리하였으니 그분이 이 일곱 봉인을 떼시고."요한계시
록 5:5 이때 등장하는 단어는 이사야를 인용한다. 그 단어는 군사적 언어사자,
왕의 언어royal, 메시아의 언어다윗의 뿌리이다. 그러나 다음 구절에서 엄청난
변화가 생긴다. "그가 승리하였으니." 다시 말해 그가 특권을 얻을 특별한 일
을 했는데, 그것이 이미 과거에 이루어졌다이겼다는 뜻이다.

사자는 그의 모습을 묘사한다. 그렇지만 그는 놀랍게도 "죽임당한 어린
양"이다.요한계시록 5:6 그리스도의 가장 근본적인 이미지가 여기에 있다. 제
2이사야에서 온 그 모델이다. 어린 양은 마치 제2이사야의 "도살장으로 끌
려가는 어린 양처럼 가만히 서서 털을 깎이는 어미 양처럼"을 떠오르게 하는
표현일지도 모른다. 이는 어떤 방어도 하지 않는 채로 자신을 내어주는 것을
묘사하는 강력한 상징이다. 요한이 증거했던 죽임당한 어린 양은 예수께서
이미 고통스러운 순교와 죽음으로 이어지는 죄 없는 고난을 받으셨음을 가
리킨다. 또한, 그가 죽음을 겪고 그것을 정복해서 산 자가 되셨다는 것을 보
여준다. 따라서 어린 양이 사자라는 사실에는 어떤 모순도 없다. 이는 어떤

방어도 하지 않는 어린 양의 방법이 진실로 강하고 싸워 이길 수 있는 자세라는 것을 분명하게 보여준다. 요한은 이사야와 제2이사야를 묶어서 고난받는 종으로서의 메시아를 이전의 어느 것보다 더 선명하게 부각하고 있다.

초기의 퀘이커 사상가들은 이런 본문에서 "어린 양의 전쟁"이라는 개념을 발전시켰다. 퀘이커가 만든 이 특별한 단어는 요한계시록에서는 발견할 수 없다. 물론 여호수아와 사사기에서 드러나는 "거룩한 전쟁"이라는 단어도 볼 수 없다. 그러더라도 그 단어의 개념 자체는 요한계시록의 근본적인 주제 중 하나다. 그리스도의 방법은 정반대로 싸우는 것이다. 이것이 세상의 모든 악을 정복하는 열쇠다.

어린 양이 두루마리를 펼치자 그는 어마어마한 찬양으로 환영받는다.

그리고 그들은 다음과 같은 새로운 노래를 불렀습니다. "당신은 두루마리를 받으실 자격이 있고 봉인을 떼실 자격이 있습니다. 당신은 죽임을 당하셨고 당신의 피로 값을 치러 모든 민족과 언어와 백성과 나라로부터 사람들을 구해 내셔서 하나님께 바치셨습니다. 당신은 그들로 하여금 우리 하나님을 위하여 한 왕국을 이루게 하셨고 사제들이 되게 하셨으니 그들은 땅 위에서 왕노릇 할 것입니다."〈요한계시록 5:9-10〉

여기서 동사 시제의 순서가 중요하다. 그리스도는 과거에 그분께서 하신 일 때문에 바로 지금, 이 순간에 역사의 결과를 통제하신다. 그 결과 그리스도를 따르는 이들은 왕노릇을 하게 된다. 그리스도의 과거는 현재의 힘을 굳게 세웠고, 그 힘은 우리의 미래를 보장한다.

"모든 민족과 언어와 백성과 나라로부터"라는 표현은 어린 양의 사역이 우주적이라는 것을 뜻한다. 이는 원칙적으로 어떤 사람도 제외하지 않는다.

다음 구절에서는 그들의 현재 의무가 "하나님을 섬기는 것"이라는 점을 분명하게 밝힌다. 그 의무는 아마도 어린 양의 자취를 따라서 자신의 방법대로 싸워야만 성취될 것이다.

그런 다음 일곱 봉인이 차례대로 떨어진다. 일곱 봉인은 각각 특별한 환상을 동반한다. 그 환상 중 두 가지가 우리의 연구 목적에서 중요하다.

어린 양이 다섯째 봉인을 떼셨을 때에 나는 하나님의 말씀 때문에 그리고 그 말씀을 증언했기 때문에 죽임을 당한 사람들의 영혼이 제단 아래 자리잡고 있는 것을 보았습니다. 그들은 큰소리로 "거룩하시고 진실하신 대왕님, 우리가 얼마나 더 오래 기다려야 땅 위에 사는 자들을 심판하시고 또 우리가 흘린 피의 원수를 갚아주시겠습니까?" 하고 부르짖었습니다. 또 그들은 흰 두루마기 한 벌씩을 받았습니다. 그리고 그들처럼 죽임을 당하기로 되어 있는 동료 종들과 형제들이 다 죽어서 그 수가 찰 때까지 잠시 쉬라는 분부를 받았습니다. 〈요한계시록 6:9-11〉

아마도 "제단 아래"는 직접 하나님 앞에 있다는 것을 드러내려는 것일 수 있다. 그러나 여기서 요점은 악에 대한 궁극적 승리에 있어서 중요한 인간의 한 가지 활동은 위대한 사회 건설도 아니고, 사회적 악과 투쟁하는 것도 아니다. '고난받는 종, 증인 예수'를 받아들이는 것, 즉 무방비defenseless 상태로 죽음을 맞이하는 증인을 만드는 것이다. 이것이 만약 요한이 의미한 것이라면, 물론 그 뜻 말고 다른 의미는 없다 그는 성경 전체에서 가장 급진적인 말을 선포한 것이며, 이는 우리의 생각과 행동의 상당 부분을 판단하게 하는 것이다.

여섯째 봉인이 떨어지자, 우주 전체가 공포와 충격 속으로 녹아들기 시작한다.

그러자 세상의 왕들과 고관들과 장성들과 부자들과 세력자들과 모든 노예와 자유인들이 동굴과 산의 바위 틈에 숨는다. 그들은 산과 바위를 향하여 그러자 세상의 왕들과 고관들과 장성들과 부자들과 세력자들과 모든 노예와 자유인들이 동굴과 산의 바위 틈에 숨어서 산과 바위를 향하여 "우리 위에 무너져 내려서 옥좌에 앉으신 분의 눈을 피할 수 있도록 우리를 숨겨다오. 그리고 어린 양의 진노를 면하게 해다오. 그들의 큰 진노의 날이 닥쳐왔다. 누가 그것을 감당할 수 있겠느냐?" 하고 부르짖었습니다.〈요한계시록 6:15-17〉

이 환상은 분명히 이전의 환상과는 반대되는 것으로, 순교자들의 영혼은 세상의 왕들을 대적하여 겨루었다. 요한은 악한 자들을 악한 순서대로 모두 열거하는데, 세상의 왕들이 다른 군사 지도자보다 앞에 등장한다. 요한에게 전쟁을 일으키는 것은 가장 죄의식이 큰 죄악이다. 등장인물들은 자신이 무엇을 요구했고, 무엇을 얻었는지를 알고 있다. 그것은 "어린 양의 진노"다. 그러나 응징avenger하는 자가 어린 양이라는 사실은 그의 '응징vengeance'이 그의 '싸움'처럼 다소 이상한 종류의 것일 수 있다는 점을 암시할 수도 있다. [혹시 "아버지여 저들을 용서해 주십시오"라는 말이 다른 방식의 거꾸로 된 응징을 뜻하는 것은 아닐까?] 우리는 그것이 드러날 때까지 기다려야 한다. 그러므로 계속 눈을 뜨고 세상의 왕들을 경계하자.

이제 요한계시록 11장으로 넘어가서 우리 연구에 가장 적합한 본문을 다루고자 한다.

"나는 내 두 증인을 세우고 그들에게 베옷을 입혀 일천이백육십 일 동안 예언을 하게 하겠다." 이 두 증인이란 이 세상을 다스리시는 주님 앞에 서 있는 두 올리브 나무이며 두 등불입니다. 그들을 해치려고 하는 자가 있다면 그들의 입에서 불이 나와 그 원수들을 삼켜버릴 것입니다. 그들을 해치려고 하는 자는 누구나 이와 같이 죽고야 말 것입니다.〈요한계시록 11:3-5〉

두 증인의 특성을 먼저 살펴보고 다음에 그들이 두 명이라는 사실을 살펴보자. 본문은 두 증인을 기독교 공동체인 교회로 규정하는 방향으로 설명하며 우리를 인도한다. 그들은 "충성스러운 증인martyr witnesses"이다. 요한은 교회를 언급하면서 계속해서 이 표현을 사용하고 있다.

두 증인은 1260일 동안 활동한다. 요한은 다시 시간을 언급한다. 1260일은 삼 년 반에 해당한다. 요한계시록에서 "7"은 하나님의 숫자이며 선한 숫자다. "3과 2분의 1"은 "7"을 나눈 것이어서 나쁜 뜻의 숫자며 마귀의 숫자다. 따라서 삼 년 반은 마귀가 세상을 다스리는 기간이다. 다시 말해서 마귀가 예수를 십자가에 못 박고 겉보기에 승리한 때부터 예수께서 마귀를 멸하시고 진정 승리할 때까지의 기간이다. 이 기간은 부름을 받은 기독교회가 그리스도를 증거하며 고난을 받는 모든 기간을 뜻하기도 한다. 잠시 뒤에 보게 될 삼일 반은 가장 두렵고 격렬한 최후의 시간이며 삼 년 반을 마무리하는 기간이다. 그때는 마귀가 마지막 발악을 하는 기간이다.

두 증인은 두 올리브나무와 두 등불이라고 불린다. 이는 그들이 열매를 맺으며 빛을 발한다는 의미로, 종이면서 증인인 교회의 임무를 잘 설명하고 있다.

요한은 증인이 둘이라고 말한다. 그러나 그는 그들을 전혀 구별하지 않고, 이야기 내내 그들을 함께 대한다. 증인이 두 명이라는 것은 단지 제자도가 공동체적인 활동이라는 것을 의도하는 것일 수도 있다. 예수께서도 이것을 아시고 둘씩 짝을 지워 제자들을 파송하셨다. 하지만 요한에게 교회가 본질상 두 명이라는 것은 유대교 회중과 이방인 회중 사이의 구분이었을 수도 있다. 우리는 그 현장에 있었던 관찰자들에게 이 둘이 얼마나 다르게 보였을지 잘 모르는 경향이 있다. 둘의 차이는 오늘날 흑인 침례교 회중과 백인 로마 가톨릭 회중 사이의 차이만큼이나 많고 뚜렷했을 것이다. 그러나 이러한 설명이 옳다면, 두 증인에 대한 요한의 설명은 모든 교회가 종으로서의 소명과 충성된 증인인 제자로서의 소명을 공유한다는 것을 강조하는 방법의 하나일 것이다.

두 증인의 입에서 불이 나와 대적들을 소멸한다는 것이 계시자요한가 발전시켜온 기본 주제와 모순되는 것으로 이해해서는 안 된다. 이야기가 진행되면서, 결국 두 증인은 예수님의 모습을 따라 진정한 순교자가 된다. 아마도 요한은 두 증인을 소용돌이 속에 있는 바위로 묘사하려고 했을 것이다. 두 증인은 옆으로 물러서지 않는다. 그들은 그 게임에서 밀려나기를 거부한다. 하나님께서는 그들이 증언할 기회를 얻을 때까지, 그들이 죽음을 받아들여야 할 적절한 때가 될 때까지 증인을 보호하신다.

그러나 그들이 증언을 끝내면 끝없이 깊은 구렁으로부터 그 짐승이 올라와서 그들과 싸워 이기고 그들을 죽일 것입니다. 그리고 그들의 시체는 그 큰 도성의 한길에 버려질 것입니다. 그 도성은 그들의 주님께서 십자가에 달리셨던 곳이며 상징적으로는 소돔이라고도 하고 이집트라고도 합니다. 여러 백성과 종족과 언어와 민족에 속한 사람들이 사흘 반 동안 그들의 시체를 구경할 것이며 그 시체가 무덤에 안장되는 것을 허락하지 않을 것입니다. 그리고 땅 위에 사는 사람들이 그들의 죽음을 보고 기뻐하고 즐거워하며 서로 선물을 교환할 것입니다. 이 두 예언자는 땅 위에 사는 사람들에게 괴로운 존재였던 것입니다. 사흘 반이 지났습니다. 하나님께서 그들에게 생기를 불어넣어 주셔서 그들은 제 발로 일어섰습니다. 그것을 목격한 사람들은 큰 두려움에 사로잡혔습니다. 그리고 그 두 예언자는 자기들을 향해서 "이리로 올라오너라." 하고 외치는 소리가 하늘에서 나는 것을 들었습니다. 그러자 그 예언자들은 원수들이 쳐다보고 있는 가운데 구름을 타고 하늘로 올라갔습니다. 〈요한계시록 11:7-12〉

이 장면은 구약의 선지자들이 예언한 어떤 장면들처럼, 파괴되었다가 기적적으로 보호되고 회복된 시온을 명백하게 나타내고 있다. 역사가 그 절정에 이르면 증인 공동체교회는 주님의 죽음과 부활을 자신의 경험으로 재연할 것이다. 이는 우리가 매우 선명하게 들었던 내용이다. 그 일이 "주님께서 십자가에 달리셨던 곳"과 같은 장소에서 발생한다는 것이 그 해석을 더 선명하게 한다.

우리는 신약성경에서 그리스도의 종들이 왕이신 예수의 방식을 따라 각자가 속한 시대에서 싸워야 한다는 것을 배웠다. 그것은 고난과 죽음을 받아들이고 부활을 의지하는 것이다. 여기서 그 양식이 광대한 규모로 적용된다. 어린 양의 전쟁에서 제자공동체 전체가 예수의 전철을 밟아야 한다. 그리고 시온 공동체의 부활을 통해 어린 양이 골고다 언덕에서 얻은 승리가 세상을 위한 승리로 완성된다.

여기에 실질적으로 반성할 부분이 있다. 확언하건대, 예수를 고난받는 종이자 증인으로 증거해 온 기독교인은 많지 않았다. 역사적으로 볼 때 제도 교회는 더더욱 없었다. 대부분 교회는 인류를 위해 무방비하고 자기를 내어주는 종이 되지 못했고, 심지어는 평화 사역에서조차 세상에 대해 꾸짖고 힘들게 하는 도덕 선생처럼 굴었다. 개별적인 기독교인들이 고난받는 종이 되기를 결심하지 않으면, 교회가 교회로서 존재할 수 없는 것은 당연하다. 그러나 우리는 어린 양의 전쟁을 두 방향 모두에서 수행할 필요가 있다. 하나는 우리 각자의 삶에서, 다른 하나는 올리브나무-등불 공동체의 삶에서 수행하는 것이다.

요한계시록에서, 저자는 동일한 사건과 시기를 묘사하기 위해 서로 다른 상징과 이미지를 사용하여 반복적으로 순환하는 접근 방식을 사용하고 있다. 12장에 어린 양의 승리를 축하하는 인상적인 찬양이 다시 나타나는데, 그 찬양은 첫 승리의 성취와 마지막에 완성될 승리 둘다를 노래한다.

> 그 때 나는 하늘에서 큰 음성이 이렇게 말하는 것을 들었습니다. "우리 형제들을 무고하던 자들은 쫓겨났다. 밤낮으로 우리 하나님 앞에서 우리 형제들을 무고하던 자들이 쫓겨났다. 이제 우리 하나님의 구원과 권능과 나라가 나타났고 하나님께서 세우신 그리스도의 권세가 나타났다. 우리 형제들은 어린 양이 흘린 피와 자기들이 증언한 진리의 힘으로 그 악마를 이겨냈다. 그들은 목숨을 아끼지 않고 죽기까지 싸웠다."〈요한계시록 12:10-11〉

그리스도의 승리가 정당한 인정을 받게 되는 주권과 권력의 시간은 그의 제자들을 통해 일어난다. "우리 형제들을 무고하던 자들"은 큰 용, 사탄이다. 사탄은 인류를 위협하는 모든 것의 상징이다. 기독교인들은 어린 양이 이미 이루신 자기희생으로, 희생에 대한 그들의 증언으로, 어린 양이 자신의 생명을 놓은 곳에 자신들의 생명을 놓음으로써 사탄을 정복한다. 이는 요한이 이해하는 전쟁과 싸움을 포함한 모든 악을 이기는 방법이다.

요한계시록 14장의 또 다른 환상은 비슷한 관점이지만, 시온 전승과 연결되며 동시에 중요하고 새로운 통찰을 추가하고 있다.

> 그리고 나는 어린 양이 시온 산 위에 서 있는 것을 보았습니다. 그 어린 양과 함께 십사만 사천 명이 서 있었는데 그들의 이마에는 어린 양과 그 아버지의 이름이 적혀져 있었습니다. … 그들은 여자들과 더불어 몸을 더럽힌 일이 없는 사람들이며 숫총각들입니다. 그들은 어린 양이 가는 곳이면 어디든지 따라다닙니다. 그들은 사람들 가운데서 구출되어 하나님과 어린 양에게 바쳐진 첫 열매입니다. 〈요한계시록 14:1,4〉

시온의 어린 양에 대한 언급은 메시아를 시온의 왕으로 삼아 온 시온 전승이 오랫동안 반영되어 온 것으로 이해해야 한다. 우리에게 144,000이라는 수는 비교적 적어 보이지만, 요한이 말한 것은 아마도 꽤 큰 숫자를 의미하는 것 같다. 실제 그 숫자는 상당히 큰 수이며. 숫자의 전체적인 조화가 꽤 인상적이다. 그 수는 12에 12를 곱하고 거기에 다시 1,000을 곱한 숫자다. '12'라는 숫자는 시온을 말하는 특별한 수다. 21장에서는 계시자가 새 예루살렘시온 곧 어린 양의 신부인 교회의 외형과 규모를 상세하게 그리고 있다. 요한이 묘사하는 모습은 12나 12에 기초한 숫자로 나타난다. '12'는 옛 이스라엘의 12지파와 새 이스라엘의 12사도를 의미한다 144,000명이 이곳에서 만난 것은 승리한 어린 양의 영광에 걸맞다.

그다음 구절은 그들의 성별이나 성적 관계의 특성과는 아무 관련이 없을 것이다. 구약은 우상 숭배와 하나님에 대한 불성실을 통상 성적인 간음으로 묘사하고 있다. 그러므로 요한은 144,000명이 다른 신또는 신의 대용품을 추종하지 않고 그리스도에게 완전히 충성하는 자들이라고 말하는 것이다.

이상의 해석을 입증하는 가장 중요한 구절은 "어린 양이 가는 곳이면 어디든지 따라다닙니다"이다. 어린 양이 가는 곳은 무방비의 고난과 죽음과 부활의 길이다. 144,000명이 가는 길도 그렇다.

마지막 구절은 새롭고 놀랄만한 사상을 전한다. 어린 양을 따르는 자들의 죽음과 부활은 나머지 인류를 아무것도 할 수 없는 어려운 상황 속에 내버려 둔 채 그들에게만 중요한 그런 것이 아니다. 이 충성된 자들은 인류의 "첫 열매"다. "첫 열매"는 과수원에서 처음 맺는 열매이거나 곡식 중에서 처음 익은 부분을 뜻한다. 이 첫 열매는 그다음에 이어질 큰 수확을 미리 알리고 보증하는 가치가 있다. 어린 양의 군대는 자신만의 구원을 위해 싸우지 않는다. 그들은 인간을 해방하기 위해서 싸운다.

요한은 16장에서 "일곱 대접의 환상"으로 최후 승리와 그 후에 전개될 사건들을 설명한다. 여섯째 대접의 환상에서 마귀의 세 형태인 용, 짐승, 거짓 선지자에게서 세 악령이 나온다.

> 그것들은 악마들의 영으로서 기적을 행할 수 있는 자들이며 전능하신 하나님의 큰 날에 일어날 전쟁을 위해서 온 세계의 왕들을 모으려고 나간 자들입니다. … 그 세 악령은 히브리 말로 하르마게돈^{아마겟돈}이라고 하는 곳으로 왕들을 모았습니다. 〈요한계시록 16:14,16〉

이때 세상의 왕들이 다시 나타나는 것에 주목하라. 그들이 어느 편에서 싸울 준비를 할 것 같은가? 그들은 악마의 군대에 선발대로 자원한 자들이다. "하르마게돈^{아마겟돈}"은 아마 "집회의 산"일 것이다. 또는, 이사야 14장에서 니므롯, 바벨과 같은 악이 하늘의 하나님께 도전하려고 산 위에서 세력을 모으는 구절을 언급하는 것일 수도 있다. 어느 경우든, 이 구절들의 내용을 따라 일어날 수 있는 사건은 오직 하나로 보인다. 그것은 소집된 악의 세력과 하나님의 방어군 세력 사이의 크고 결정적인 전투이다. 이 외에는 다른 사건이 있을 수 없을 것이다.

그런데 17절을 보면 다음 내용이 있다. "일곱째 천사가 자기 대접에 든 것을 공중에다 쏟았습니다. 그러자 다 "되었다."하는 큰소리가 성전 안에 있는 옥좌로부터 울려 나왔습니다."

"다 되었다"는 것이 대체 무슨 말인가? 이제 막 전투를 시작할 준비가 되었을 뿐이다! 누군가 전쟁을 하려고 했는데 상대방이 오지도 않았으면서 승리했다고 선언한다면 어떨까? 하나님의 군대가 심지어 전장을 차지한다는 암시는 어디에도 없다. 바로 여기서 "야훼께서 대적을 네 손에 부치셨다"는 말이 극에 달했다. 이는 참으로 불가사의하다. 요한은 다른 곳에서 이 상황을 다시 언급하면서 단서를 더 제시하는데, 그 내용이 19장에 등장한다.

> 나는 또 하늘이 열려 있는 것을 보았습니다. 거기에는 흰 말이 있었고 "신의"와 "진실"이라는 이름을 가진 분이 그 위에 타고 계셨습니다. 그분은 공정하게 심판하시고 싸우시는 분입니다. 그분의 눈은 불꽃 같았고 머리에는 많은 왕관을 썼으며 그분밖에는 아무도 알지 못하는 이름이 그분의 몸에 적혀 있었습니다. 그분은 피에 젖은 옷을 입으셨고 그분의 이름은 "하나님의 말씀"이라 하였습니다. 그리고 하늘의 군대가 희고 깨끗한 모시옷을 입고 흰 말을 타고 그분을 뒤따르고 있었습니다. 그분의 입에서는 모든 나라를 쳐부술 예리한 칼이 나오고 있었습니다. 그분은 친히 쇠지팡이로 모든 나라를 다스리실 것입니다. 그리고 전능하신 하나님의 분노의 포도를 담은 술틀을 밟아서 진노의 포도주를 짜내실 것입니다. … 또 나는 그 짐승과 세상의 왕들과 그들의 군대가 흰 말을 타신 분과 그분

의 군대를 대적해서 싸우려고 모여 있는 것을 보았습니다. 그런데 그 짐승은 잡혔습니다. 그리고 그의 앞잡이로서 기적을 행하여 짐승의 낙인이 찍힌 자들과 짐승의 우상에게 절을 하는 자들을 현혹시킨 그 거짓 예언자도 함께 잡혔습니다. 그 짐승과 거짓 예언자는 산 채로 유황이 타오르는 불못에 던져졌습니다.〈요한계시록 19:11-15,19-20〉

우리가 다시 거룩한 전쟁의 언어와 그 완전한 힘으로 되돌아갔다는 것은 말할 필요도 없다. 그러나 명심하라. 우리가 신약성경 곳곳에서 거룩한 전쟁에 관한 이야기를 접했지만, 저자는 고난받는 종 패턴을 탈피한 것이 아니라, 단지 고난받는 종이 되는 것이야말로 진정으로 '싸우는' 방법이 될 수 있다는 것을 확인했을 뿐이다. 여기의 그림이 그중에서 가장 역설적이지만, 우리는 그것이 다른 그림들과 비슷하다고 주장할 것이다. 간단히 말해서 비록 왕이신 예수가 말을 탄 전사로 묘사되고 있지만, 그는 여전히 어린 양이다. 요한이 궤도를 벗어나서 19장 중간에 갑자기 이상하고 새로운 그리스도를 소개하고 있는 것이 아니다.

애당초, 이것은 적군이 계획한 대로 되지 않은 전투의 또 다른 사례이다. 선과 악의 힘이 전투태세를 갖추었다는 점에서 우리는 전투에 더욱 가까워진다. 우리가 인용문에서 몇 구절을 생략했지만, 건너뛴 그 구절들은 군사적 충돌을 묘사하지 않으며 세상의 왕들을 포함한 적군의 존재는 그다음 구절까지 드러나지 않는다. 생략된 몇 구절은 피비린내 나는 전쟁의 묘사이기는 하지만, 이것은 결정적인 전투가 아니라 이미 승리한 전투에 이은 소탕 작전을 그린 것이다. 이 구절들의 일부 표현은 구약에서 가져온 것이다. 그러나 그중 어느 것도 문자 그대로 인간에게 물리적 폭력을 가하는 것이라고 이해할 필요는 없다. 이와 관련해서, "세상의 왕들"을 계속해서 면밀하게 주시하

라. 그들이 살해되고 독수리의 먹이가 된 것처럼 보여도, 그들의 최후가 어떨지는 아직 모른다.

하지만 만약 요한이 결정적인 전투를 다시 이야기하고자 했다면, 인용한 본문의 마지막 두 문장 사이에 있어야 할 것인데, 그런 내용은 없다.

자, 그래서 우리가 결정적 전투를 할 필요가 없다면, 우리에게 남은 것은 무엇인가? 그것은 대적의 갑작스럽고 전혀 예상하지 못한 설명할 수 없는 항복이다. 하지만 어떻게 그런 일이 일어날 수 있단 말인가? 피에 젖은 옷을 입고 흰 말을 탄 분이 그렇게 만드신다. 당신을 완전히 깔아뭉갰던 사람을 일단 보게 되면, 그와 싸우는 것은 의미가 없다. 그가 돌아오면 할 일이 아무것도 없다!

피에 젖은 옷이 열쇠다. 이것은 관습적으로 피비린내 나는 전투 장면 속, 피투성이가 된 사람의 모습이라고 이해되었다. 하지만, 그런 뜻이라면 요한은 치명적인 실수를 한 것이다. 이유는 아주 명백하다. 대적과 싸우기도 전에 피 묻은 옷이 언급되고 있기 때문이다. [그 교전은 적군이 계획한 대로 잘 풀리지 않았다.] 하얀 말을 탄 분은 전쟁터로, 더 정확하게 말하자면 전쟁터가 될 것 같은 장소로 향한다. 그의 옷에는 이미 피가 묻어 있다. 그리고 요한계시록은 피가 묻었을 수도 있는 이전의 그 어떤 전투에 대해서도 언급하지 않았다.

그런데도 우리는 이것이 진정 승리의 피요, 세계의 결과를 결정지은, 열심히 싸워 쟁취한 승리의 피라고 주장한다. 왜 그런 것일까?

비록 그 이미지에 오해의 소지가 있을 수도 있지만, 요한이 말하는 것은 바로 어린 양의 전쟁의 결론이다. 왕이신 예수는 흰 말을 타신 분이며, 어린 양이시다. 기억하건대, "도살의 흔적을 가진 어린 양"이다. 죽임당한 양은 어쩔 수 없이 그 가죽에 피가 묻는다. 흰 말을 탄 어린 양의 옷에 묻은 피는 골고다 언덕에서 흘린 피다. 골고다 언덕에서의 승리는 어린 양이 대적들의 생명을 취하고 얻은 것이 아니라, 오히려 자신의 생명을 내어주고 얻은 것이다. 그 승리는 세상을 이기고, 이제 악의 최후 항복으로 귀결되는 승리다. 대적의 군대가 흰 말을 탄 이가 누군지 알고, 피 묻은 옷을 보고 그분이 골고다 언덕에서 그들에게 행한 것을 떠올린다면 전쟁은 끝난 것이다.

전쟁은 단 하나, 어린 양의 전쟁뿐이다. 왕은 오직 한 분, 흰 말을 타신 예수뿐이다. 그는 언제나 어린 양이셨으며 앞으로도 어린 양일 것이다. 승리는 단 하나, 골고다 언덕의 승리뿐이다. 싸우는 유일한 방법, 그것은 적의 피를 흘리게 하는 것이 아니라, 자신의 피를 흘리는 것이다.

이런 해석이 참되다면,이 구절에 대한 관례적 해석보다 요한의 설명이 나머지 부분과 훨씬 더 잘 어울린다 크리스텐덤의 비극이 무엇인지가 드러난다. 모든 악의 궁극적인 항복을 향한 전쟁, 사실상 이미 승리한 전쟁에 징집된 기독교인들은 얼마나 비극적인가! 기독교인들이 어린 양의 길에 대한 믿음을 잃고, 적에게 실제로 도움과 위안을 주는 전투 수단을 사용하다니 얼마나 비극적인 일인가!

요한은 요한계시록의 결론으로, 어린 양의 사역이 성취된 후 세상의 모습을 우리에게 그려준다. 그의 설명이 더 넓고, 경이롭고, 매우 깊은 통찰을 보여주지만, 그 모습은 구약의 선지자들이 일찍이 그렸던 평화와 정의의 위대한 시대의 모습과 같다.

그 뒤에 나는 새 하늘과 새 땅을 보았습니다. 이전의 하늘과 이전의 땅은 사라지고 바다도 없어졌습니다. 나는 또 거룩한 도성 새 예루살렘이 신랑을 맞을 신부가 단장한 것처럼 차리고 하나님께서 계시는 하늘로부터 내려오는 것을 보았습니다. 그 때 나는 옥좌로부터 울려 나오는 큰 음성을 들었습니다. "이제 하나님의 집은 사람들이 사는 곳에 있다. 하나님은 사람들과 함께 계시고 사람들은 하나님의 백성이 될 것이다. 하나님께서는 친히 그들과 함께 계시고 그들의 하나님이 되셔서 그들의 눈에서 모든 눈물을 씻어주실 것이다. 이제는 죽음이 없고 슬픔도 울부짖음도 고통도 없을 것이다. 이전 것들이 다 사라져버렸기 때문이다." 그 때 옥좌에 앉으신 분이 "보아라, 내가 모든 것을 새롭게 만든다." 하고 말씀하신 뒤 다시금 "기록하여라, 이 말은 확실하고 참된 말이다." 하고 말씀하셨습니다.〈요한계시록21:1-5〉

새 땅이 새 예루살렘에 중심을 두고 있다는 것은 우리가 앞서 처음에 살펴보았던 시온 전승과 함께 마무리되고 있다는 것을 가리킨다. 그 기원은 비록 하늘에 있다고 해도, 예루살렘 성은 지상에 있다는 것에 주목해야 한다. 요한도 성경 전체도 이 세상을 다 끝난 싸움으로 치부해버리고 특권 있는 사람들만 불타는 땅에서 나와 지상이 없는 세계로 구원받으러 간다고 하지 않는다. 절대 아니다. 성경은 하나님의 창조를 중요하게 여긴다. 복음은 세상을 버리고 인류를 멸망시키는 것이 아니라, "만물을 새롭게 하는 것"인 재창조와 인간 구원을 추구한다.

이런 사상이 가장 중요하다. 지상에서의 우리의 삶, 우리의 섬김과 증언, 어린 양의 전쟁에 참여하는 이 모든 것이 역사의 결과와 인류의 운명에 관해 중요하다는 의미이기 때문이다. 이 모든 것들은 그저 무시되고 폐기될 것들이 아니다.

또한, 요한은 새로운 삶의 핵심은 우리가 사는 환경이 새롭고 기이하게 좋아지는 데 있는 것이 아니라 새로운 차원의 인격적 관계, 즉 하나님과 인간의 화해에 있다는 것을 확실하게 밝힘으로써 이전의 몽상가들을 완전히 패배시킨다. "이제 하나님의 집은 사람들이 사는 곳에 있다. 하나님은 사람들과 함께 계시고 사람들은 하나님의 백성이 될 것이다." 이 사건은 이렇게 설명할 수 있다. "동쪽으로 가던 아담, 가인, 니므롯, 바벨과 모든 인간의 행진이 마침내 바로잡히고 그 걸음은 다시 중심을 잡게 되었다. 인간이 더는 하나님을 피하지 않고 하나님 자리에 앉으려 하지도 않는다. 하나님이 인간과 더불어 계시고 인간은 하나님의 백성이다. 인간은 모두 달콤한 춤을 추며 높이 차오르는 발레리나다."

당연히 전쟁과 싸움이 일어날 근원이 더는 없다. 모든 눈물이 사라지고 죽음과 애통과 울음과 고통이 없다. 이는 모든 종류의 전쟁과 싸움도 사라졌다는 뜻이다. 우리가 간절히 찾고 있던 것을 요한이 모두 묘사하고 있다.

요한은 몇 구절 뒤에서 새 예루살렘에 대한 흥미로운 내용을 설명한다.

> 또 열두 대문은 열두 진주로 되어 있었고 그 열두 대문이 각각 다른 진주로 되어 있었습니다. 그리고 그 도성의 거리는 투명한 유리 같은 순금이었습니다. 나는 그 도성에서 성전을 보지 못했습니다. 전능하신 주 하나님과 어린 양이 바로 그 도성의 성전이기 때문입니다. 그 도성에는 태양이나 달이 비칠 필요가 없습니다. 하나님의 영광이 그 도성을 밝혀주며 어린 양이 그 도성의 등불이기 때문입니다. 만국 백성들이 그 빛 속에서 걸어다닐 것이며 땅의 왕들은 그들의 보화를 가지고 그 도성으로 들어올 것입니다. 그 도성에는 밤이 없으므로 종일토록 대문들을 닫는 일이 없을 것입니다. 〈요한계시록 21:21-25〉

뭔가 실수가 있는 것이 분명하다. 세상의 왕들이 어떻게 여기에 있단 말인가? 맙소사! 땅의 왕들이 이곳에 있을 수 있다면, 모두가 다 그렇게 할 수 있다. 이것이 어떻게 된 일인가?

솔직히 우리는 이것이 어떻게 가능한지 모른다. 단지 우리의 어린 양께는 불가능이란 없고 그의 승리는 엄청나다는 것을 말할 수 있을 뿐이다. 이는 군사적인 승리만 아는 우리로서는 상상조차 할 수 없는 엄청난 규모이다. 우리에게 선인의 승리는 언제나 악인의 패배와 멸망을 의미한다. 그렇지만 왕이신 예수님이 승리자라면, 그분은 모든 패자를, 하나님의 저주를 받았던 세상의 왕들까지도 영광으로 인도하셔서 그와 함께 승리자 가운데 있게 하신다. 따라서 땅의 왕들이 새 예루살렘에 들어올 수 있다면, 누구나 들어올 수 있다. 이 해석은 정확히 맞다! 세상의 왕들이 새 예루살렘에 있다는 것은 원칙적으로, 누구나 그곳에 나타날 가능성을 부인할 수 없다는 뜻이다.

요한이 새 예루살렘으로 들이지 않는 것이 있는데, 그것들은 원칙상 새 예루살렘으로 들어올 수 없다. 그것들은 용, 짐승, 거짓 선지자, 죽음, 음부, 정사와 권세 잡은 자들과 같은 것이다. 이런 것들은 본질상 악의 화신이다. 이것들은 패배하고 멸망해야 한다. 이들에게는 구원받을만한 것이 전혀 없다. 그러나 그들은 인간이 아니다. 인간은 대적이 아니다. 땅의 왕들처럼 악의 화신들과 결탁해 대적을 좇아 싸우더라도 그 인간이 대적인 것은 아니다. 어린 양의 전쟁은 인간을 위한 싸움이며, 인간의 대적들에 저항해서 싸우는 것이다. 이 대적들은 인간 속에 있는 대적과 인간이 실수로 충성을 바친 대적을 포함한다. 그러나 인간 자체는 대적이 아니다. 그래서 새 예루살렘의 대문은 인간에게 항상 열려 있다.

"그 도성에는 밤이 없으므로 종일토록 대문들을 닫는 일이 없을 것입니다."요한계시록 21:25 우리는 다시 원점으로 돌아왔다. 가인이 자신의 안전을 위해 자기 힘으로 쌓으려고 했던 성과는 정반대의 성이 여기 있기 때문이다.

가인의 성과 모든 인간의 성에는 원칙적으로, 벽과 닫을 수 있는 문을 만든다. 이는 적을 막기 위한 것인데, 여기서 적이란 나를 잡으려고 혈안이 된 악인을 말한다. 하지만, 어린 양의 전쟁을 통해 진짜 대적이 제거되었고, 악인이 선인이 되는 방법이 제시되었기 때문에 완전히 안전하다. 여기에 정말로 유일하고 진정한 안전이 있다. 이는 인간이 자신의 힘으로 이루는 것이 아니라 하나님이 주시는 안전이다. 새 예루살렘의 대문은 다른 사람들이 들어오지 못하게 굳게 닫혀 있지 않다. 그 대문은 언제나 열려 있으며, 사람들이 들어올 수 있도록 초대한다. 이것이 하나님이 주시는 안전의 상징이다.

우리가 요한이 말한 부분을 너무 강조해왔기 때문에, 요한이 명백히 말하지 않은 것을 짚어보는 것도 도움이 될 수 있다. 그것은 이렇다. 1 요한은 진정한 악인은 없다고 말하지 않고, 모든 사람은 본성상 새 예루살렘에 들어갈 만큼 선하다고 말하지도 않는다. 전혀 그렇지 않다. 사실 그는 그렇게 이해될까 봐 의도적으로 자신을 방어한다. 새 예루살렘의 대문이 열려 있다고 말하면서 바로 다음과 같이 밝힌다. "그러나 더러운 것은 아무것도 그 도성으로 들어가지 못하고 흉측한 짓과 거짓을 일삼는 자도 결코 들어가지 못합니다. 그 도성에 들어갈 수 있는 자는 다만 어린 양의 생명책에 이름이 올라 있는 사람들뿐입니다."요한계시록 21:27 이 내용만으로도 충분히 명확한 것 같다.

2 요한은 하나님의 계획에 심판이 없다고 말하지 않는다. 다시 말해 심판이 없이도 공의가 이루어질 수 있다고 말하지 않는다. 조금이라도 그렇게 말한 적이 없다. 비록 땅의 왕들이 새 예루살렘 성으로 들어간다는 표현을 보고 있지만, 요한은 그보다 먼저 그들이 칼에 살해당하고, 독수리의 먹이가 되며, 두 번째 사망인 불못에 던져진다는 것을 보여주었다. 그 왕들이 특혜를 받았다는 질문을 던질 필요는 없다. 따라서 요한이 심판의 필요성과 정당성

을 소홀히 했다고 비난할 수 없다. 만약 왕들이 새 예루살렘에 입성한다면, 그것은 그들이 형벌을 피하는 데 성공했기 때문은 아니다. 그들은 우리 나머지 죄인들과 똑같은 방식으로 그곳에 올 것이다. 그것은 참으로 제2이사야의 왕들이 했던 방식, 즉 "그를 찌른 것은 우리의 반역죄요, 그를 으스러뜨린 것은 우리의 악행이었다. 그 몸에 채찍을 맞음으로 우리를 성하게 해주었고 그 몸에 상처를 입음으로 우리의 병을 고쳐주었구나"라고 고백하는 것이다.

3 요한은 모든 사람이 결국 구원받을 것인지에 대해서 우리가 확실하게 안다고 말하지 않는다. 그것은 요한이 밝히고자 한 것보다 하나님의 비밀스러운 지혜에 대해 더 많이 알고 있다고 주장하는 것일 것이다. 그러나 요한은 어떤 사람이 절대 구원받지 못하는지 우리가 확실히 안다거나, 그들이 어떤 사람들인지를 특정할 수 있다고 말하지 않는다. 나도 요한이 그런 말을 했다고 생각하지 않는다. 예수님의 골고다 언덕에서의 승리와 부활의 능력은 우리가 한정할 수 없는 것이다. 그 승리와 능력이 미치지 않는 곳이나 그 효과가 멈추는 시대는 없다. 요약하자면, 요한이 말한 대로 하나님의 도성, 그곳의 대문이 열려 있다면, 그 상태로 그렇게 유지하는 것이 가장 좋다. 누가 자기 두루마기를 빨고 그곳에 들어갈 허락을 얻을지, 혹은 그렇지 않을지는 전적으로 하나님의 결정으로 남겨둬야 한다. 요한이 남긴 마지막 축복은 이렇다. "생명의 나무를 차지할 권세를 얻고 성문으로 그 도성에 들어가려고 자기 두루마기를 깨끗이 빠는 사람은 행복하다."요한계시록 22:14 나는 이 축복에서 어떤 제한도 발견하지 못했다.

새 예루살렘은 하나님께서 자신의 백성과 함께 거하시는 평화롭고 안전한 곳이다. 그 열린 도성은 자기 이름이 어린 양의 생명책에 기록되기를 원하는 사람은 누구나, 땅의 왕들마저도, 들어오라고 초대한다. 우리가 싸운 것은 바로 이 전리품을 얻기 위한 것이다!

8

성경 바깥의 내용에도 주목하라

오직 광기와 열과, 끓는 피, 땀 흘리는 이마가 있었을 뿐이야. 이 늙은 에이허브는 천 번이나 보트를 내려 물거품을 일으키며 맹렬히 고래를 추적했지. 사람이라기보다는 악마였어. 아! 얼마나 어리석은 40년이었던가! 바보, 늙은 에이허브는 얼마나 바보였던가!

　　　-에이허브 선장이 모비딕을 죽이려는 자신의 강박적 열정을 돌아보면서 고백하는 말

　　　　　　　　　　　　　　　　　　　　〈허먼 멜빌의 〈모비딕〉 중에서〉

　　성경을 포함에서 어떤 책을 읽을 때는 그 책에서 말하는 것뿐 아니라 말하지 않는 부분도 살펴야 한다. 성경이 특히 그러하며 이는 중요하다. 독자로서, 우리는 당면한 주제에 대해 어떤 선입견을 품고 책들을 읽는 경향이 있다. 저자가 우리의 생각에 동의할 만큼 충분한 지성이 있다고 생각하면, 그 책이 당연히 우리가 들을 준비가 된 것을 말하리라 생각한다. 때로 우리는 이것을 너무 확신한 나머지, 책이 말하지 않은 것마저도 말했다고, 적어도 그렇게 말하려는 의도였을 거라고 가정하면서 책을 끝내기도 한다. 특히 성경에 대해서 우리는 종종 성경이 무엇을 말해야 하고, 무엇을 말하려고 하는지, 무엇을 말했는지에 대해 이미 알고 있다고 생각한다. 상황이 이러니 성경이 실제로는 말하지 않은 부분을 주의 깊게 살피는 것은 매우 중요한 일이다. 따라서 8장은 성경이 말하지 않은 것을 살펴보는 적법한 성경 연구이다.

물론 우리는 성경이 말하지 않은 것 몇 가지를 염두에 두고 있다. 만약 성경이 그것에 대해 말했다면, 논리적으로 생각했을 때 그 내용은 요한계시록에 있을 것이다. 자, 이제 요한계시록에 기록되어 있지 않은지 살펴보자. 하지만 동시에 성경의 다른 모든 책에서도 그 내용을 찾을 수 없어야 한다. 이 완전한 침묵은 우리의 해석을 크게 뒷받침한다고 이해해야 한다.

　요한계시록은 용, 짐승, 거짓 선지자와 이들이 고용한 더럽고 악한 모든 세력에 대해 많은 말을 하고 있다. 그 세력 중에 많은 것이 "우리의 억압적, 성차별적, 인종차별주의적, 군국주의적, 비인간적 사회"이다.

　그렇지만 이런 힘이 주로 사회적인 문제로 나타나기보다는 개별적으로, 개인적인 차원에서 작동하는 경우가 많다는 점에 주의해야 한다. 또한, 아마도 이 세력의 활동 때문에 기독교인들은 두 개의 진영으로 나뉘는 경향이 있다. 한쪽은 사회적으로 드러나는 세력을 매우 의식하고 염려한 나머지 개인적 세력을 의식하지 못한다. 다른 한쪽은 그 반대로 개인적으로 드러나는 세력을 매우 염려해서 사회적 세력을 의식하지 못한다.

　그러나 이러한 가정은 마치 기독교인이 사회 체제에 숨어있는 괴물들 즉, '사회적인 힘들'을 그 은신처로 추적하고, 포위하고, 그들의 공급을 끊고, 그들을 불태우고, 그들의 목을 자르고, 그들을 안으로 몰아넣도록 부름을 받은 것처럼 보인다. [사회적 힘들 중 확실히 우리의 관심사는 주로 전쟁과 싸움이다.] 간단히 말해서, 왕이신 예수의 첫 번째 명령이 그를 따르는 자들이 사회 변화를 일으키는 데 관여하는 거라고 가정하는 것이다. '정치적 행동'이 적절한 용어처럼 보이는데, 이것은 넓은 의미에서 "세계", 즉 사회 전반의 구조와 정책을 바꾸기 위한 모든 활동을 포함하는 것이다.

그러나 비록 요한계시록의 핵심 주제가 세상을 이기는 것이라고 해도, 결코 어디에도 그 괴물을 정복하고 소멸시키라는 내용은 없다. 예수를 따르는 이들이 이러한 "힘들"에 맞서 행동하라는 소명을 받았다는 어떠한 진술이나 힌트, 함축, 암시도 없다. 이러한 소명이나 행동은 요한의 전체 그림에서 '기대'되는 것처럼 매우 자연스럽고 옳게 보이기 때문에, 왜 그것이 성경에 기록되지 않았을까에 대한 깊은 물음과 생각이 필요한 문제이다. 요한은 거듭해서 기독교인들에게 그 권세들에 대항하되, 그 세력들을 따르거나 포로가 되지 말라고 경고한다. 그러나 이 경고는 그들을 추적하라는 요청과는 꽤 다르다.

마찬가지로, 고난받는 종의 모습도, 소용돌이 가운데 있는 바위 비유도, 진실한 증인 개념 그 어느 것도 정치적 주도권에 관한 이야기가 아니라는 점을 우리는 알아야 한다. 사실, 우리는 근원적이고 핵심적인 것을 생각하지 못하는 경향이 있다. 이것은 우리를 멈칫하게 한다.

그렇다면, 우리가 정치적 주도권에 대한 소명을 찾아보는 것은 어떤가? 어째서 성경은 우리에게 그 권세들과 싸우고 용을 사냥하라고 권유하는 것을 경계해야만 하는가? 그것은 아마도 그 싸움이 상상하기 힘들 정도로 위험하기 때문일 것이다. 그것은 분명히 우리의 삶에 위험이 되는 것이 아니라 우리의 믿음을 위험하게 한다. 아마도 그 위험은 허먼 멜빌의 소설 "백경Moby Dick"에 생생하게 묘사된 그런 위험일 것이다.

소설 이야기를 떠올려 보자. 에이허브 선장은 유능하고 경험이 많은 바다 사나이로, 19세기에 미국 매사추세츠주 동남쪽 앞바다에 있는 난터켓에서 포경선 페코드를 지휘한다. 선장은 과거에 항해 중에 거대한 흰고래와 사투를 벌이다가 한쪽 다리를 잃었다. 보트를 부숴버린 그 거대한 고래 괴물은 선장의 다리 한쪽을 게걸스럽게 씹고, 으드득 먹어 치웠다. 그 괴물은 모비 딕이라고 불렸다. 에이허브는 오직 하는 그 흰고래를 죽이는 것을 목표로 항해를 시작했다.

이야기가 진행됨에 따라, 저자 멜빌은 모비 딕을 단지 매우 크고 악랄한 고래 그 이상을 대표하도록 의도한다는 것이 명백해진다. 모비 딕은 악마의 전형으로 그려지는데, 이는 요한계시록에 등장하는 용이나 적그리스도와 거의 비슷하다. 에이허브는 이 악의 세계를 제거하려는 강박관념에 사로잡혀 있다.

에이허브는 포경선을 타고 모비딕을 쫓아 온 바다를 여기저기 항해한다. 그는 잡을 수 있는 수많은 고래를 그냥 지나친다. 그는 온갖 시련과 위험을 뚫고 배와 선원들을 몬다. 선원들은 에이허브가 원래의 목적, 즉 포경선의 주인이 고래기름과 뼈를 구하려고 그를 고용했다는 목적을 내팽개치고 있다는 것을 알리려고 애쓴다. 그러나 에이허브는 그 말을 귓등으로도 듣지 않고 오직 모비 딕을 잡는 것에 혈안이 되어있다.

소설의 결론으로 가며 이 장의 서두에서 인용한 연설에서, 에이허브는 악마모비 딕를 죽이려는 자기의 목적이 옳았다고 하더라도, 자신의 노력이 악마적인 열정이었다는 사실을 인정한다. 그렇지만 그는 멈출 수 없다. 결국, 그 고래와 만나는 끔찍한 절정에서 에이허브는 자신과 선원, 배 그리고 모든 것을 잃는다.

그의 마지막 말이다.

"모든 것을 파괴하지만 정복하지 않는 고래여! 나는 너에게 달려간다. 나는 끝까지 너와 맞붙어 싸우겠다. 지옥 한복판에서 너를 찔러 죽이고, 증

오를 위해 내 마지막 입김을 너에게 뱉어주마.“

멜빌은 위대한 통찰력으로 모비 딕의 생사에 대해서는 결론을 내지 않는다. 궁극적으로 그것이 중요하지 않기 때문이다. 핵심은 악을 사랑하고 좇는 것만큼이나 그것을 증오하며 좇는 것도 인간이 악의 포로가 되어 황폐해질 수 있다는 것이다. 선지자 이사야가 인간이 거룩한 전쟁을 치를 만큼 선하고 지혜로우며 강하지 못하다는 것을 암시한 것은 아마도 그런 생각 때문이었을 것이다. 에이허브의 행동은 하나님처럼 되려는 니므롯의 강한 성향을 여실히 보여준다.

우리 시대에도 그런 증거들이 있다. 일부 기독교인이 전쟁에 대한 증오, 불의, 악의 형성에 의해 전적으로 동기가 부여되고 있다. 그들은 고난받는 종의 사랑과 인내를 상실한 채, 에이허브 선장의 모습을 보인다. 그 예로, 미국 정부와 투쟁하는 일에 자진해서 나선 사람들은 자신들이 반대하는 바로 그 모습을 취하는 위험을 무릅쓰고 있다.

모비 딕을 없애려는 에이허브의 십자군의 방법은 악마에 대항하려고 예수님이 취했던 방법과는 전혀 다르다. 우리는 연구 전반에 걸쳐 사실상 암시해 온 어떤 것에 초점을 맞추고 있다. 그것은 평화를 위한 모든 노력이 자연스럽게 두 개의 범주로 나뉜다는 것이다. 십자군이라는 용어는 원하는 개념을 이해하는 데 도움이 될 수 있다. 그도 그럴 듯이, 전면적인 조직적 노력의 열의, 일을 완수하는 데 필요한 모든 방법을 기꺼이 사용한다는 암시는 에이허브의 행동을 정확하게 묘사하기 때문이다. 십자군이라는 용어는 어원을 보면 “십자가를 지는 것”이다. 그러나 우리는 그것을 생각하지 못할 뿐 아니라 대부분 그것을 모르고 있다. 그 용어는 11~14세기에 십자가 상징을 들고 이슬람을 상대로 “거룩한 전쟁holy wars: 구약의 거룩한 전쟁과 구별하기 위해 소문자를 사용"을 했던 자들의 칭호로 발전했다.

성경적인 "십자가를 지는 것"의 개념은 "십자군"이 되는 것과는 매우 다르다. "십자가를 지는 것"은 예수께서 십자가에 못 박힌 것만이 아니라, 제2이사야의 고난받는 종에서부터 우리에게 날마다 십자가를 지라는 명령까지 모든 것에 적용된다. 이는 낮과 밤이 다르듯이, 누구나 분명하게 구별할 수 있다. 이러함에도 불구하고 우리가 "십자가를 지는 것"에서 "십자군이 되는 것"으로 움직이게 되는 근거를 발견하는 것은 어렵지 않다.

십자가를 지는 것은 그 계획의 후원인이 하나님이시며 이 일이 진행하도록 일하시는 분이라는 가정에서 출발한다. 하나님께서는 우리가 각자 십자가를 지는 것으로 당신의 계획에 참여하라고 부르신다. 이 일은 우리를 위한 것이다. 그분께서는 우리가 그 계획에 참여하는 축복을 소유하길 원하시기 때문이다. 하나님 자신을 위해서이거나, 우리의 도움이 없이는 당신의 계획이 수포가 되거나 해서가 아니다. 이 말이 십자가를 지는 자가 응답하느냐 하지 않느냐가 아무런 차이를 만들지 못한다는 뜻은 아니다. 다만, '소집 받은 자'가 복무 조건을 지시하는 것이 아니라는 것이다.

그러나 십자가를 지는 사람은 일의 성공이 자신이 아닌 하나님과 함께 있다는 것을 안다. 야훼께서 대적을 네 손에 부치셨다 따라서 그는 일이 어떻게 진행되는 것처럼 보이든 묵묵히 참을 수 있다. 상황이 절망적으로 보여도 십자가를 지는 자는 하나님께서 주신 무방비 상태의 고난보다 조금 더 유망한 전략들을 찾으려는 유혹을 받지 않는다. 그의 관심은 온전히 그의 소명에 충실한 것이다. 그는 노력의 성공을 하나님께 온전히 의탁할 수 있다. 그는 모든 것이 사라진다 해도 하나님께는 한결같이 승리하는 부활을 성취하시는 능력이 있다는 것을 알기 때문이다.

반대로, 십자군은 딱 그 특징 그대로 말로만 하나님을 섬긴다. 그들은 실제로는 하나님이 책임지고 계신다고 신뢰하지 않는다. 그들은 일이 계획한 대로 잘 되면, 자신들이 그렇게 한 것이라고 여긴다. 다시 말해 그들의 노력이 결과를 결정한다는 것이다. 따라서 위기가 닥치면 참지 못하고 할 수 있는 것은 뭐든 하려고 한다. 이러한 전제하에서는 심지어 평화의 십자군도 어쩔 수 없이 여러 형태의 폭력으로 이동할 수밖에 없다.

우리는 예수님의 '십자가를 지는 것'과 에이허브 선장의 '십자군' 사이의 구별을 통해 평화사역의 근본적인 두 범주에 이르렀다. 그 두 범주는 평화를 '종말론적인 것'과 '세속적인 것'으로 나누어 부를 것이다. 하지만 이 용어들을 정의하기 전까지는 용어 자체로부터 결론을 끌어내서는 안 된다. 이 용어들을 잘못 이해하지 않게 지키는 것이 가장 중요하다. 특별히 우리가 쓰는 용어는 단순히 교회와 관계된 행위와 교회와 상관없는 행위를 구분하는 것이 아니다. 심지어 교회 안에서 벌어지는 많은 일이 결과적으로는 세속적인 것으로 여겨질 것이다. 또 우리가 쓰는 용어는 기독교인과 비기독교인을 구별하지 않는다. 두 집단 모두에 자신을 기독교인으로 여기는 사람들이 있고, 둘 다 예수님의 이름을 부르기 때문이다. 마찬가지로, 세속적인 것에 아주 잘 들어맞는 하나님의 개념들이 존재하기 때문에, 신자와 무신론자를 구분하는 것은 단순하지만은 않다. 두 범주는 매우 애매하고 불분명하므로 이 둘을 이해하는 데 주의를 기울여야 할 것이다.

"세속적secular"이라는 영어 단어는 라틴어 "세기century", "시대age"에서 파생되었으므로 그 뜻은 "이 세대에 속한 것"이다. 특히 우리는 "세속적"이라는 단어를 "우리가 아는 역사의 한계에서 인간의 자원으로 성취할 수 있는 것"이라는 뜻으로 사용할 것이다. 이는 역사적 가능성을 인간의 지혜와 기술로 이룰 수 있는 것만을 내포한다고 가정하는 것이다.

반면에 "종말론적eschatological"이라는 용어는 헬라어 "끝end"이나 "목표

goal"에서 파생했다. 이는 "종말 상황을 지향하는 생각과 행동, 이 세대의 단순한 잠재력을 초월한 목표를 향해 나아가는 생각과 행동"이라는 뜻이다.

"십자가를 지는 것"은 의심할 여지 없이 종말론적이다. 그 이유는 이 일이 역사의 주인이신 하나님의 명령과 보호 아래에서 성취되기 때문이고, 역사적 가능성 너머에 있는 부활을 지향하기 때문이다. 그렇지만 십자군이 되는 것은 분명 세속적이다. 십자군이 되는 일은 본질적으로 이 세상적인 선악의 지식과 기술로 세상 방식의 성취를 추구하는 것이기 때문이다. 세속주의자는 자신이 현실을 전체적으로 보는 시각에서 행동한다고 믿는다. 하지만 종말주의자의 눈에는 세속적인 관점이 명백히 부분적이고 제한적으로 보인다.

이런 관찰을 통해 우리는 세속적인 것과 종말론적인 것의 관계를 도표로 예시할 수 있다. 그 도표는 내가 종이 위에 그리는 것보다 당신의 마음의 눈으로 더 잘 그릴 수 있을 것이다. 임의의 점 하나에 X표를 하라. 그 점은 "세속주의자"를 가리킨다. 그런 다음 그 점 주위에 "현세대", "현 세상", "우리가 아는 역사"를 둘러싸는 원을 하나 그리라. 원의 크기는 크든 작든 상관없다. 이 원 안에서 세속주의자들과 함께 제도적 교회, 예수님에 대한 이해, "하나님"이라고 불릴 수 있는 것, 그리고 기독교에 대한 특정한 개념을 발견하게 될 것이다. 진짜 종말론자라면 이 모든 것이 "부분적"이라고 생각할 것이다. 하지만 그는 동시에 이 모든 것이 "실제적"이라는 것을 인식해야 한다.

이 도표의 요령은 "종말론자"가 자리할 새로운 점을 표시하지 않는다는 데 있다. 무엇보다도 종말론자를 세속적인 원 바깥에 두어서는 안 된다. 이 도표가 두 개의 구별되고 분리된 영역을 나타내도록 하는 모든 경향을 단호하게 거부해야 한다. 예를 들자면, 이 도표는 다음과 같은 것을 제안하지 않는다. 세속주의자는 존재의 중심이 땅에 있고, 종말론자는 그 중심이 하늘에 있다든지, 세속주의자는 현재에 있고, 종말론자는 미래에 있다든지 하는 것

말이다. 우리는 그것이 어떤 종류이건 이원론에 기초해서 구분하지 않는다.

종말론자는 세속주의자가 있는 바로 그 X 지점에 있어야 한다. 둘 사이에 위치적 구분은 없다. 차이가 있다면 그것은 세속주의자의 지평이 단순히 종말론자에게는 존재하지 않는다는 것이다. 종말론자는 지평선 바로 그 너머를 보고, 지나가고, 꿰뚫는다. 그중 무엇이 됐든 상관없다. 할 수 있다면 그것을 도표로 그려보라. 종말론자가 한 지점에서만 또는 한 방향으로만 지평선을 뚫는 것이 아니라, 단순히 지평선 자체가 사라지는 것이다. 따라서 종말론자는 하나님께서 발레리나와 함께 춤출 그 첫 무대로서 세계를 창조하신 당신의 목적이 무엇이었는지로 돌아가 볼 수 있다. 반면에 세속주의자는 하나님께서 목적을 가지고 창조 현장에 있었다는 것도 깨닫지 못한다. 종말론자는 역사 속에서 활동하셨고 지금도 활동하고 계시는 지평선이 없는 하나님을 보기 위해 사방을 살핀다. 그러나 세속주의자는 기껏해야 하나님을 자신들의 지평선 안에 있는 어떤 것이거나 실제 하나님이라고 하기에는 너무나 사소하고 약한 어떤 것으로 부른다. 종말론자는 역사의 결말에 관한 하나님의 약속과 헌신을 미리 알 수 있다. 반면 세속주의자는 역사에 끝이 있다는 사실조차 인지하지 못한다. 종말론자는 세속주의자보다 더 많은 것을 볼 수 있다. 그러나 종말론자가 더 많이 보기 때문에, 양쪽이 함께 보고 있는 세속적인 현실을 상당히 다르게 이해할 것이다. 어떤 이야기를 장편소설의 한 부분이라고 이해하면, 그 이야기를 단편소설로 이해하며 읽는 것과는 훨씬 다른 의미로 이해할 수 있다. 게다가 그 의미는 본질적으로 다를 것이다.

제2이사야는 야훼께서 하나님이시라는 진리를 종말론에 대한 이러한 이해에 정확히 의지하고 있다.

"썩 나서서 말해 보아라. 앞으로 무슨 일이 있을지, 지난날에 무슨 일이 있었는지, 기억해 둘 터이니 말해 보아라. 결말을 알 수 있도록 앞으로 올 일을 미리 말해 보아라. 장차 될 일을 말해 보아라. 그대들이 신인 줄을 알 수 있도록…"

"전에 말한 일들은 이미 이루어졌다. 이제 새로 될 일을 내가 미리 알려준다. 싹도 트기 전에 너희의 귀에 들려준다."

"보아라, 내가 이제 새 일을 시작하였다. 이미 싹이 돋았는데 그것이 보이지 않느냐? 내가 사막에 큰 길을 내리라. 광야에 한길들을 트리라."

〈이사야 41:22,23; 42:9; 43:19〉

앞에서 사용한 "지평선"이라는 용어는 우리의 생각을 더 깊이 있게 할 하나의 비유를 가리키고자 의도한 것이다. 세속주의자는 '평평한 지구론자', 즉 지구가 평평하다고 믿는 사람으로 규정할 수 있다. 반대로 종말론자는 지구가 둥글다는 것을 알고 있는 '둥근 지구론자'이다.

삶의 한계와 역사에 대한 세속주의자의 전제는 지구가 평평하다는 원래의 가정만큼이나 나름대로 명백하고 자연스럽다. 그들은 유한한 인간의 일상적 지평선 안에서, 사물을 보이는 대로만 사고할 뿐이다. 그렇지만 세계가 실제로 둥글다는 발견은 종말론자가 지평선 너머 둥근 지구를 볼 수 있는 곳으로 자신의 X 지점을 들어 올렸다 폈다 하는 것을 기다릴 필요가 없는 것이었다. 지구가 둥글다는 발견은 같은 지점에서, 세속적인 '평평한 지구론자'가 볼 수 있었고 항상 봐온 똑같은 것에서 이루어졌다. 종말론적인 '둥근 지구론자'들은 천체 이동의 증거나 수평선 아래로 가라앉아 사라지는 배들의 증거를 정확하게 해석하는 법을 배웠다. 그들이 했던 것은 단지 모두가 쳐다보던 것을 제대로 보고 이해하는 것이었다. 언제나 세상 그 자체에는 '둥근 지구론자'에게 지평선이 그저 환상임을 알려줄 표식이 포함되어 있던 것이다.

마찬가지로 기독교 종말론자가 된다는 것은 세상을 벗어나 초월의 영역으로 들어가는 것이거나 보이지 않는 실제를 볼 수 있는 마법 안경을 습득한다는 뜻이 아니다. 기독교 종말론자가 되는 것은 항상 그 자리에서 세상에서 볼 수 있었던 것들의 진정한 의미를 발견하는 것이다. '둥근 지구론자'는 자신의 예리한 지혜와 타고난 지성으로 발견한다. 이와 달리, 기독교 종말론자는 하나님의 가르침대로 보는 법을 배운다. 이것이 둘의 차이다. 우리의 이런 생각을 바울이 좀 더 명료하게 설명하고 있다. "누구든지 그리스도를 믿으면 새 사람이 됩니다. 낡은 것은 사라지고 새것이 나타났습니다."고린도후서 5:17 이 말은 누군가가 그리스도를 영접하는 순간에 이 세상에서 다른 세상으로 옮겨진다는 뜻은 분명 아니다. 마찬가지로 그 순간에 이 세상이 사라지고 하나님나라가 그 자리를 대신한다는 것도 분명 아니다. 그 순간에 온 세상과 모든 사람을 새롭게 이해하게 되는 것이다. 오래되고 세속적인 평평한 지구론 해석은 사라지고, 새롭고 진실한 종말론적 의미가 이미 시작되었다.

하지만, 다음 내용에 주의하라. 세속주의자나 '평평한 지구론자'가 사물들을 완전히 잘못 파악하고 있는 것은 아니지만, 그들의 관점은 진리를 왜곡할 수밖에 없는 부분적이거나 한정적인 견해이다. 누가 알겠는가, 모두가 '평평한 지구론자'였을 때에도 사람들은 많은 일을 바르게, 잘했다. 그리고 사실 우리는 깨우친 '둥근 지구론자'이지만, 여전히 평평한 지구라는 오래된 전제 아래에서 대부분 행동하고 있다.

진정한 믿음이 있는 '평평한 지구론자'와 현대의 '둥근 지구론자'가 함께 일하기도 했다. 둘 모두 같은 움직임을 만들고 지구가 평평한 것처럼 함께 행동하기도 했다. 그러나 나는 둘 사이에는 중요한 차이가 여전히 존재한다고 주장한다. '둥근 지구론자'는 자신이 무엇을 왜 하고 있는지를 옳게 이해했을 것이다. 그는 땅이 평평하다면 있을 수 없는 현상들을 우연히 발견한다고 해도, 자기의 세계관 전체를 쉽게 버리지 않을 것이다. '둥근 지구론자'는 사물에 대한 자신의 이해를 위협하는 것들의 존재를 무시하기보다는 보이는 그대로를 자유롭게 바라본다. 결국 '평평한 지구론자'와 '둥근 지구론자'가 지도 제작, 천문학, 장거리 항해술, 라디오 통신, 우주여행 같은 문제에 이르게 되면 '평평한 지구론자'는 할 수 있는 것이 없다. 이 모든 것은 비록 세속적인 지혜가 모두 그릇된 것이라고 비난받아서는 안 되지만, 그렇다고 해서 모두 옳다고 받아들여질 수도 없다는 것이다.

이제 이런 사상을 우리가 다루는 적절한 주제 "평화"에 적용해보자. 모든 평화 사상과 행동, 조직이 세속적인 십자군이라는 전제에서 시작하거나, 십자가를 지는 종말론적 전제에서 시작한다는 것은 의심할 여지가 없다. 물론 세속적이게만 보이는 모든 집단과 조직은 첫 번째 범주에 속한다. 그렇지만 내가 보기에는 교회가 후원하는 평화적인 활동과 가르침의 상당 부분도 세속적인 범주에 속해있다. 이것은 모두 전쟁과 갈등이 사회적 오작동이라는 세속적인 전제 아래 일어난다. 이 전제는 선의를 가진 사람들이 단순히 힘을 합쳐 그 길을 이끌어서 사회 정치적인 기술을 적용해 사회적 오작동을 시스템 밖으로 내보낼 수 있다고 여기는 것이다.

하지만, 성경은 초지일관 종말론적 용어로 평화를 정의하고 설명하고 있다. 이 연구는 그 사실을 분명하게 밝히고 있다. 성경에서 지평선이 없으신 하나님의 일하심과 무관한 평화는 결코 찾아볼 수 없다. 따라서 세속적인 기독교 평화주의자들은 겉으로 보기에만 성경적인 이들이다. 그들은 하나님과 예수님이 평화를 요구하고 권장하신다는 내용을 발견할 딱 그만큼만 성경을 읽고, 이것을 그들의 세속적인 평화 개념을 추구하기 위한 헌장으로 삼았다. 성경은 세속적인 평화를 전혀 말하지 않으며, 오로지 종말론적인 평화와 십자가를 지는 평화 방법론에 대해서만 말한다는 사실을 완전히 놓치는 것이다.

그러나 우리는 성경이 세속적인 평화 사역은 모두 거짓이고 잘못되었다며 비난한다고 말하는 것이 아니다. 평평한 지구론 세계관에서 나온 모든 행동이 거짓이고 잘못은 아니다. 동시에 나는 성경의 종말론이 일반적으로 세속적 평화 사역에 관한 어떤 판단을 암시한다고 생각한다. 세속적 노력은 겨우 제한된 도움을 줄 수 있을 뿐이다. '평평한 지구론자'의 계산법은 정해진 범위 안에서 여행하는 데는 충분히 도움이 될 수 있다. 하지만, 온 세상을 여행하거나 달로 우주 비행을 하는 데는 도움을 줄 수 없다. 마찬가지로, 전쟁과 다툼을 피하고 해결하는 데 세속적 평화 사역이 부분적으로 도움을 줄 수도 있다. 하지만, 성경은 세속적인 십자군이 그들이 말하는 수준과 범위의 평화에의 소망을 우리에게 제공한다고 절대 말하지 않는다.

정확하게 이 한계 때문에 세속적 평화 사역은 불안정한 모습을 보여준다. 최선의 의도를 가지더라도, 마치 에이허브 선장처럼 뜻하지 않게 악마적이거나 정반대의 결과를 가져올 수 있다. 이는 세속적 평화 사역의 유일한 보장은 온전하게 신뢰할 수 있는 하나님의 자비와 지혜가 아니라, 믿을 수 없는 인간의 자비와 지혜이기 때문이다. 특히 전쟁을 반대하는 세속적 십자군의 배후에 있는 동력은 "분노의로운 분노"인 경우가 빈번하다. 이런 점에서 우리가 사는 시대를 "분노의 시대"라고 특징지을 수 있을 것이다. 세속적 십자군은 이러한 "정당화할 수 있는 분노"를 권장한다. 게다가 그 정당한 분노를 평화와 정의의 끝까지 이끌기로 약속한다. 그러나 성경의 종말론은 분노가 얼마나 위험천만해질 수 있는지 알고 있다. 성경의 고난받는 종은 분노를 표출하고 사용하는 것이 아닌, 분노를 흡수하여 무력화시키는 모범을 보여준다.

세속적인 평화는 언제나 폭력의 영향을 받기 쉽다. 이 때문에 완전히 역효과를 내고 장담했던 목적과 정반대로 흐르기도 한다. 종종 어떤 집단들은 사람에 대한 신체적 잔인함의 관점에서만 폭력을 정의함으로써 그들 자신을 비난으로부터 변호하곤 한다. 그렇지만 앞에서 제시한 것처럼, 폭력을 하나님의 모습을 한 타인의 존엄성에 피해를 주는 모든 행위라고 정확하게 정의한다면, 그동안 폭력적으로 평화를 가져오려는 노력이 얼마나 많았는지가 분명해진다. 이런 일들이 세속적 원인에서 어떻게 일어나는지는 쉽게 이해할 수 있다. 부활의 종말론적 가능성에 의존하는 고난받는 종이 되는 것은 세속적인 기술이 아니다. 효과가 있을 거라는 전망을 그다지 보여줄 수 없기 때문이다. 그래서 고난받는 종이 되는 것은 효과가 없다는 것이 분명해지면, 그 즉시 어떤 세속적인 프로그램도 가능한 더 강력한 수단을 동원할 수밖에 없다. 세속적 평화 사역은 본래 언제나 폭력에 물들기 쉬운 것이다.

다시 한번 강조하지만, 우리가 여기서 말한 것이 모든 세속적 평화의 노력을 대놓고 버리거나 비난할 정도는 아니다. 하지만 그렇다면, 세속적 평화 노력에 대해서 기독교인은 어떤 태도로 관계를 맺어야 하는가? 우선순위로 몇 가지 제안을 해보자.

1) 기독교인의 첫 번째 의무는 성경적이고 종말론적이고, 십자가를 지는 평화의 관점을 발견하는 것이다. 그다음에 그것을 배우고 자신의 존재 이유를 그 속에 두면서 전념하여 그것을 실천하는 것이다.

2) 둘째는 세계평화에 지대한 공헌을 할 수 있는 것인데, 다른 사람들이 평화의 관점을 발견할 수 있게 도와주는 것이다. 그는 먼저 동료 기독교인들이 각자가 가지고 있는 복음의 평화-종말론Peace-eschatology을 발견할 수 있게 도와줄 수 있을 것이다. 그러나 그 이상으로 그는 한 명의 복음 전도자가

돼야 한다. 그가 증거 할 복음이 평화의 복음이라는 것은 말할 필요도 없다. 그 이외에 다른 복음은 없기 때문이다. 기독교인이 된다는 것은 종말론적 평화주의자가 되는 것과 같아야 한다. 그리고 우리가 하는 복음 전도 역시 종말론적 평화를 보여줘야 한다.

3) 기독교인은 종말론적 평화 사역과 세속적 평화 사역을 혼동하지 말아야 한다. 또한, 십자가를 지는 것과 십자군이 되는 것을 혼동해서도 안 된다. 무엇보다도 기독교인은 세상의 사고방식에 빠져서는 안 된다. 세상의 사고방식은 세속주의자가 평화라고 부르는 것이 세상에 존재하는 유일한 평화고, 오직 세속적 수단으로만 그 평화에 다다를 수 있다고 생각한다. 요약하면 기독교인이 세속적 평화의 노력을 지지하며 무엇이든 할 수 있지만, 그들이 지평선 너머에 있는초월해서 더 위대하고 진실한 비전을 보았고 또 볼 수 있다는 것을 절대로 잊으면 안 된다.

4) 그러나 동시에 '둥근 지구론자'는 자신의 비전이 더 낫다고 해서 '평평한 지구론자'의 평화 노력을 얕보거나 비난하면 안 된다. 더 멀리 보는 이유는 그들이 더 지혜롭거나 훌륭해서라기보다는 하나님께서 은혜로 주신 것 때문이다. 물론 기독교인이 가장 원하는 것은 자기의 비전을 '평평한 지구론자'가 와서 함께 나누어 갖는 것이다. 그렇지만 이 일에 실패하거나, 더 낫게는 이 일이 일어나기를 기다리는 중이라면, 기독교인은 '평평한 지구론자'의 평화에 대한 바람과 의도에서 그들을 최대한 존중할 것이다. 그는 '평평한 지구론자'들이 자신의 방식으로 이룰 수 있는 진실한 선이 있다고 인식할 것이다. 그리고 그들의 불완전한 방법으로라도 평화를 위해 일하는 것이 전쟁과 다툼에서 일하는 것보다 궁극적으로 훨씬 낫다고 인식할 것이다.

5) 그렇다고 해도 기독교인은 평화에 대한 자기의 소망을 세속적인 노력에 걸지 않을 것이다. 하나님께서는 세속적 노력을 사용하고 축복하실 수도

있다. 하지만 그의 소망은 오직 고난받는 종의 의로움義 위에 세워진다.

6) 기독교인은 항상 자신이 가진 종말론적 비전을 우선해야 한다. 그는 사람들이 하나님께 돌아와서 하나님을 배우고, 발레리나 역할을 할 때, 평화가 이루어진다는 사실을 이해한다. 이는 이사야가 그가 받은 신탁에서 "민족들은 칼을 들고 서로 싸우지 않을 것이며"라고 내린 결론과 같다. "야훼의 빛을 받으며 걸어가자."

7) 그러나 그다음, 더 낮은 우선순위로 기독교인은 교회가 세속적인 성격의 평화 활동에 자유롭게 참여하는 것처럼 세속적 평화운동의 사회 정치적 활동에 자유롭게 협력하고 참여할 수 있다.

나는 여기서 "자유롭게"라고 말하고, "의무적으로"라고 말하지 않으려고 매우 주의를 기울였다. 그 구별은 매우 중요하다. 하나님께서 세속적 활동 영역에 기여할 수 있도록 특별히 부르고 은사를 부여한 기독교인들이 있을 수 있다. 하지만 그가 기독교인 평화주의자이건 아니건, 그 사람이 얼마나 참여하는지 그 정도에 의해 평가되어서는 안 된다. 또한, 행동주의자들은 성경적 평화 종말론을 증거하고 사람을 설득하려고 행동주의를 거부하는 기독교인들이 있으며, 그들이 행동주의자들보다 평화에 더 진정한 기여를 할 수도 있다는 점을 잘 알고 있어야 한다. 하지만 무엇보다도 세속적 행동주의를 기독교인과 교회의 주요한 증거를 대체할 수 있는 것으로 제안해서는 안 된다. 사회적 활동이 평화 교회를 평화 교회 되게 만드는 것은 아니다.

8) 따라서 기독교인이 세속적 평화 활동에 참여하는 것은 매우 구별되는 입장을 요구할 것이다. '둥근 지구론자'도 자신이 지구가 평평하다고 생각하는 것처럼 행동하는 것을 발견하곤 한다. '평평한 지구론자' 방식의 평화 사역에 대해서도 마찬가지다. 하지만 이미 말한 대로, '둥근 지구론자'와 '평평한 지구론자'가 같은 일을 하고 그 일을 함께 수행해도, 실제로 그들이 같은

일을 하는 것은 아니다. 겉으로 보이는 것처럼, '둥근 지구론자'가 자신의 관점을 포기하고 '평평한 지구론자'의 관점에 합류한 것이 아니다. 전혀 그렇지 않다. '둥근 지구론자'는 자신의 이해가 다르다는 것을 매우 잘 알고 있다. 그러나 둥근 지구라는 진리를 훼손하지 않는 여러 행동 안에서 '평평한 지구론자'와 함께 하는 것이 그의 자유라는 점도 발견했다. 물론 '둥근 지구론자'는 자신에게 위임된 종말론적 진리를 훼손하지 않도록 신중하게 주의하는 태도를 견지하고자 할 것이다.

특히, 기독교인이라면 '평평한 지구론자'와 같이 일할 때 자신이 그들 중 한 명이 아니라는 사실을 계속해서 명심해야 한다. 기독교인은 세상에 있지만, 세상에 속한 것이 아니다. 물론 기독교인은 자신의 더 큰 비전과 지평선 없는 관점을 증거할 기회를 열심히 찾고 준비되어 있을 것이다. 그렇다고 자기의 둥근 지구 기준을 '평평한 지구론자'에게 강요하면 안 된다. '평평한 지구론자'는 스스로 그 비전을 발견하기 전에는 십자가를 지는 모험을 할 수 없다. 그러나 기독교인의 증언에서 중요한 측면은 전쟁을 일삼는 '평평한 지구론자'를 비판하는 것만큼이나 평화 사역을 하는 그의 '평평한 지구론자' 동료에 대한 비판을 유지하는 것이다. 기독교인은 성경의 비전 때문에 자신이 위험천만한 분노와 미묘한 폭력에 끌리는 것에 특히 민감하다. 이런 분노와 미묘한 폭력을 목격하면, 영향력을 잃고 배척을 당하는 대가를 치르더라도 분노와 폭력을 밝힐 의무가 있다.

기독교인은 십자군들 속에서 십자가를 지는 사람으로서, 언제나 세속적 평화운동에 너무 깊이 관여해서는 안 된다. 세속적 평화운동의 전제가 자기의 전제가 아니며, 자신이 세속적 노력에 온전히 헌신할 수 없다는 것을 알기 때문이다. 그는 이미 다른 곳에 충성을 맹세했다. 그래서 그가 세속적 평화운동에 참여할 자유와 소명을 발견했던 것처럼, 그의 기독교적 헌신이 거기서 나오라고 요구할 때 똑같이 그 자유를 사용할 수 있게 자신을 계속 준비해야 한다. 그는 자신의 비전 때문에 살기도 하고 죽기도 한다. 그리고 세속적 평화운동에 대한 그의 참여는 언제나 그의 비전에 따라 규제되어야 한다. 그가 세속적 평화운동 안에 있든 밖에 있든 그의 삶을 위한 하나님의 뜻은 성취된다. 그에게 주어진 평화 단체를 떠나는 것은 결코 비극이 아니다. 오직 비극이 있다면, 그것은 기독교인이 자신이 '평평한 지구론자'와 다르며 제공할 수 있는 자원을 엄청나게 많이 가지고 있다는 것을 깨닫지 못할 때 일어난다. 그 비극은 기독교인이 종말론적 관점을 망각하고 '평평한 지구론자'의 열정, 심지어 평화에 대한 열정에 사로잡힐 때 일어난다. 이 비극은 언제든 발생할 수 있다. 그리고 슬프게도 항상 발생한다.

그러나 모든 신자는 기독교인이면서, 자신의 신앙과는 아주 별개로, 사회의 일원이자 국가의 시민이기도 하다는 것을 생각해보라. 이는 특별히 민주주의에서 자신이 속한 사회의 성격과 방향에 관련하여 어떠한 의무와 기회가 있다는 뜻이다. 따라서 기독교인에게는 사회적이면서 정치적인 의무가 있다.

그러나 정치적 영역에 발을 들일 때, 기독교인은 자신이 다른 시민들과 같은 입장에 서 있음을 인정해야 한다. 왜냐하면, 그의 신앙이 자신의 역량에 아무런 영향을 끼치지 못하고, 자신에게 특별한 지도력, 지혜, 신분, 특권, 이익 같은 것을 주지 못하기 때문이다. 그의 성경은 연구실에 있는 동료 기독교인들에게 현대 물리학에 대한 지침을 주는 것보다 더 많은 정치적 지침을 주지 않는다. 그가 기독교인이라는 것은 자기 분야에 아무런 전문지식을 제공하지 않는다. 복음이 전기공학과 무관하듯이 사회과학과도 어떤 비슷한 점이 없다. 세속적 정치는 기독교 특유의 책임이나 중요성을 지닌 분야가 아니다.

이런 내용이 의미하는 바는 무엇인가? 어떤 함축이 이어지는가?

나는 몇 가지 의미가 있다고 생각한다. 기독교인은 사회 변화를 목표로 하는 계획과 행동을 할 때, 무엇보다 겸손해야 한다. 이때 "겸손"은 서로 다른 개념들을 여럿 내포하고 있다.

먼저, 기독교인은 사회 정치적인 노력을 할 때, 자신이 소망하고 기대하는 일에 대해서 겸손해야 한다. 정치적 행동은 인간의 삶의 심오한 근원에 이르지 못한다. 예로, 정치적 행동은 창세기가 다루는 전쟁 문제의 근원에 대해 말하지 않는다. 따라서 사회 재구성은 잘해야 인류의 복지를 위한 제한적이고 부분적이며 일시적인 유익을 성취할 뿐이다. 물론 이런 유익일지라도 인류의 복지를 위해서 적용할 만한 가치는 있다. 하지만 우리의 성경 연구가 목표에 근접했다면, 인류와 세상을 위한 기독교의 소망은 훨씬 초월적이며, 사회적 변화를 위한 프로그램들을 선전하는 인간의 지혜와는 다른 방식으로 작용하는 것이 분명하다. 우리 노력의 결과로 나라가 뒤바뀌고, 사회 정의와 환경에 친화적인 미국이 되며, 기독교 국가가 된다고 믿을 수 있는 근거를 성경은 제시하지 않는다. 기독교 사회행동주의자들의 그러한 기대는 기독교 물리학자들이 기대하는 것과 거의 같은 차원이어야 한다. 기독교인은 선을 행할 수 있다. 그렇지만 인간의 구원은 우리의 영향력이 아닌 하나님께 달려 있다.

또 기독교인은 자신의 정치적 행동이 성격상 기독교적임을 밝히고 다른 이들에게도 그렇게 알고 지지해달라고 요청하는 일에 매우 겸손해야 한다. 이런 일에는 하나님처럼 되려는 유혹이 강력하게 똬리를 틀고 있다. 이는 목적에 관한 문제가 아니라 수단에 관한 문제다. 괴물의 세계를 제거하려는 에이허브 선장의 목적은 선하면서 기독교적이다. 그러나 이것이 그가 맡아야 할 적절한 일인지와 그가 적절한 방식으로 그 일을 했는지는 매우 의심스럽다. 우리 연구는 기독교가 전쟁과 다툼을 반대하고 있다는 점을 선명하게 밝혀왔다. 그러나 이 말은 전쟁을 반대하는 모든 것이 다 옳고 선하다는 의미는 아니다. 우리의 연구는 성경이 평화가 목적이라는 사실만큼이나 평화를 이루는 방법에 대해 까다롭다는 것을 보여주었다.

우리가 본 것처럼, 성경이 평화의 방법으로 선택하는 것은 고난받는 종의 길이다. 또한, 고난받는 종이 걸어야 할 길의 속성이 대단히 비정치적이라는 것도 보아왔다. 그러나, 예수의 십자가가 사회 현장에 혁명을 불러일으킨 예처럼, 고난받는 종의 길이 정치 체제에 실제로 영향을 미칠 수 있다는 점에서는 정치적이다. 비록 그 길이 사회적 변화를 가져올 수 있는 기술 중 하나로 평가받지 못하더라도 말이다. 하지만 종말론적인 행동은 세속적인 세상에서 "정치"라고 알고 있는 것과는 완전히 다르므로 이 행동을 세속적인 것과 같은 범주에 포함할 수는 없다. 예수님의 십자가가 정치적으로 똑똑하다고 추천할 방법은 없다.

의심의 여지 없이, 평화를 위한 많은 정치적 활동이 있다. 이 활동들은 정치적 활동이라는 나름의 기준 아래에서 이바지하는 바가 있고, 유용하며, 타당하다고 평가받는다. 이는 순전히 세속적인 근거에 따른 판단이다. 하지만 이것이 꽤 받아들일 만한 것이라 해도, 이를 기독교적이라고 명명하는 것은 신중할 필요가 있다. 이는 기독교인 물리학자가 자기의 연구방식이 기독교적 기술이라고 명명하는 것과 같은 이치다. 어떤 행동을 기독교적이라고 명명하는 것은 그 행동이 성경에 의해 인정을 받고, 종말론적인 시각에서 직접 파생된 것이며, 특히 신앙공동체에 추천할만한 것임을 암시한다. 하지만 복음이 정치적 방법의 문제에 대해 그렇게 명확하지는 않다. 그것을 꼭 기독교적이라고 부르지 않고도 '선'으로 간주할 수 있는 수많은 종류의 일들이 있다.

기껏해야 정치적 행동은 기독교인들에게 다루기 어려운 사업이 될 것이다. 세속적인 게임은 기독교인을 염두에 두고 설정된 것이 아니기 때문이다. 정치적 행동의 일반적인 규칙과 과정은 하나님의 발레리나를 위한 것이거나 그들이 계획한 것이 아니다. 그것은 동쪽으로 향하는, 자기 힘으로 혼자 하려는 니므롯 같은 사람들이 그들의 이익을 위해 계획해온 것이다. 이 게임의 이름은 "권력"이다. 이는 항상 다른 사람 위에 군림하는 권력이며, 분명 기독교적 방법이 아니다. 무방비한 사랑이 기독교의 방법이고, 이는 정치적으로 작동하지 않는다.

어쩌면 "정치적으로 잘 작동하지 않는다"고 하는 것이 좀 더 정확할 수도 있겠다. 때때로 어떤 상황들에서는 비폭력적인 방법들이 정치적으로 편리하다는 것이 증명되는 것처럼 보이기도 한다. 물론 그 방식들은 본질적으로 기독교의 고난받는 사랑 같은 것이 아니다. 그렇지만 정치적 현실은 아주 복잡해서, 무방비한 사랑을 사회 변화에 영향을 주기에는 신뢰할 만한 것이 아니거나 전망이 없는 기술로 치부한다. 그러나 동시에 역사 속에서 일어난 가장 깊이 있는 사회 변화들은 기독교인이 정치적 생각이나 의도가 전혀 없이 충성스러운 증인의 역할을 감당했을 때 일어났다는 사실을 인정할 필요가 있다. 이는 기독교적인 방법이 미리 계산되거나 스스로 작동하는 정치적인 기술이 아니라, 하나님께서 그때, 그렇게 역사하도록 선택하셨기 때문에 작동한다는 것이다.

끝으로 기독교인의 겸손한 정치 행동은 그 동기가 악을 제거하고 전환하는 것에 있지 않고, 자신의 동료를 섬기고자 행하는 것에 있다. 그 구분이 항상 쉬운 것은 아니지만, 내가 볼 때 그것이 타당하고 유익한 것이라 믿는다.

성경은 우리에게 "섬김"에 대한 권위와 가르침을 충분하게 제공한다. 이미 충분히 여러 번 지적했듯이 "고난받는 종"이라는 용어는 기독교적인 모델을 규정한다. 종됨은 우리의 성경적 주제의 중심이다. 반면에, 세상으로 가서 괴물들의 꼬리를 비틀고 세상을 조종하려는 것은 성경적인 방법이라고 할 수 없다.

그렇다면 섬김이라는 동기에서 출발한 정치는 그렇지 않은 정치와 어떻게 다른가? 세상이 흘러가는 방향을 다시 수정하는 것이 섬김이다. 이점은 누구도 부정할 수 없다. 무장전쟁을 끝내고, 군비 지출을 멈추고, 어떠한 징병 계획이건 막거나 끝내는 것이 모든 사람을 섬기는 것이다.

아마도 그 차이는 "겸손"이라는 단어로 결론지을 수 있겠다. 섬김의 정치는 너무 크지 않고, 현실적으로 달성할 수 있는 목표를 선택하는 것이 특징이다. 섬김의 정치 행동은 대부분 개별적인 사람들이 실질적인 영향을 받을 수 있는 지역적인 수준에서 일어난다. 정치 행동은 섬김받는 사람들을 위해 구상된 혜택에 관해 즉각적인 일련의 결과를 일으킬 것이다.

따라서, 에이허브 선장의 적절한 섬김은 뉴잉글랜드에서 램프에 사용하는 고래기름을 확보해서 넘겨주는 일이여야 했다. 그는 성공을 기대하며 이 일을 할 수도 있었을 것이다. 기름이 필요한 가정주부들의 손에 기름을 주는 그만큼 그는 성공할 수 있었을 것이다. 이 일은 비록 작고 보잘것없지만, 매우 실질적인 섬김의 일이었을 것이다. 반면에 세상의 괴물을 제거하는 그의 십자군은 영웅처럼 보였을 것이다. 하지만 이런 시각은 거만하고 주제넘은 잘못된 이해이다. 그 결과 섬김은 없었고, 그의 부하와 고용인들에게 심각한 피해를 줬을 뿐이다. 선장이 수행할 수 있었고, 수행했어야만 했던 섬김은 좌절되었다.

같은 맥락에서, 지역 사회에서 저비용 주택에 대한 정부 보조금을 받기 위한 캠페인은 실질적으로 성공할 가능성이 크다. 캠페인은 가난한 가족이 적절한 집을 마련할 수 있게 직접 돕는 것 다음으로 유용한 일이 될 것이다. 이 일도 보잘것없고, 수수하지만 매우 실질적인 섬김이 될 것이다. 그러나 전쟁을 끝내기 위해 징병소를 급습하는 것은 어떤가? 이것은 영웅적인 행위이다. 적어도 그렇게 보인다. 그렇지만 이 행동이 에이허브 선장이 했던 일과 어떤 차이가 있는가?

본론만 간단히 말하자면, 성경이 명백하게 정치 행위를 기독교인의 소명 중 일부로 포함하지 않기 때문에, 기독교인은 정치 행위를 시민으로서의 소명 일부로 여기는 것이 현명한 것 같다. 이 시민으로서의 소명은 종교와 상관없이 그들의 동료 시민들과 공유하고 있다. 결과적으로 기독교인은 자신의 정치 행동을 독특한 종말론적 소명에 종속시키기를 원할 것이며 정치적 수단을 사용하는 데 있어서 최대한 겸손하려고 할 것이다.

다음으로, 우리가 성경에서 찾지 못했거나 성경에 없다고 확인한 내용을 요약하는 방법으로, 그리고 성경에서 찾은 내용으로 되돌아가는 방법으로 우리는 비유를 제시하려고 한다.

기독교인이 특별한 방식으로 세상을 섬기라는 부름을 받은 것은 분명하다. 세상은 그 뱃속이 독으로 가득 찼다. 어쩌면 세상 자체가 독으로 가득 찬 배인지도 모른다. 그 독은 발레리나의 역할을 내팽개친 인간이 스스로 하나님처럼 되려고 한 선택에서 나온다. 그 결과로 인한 고통 중에서 가장 많은 부분은 전쟁과 다툼의 형태로 나타난다.

이 문제에 접근하는 두 가지 다른 방법이 있다. 그 독이 산성 위장acid stomach이라는 조건을 만들어왔다고 말해보자. 그러면 확실히 산성을 중화하는 제산제 접근법이 가능하다. 이때 구체적으로 그 독에 대항하는 행동이 이어진다. 이것에 주목해야 한다. 목표는 그 독을 해독해서 우위의 화학적 힘으로 그 독을 이기고, 산을 중화해서 알칼리성으로 만드는 것이다. 이 독은 독성을 빼앗기도록 처리된다.

평화를 위한 투쟁과 관련해서, 이 방법은 분명히 우리가 정치적 행동이라고 부르는 것에 부합한다. 이것은 악한 것으로 여겨지는 제도와 관행을 직접 제어해서 악의 효력을 없애려는 노력이다. 하지만 우리가 주장한 것처럼, 정치적 제산제 접근은 그 자체로 위험과 어려움을 동반한다.

힘으로 힘을 제어하고 대항하려는 노력이나 시도는 제어하려는 사람이 공격 대상인 독보다 더 지혜롭고 강하며 의롭다는 전제에서 작동한다. 제산제는 산을 중화해서 무력화할 수 있다. 하지만 이는 신중하게 분별할 필요가 있는 문제이다. 제산제를 지나치게 사용하면 그 자체로 독이 되기 때문이다. 이는 전쟁을 반대하는 수많은 노력 속에서 있었던 일들과 같은 것일 수 있다. 정치는 섬세한 작업이다. 정치는 정치 자체의 책략을 가지고 악을 물리치려는 시도에 해당하기 때문이다.

기독교인들이 세상에 있으므로 어느 정도 사용할 필요가 있는 것이라 해도, 제산제 접근은 세속적인 세상의 방법이다. 그러나 우리가 분명하게 기독교적이라고 제안하는 제2의 방법이 있다. 이것은 앞서 첫 번째 접근법이 가지고 있는 위험을 피해 간다.

복통을 없애는 두 번째 방법은 토하게 하는 구토제를 먹는 것이다. 이 경우에는 약이 독에 작용하려고 하지도 않는다는 점을 생각해보라. 독을 해독하거나 극복하거나 중화시키거나 제어하려고 애쓰지 않는다. 구토제의 유일한 과제는 구토를 일으키는 것이다. 소용돌이 속에 있는 바위처럼, 그 밖에 다른 것이 되는 것을 단호하게 거절하는 것이다. 구토제는 어떤 작용도 하지 않는다는 말이 정확할 수 있다. 그것은 작용하는 것을 단지 거부할 뿐이다.

구토제를 먹으면 위장은 먹은 것을 토하면서 경련을 일으킨다. 하지만, 진정한 의미에서 그 경련은 구토제가 유발하지 않는다. 구토제는 단지 소화되기를 거부하고 소화불량 상태로 남아 있다. 위는 실제로 이 이물질을 소화시키려는 노력을 통해 스스로 경련을 일으킨다. 사실 구토제는 독과 위장을 모두 무시함으로써 독을 배출하는 치료 효과를 얻은 것이다.

의학적으로, 구토제는 제산제보다 훨씬 더 과감한 방식이라고 인정받았다. 그래서 이 처방은 자주 이용되지 않는다. 마찬가지로, 기독교의 무방비한 소화불량 접근법은 오늘날 보통 급진주의로 통용되는 것, 즉 대량의 제산제를 투여하는 것보다 더 급진적이다. 엄청난 양의 제산제 복용으로 지속해서 치료된다는 증거는 거의 없다.

이것이 뜻하는 바는 무방비한 사랑이 세상을 이기고 세상의 악을 숙청하는 승리를 얻는다는 것이다. 이것은 너무나도 사실이다. 최종 편집 과정에서 칼 바르트의 『로마서』 인용부분은 손성현이 번역한 『로마서』 복있는사람 역간에, 자끄 엘륄의 인용은 자끄엘륄 총서대장간 역간의 에 빚을 지었습니다. "평화의 주님께서 어느 모양으로든지 항상 여러분에게 친히 평화를 내려주시기를 빕니다. 주님께서 여러분 모두와 함께 계시기를 빕니다." 〈데살로니가후서 3:16〉